浙江省哲学社会科学规划
后期资助课题成果文库

解构与超越：马克思和维特根斯坦哲学革命路向比较研究

Jiegou Yu Chaoyue : Makesi He Weitegensitan Zhexue Geming Luxiang Bijiao Yanjiu

李包庚 著

中国社会科学出版社

图书在版编目(CIP)数据

解构与超越：马克思和维特根斯坦哲学革命路向比较研究／李包庚著．
北京：中国社会科学出版社，2014.10
ISBN 978－7－5161－4894－5

Ⅰ.①解…　Ⅱ.①李…　Ⅲ.①马克思，K.（1818～1883）－哲学思想－研究②维特根斯坦，L.（1889～1951）－哲学思想－研究　Ⅳ.①A811.63②B561.59

中国版本图书馆 CIP 数据核字(2014)第 228060 号

出 版 人　赵剑英
责任编辑　宫京蕾
责任校对　郝阳洋
责任印制　何　艳

出　　版　中国社会科学出版社
社　　址　北京鼓楼西大街甲 158 号
邮　　编　100720
网　　址　http：//www.csspw.cn
发 行 部　010－84083685
门 市 部　010－84029450
经　　销　新华书店及其他书店

印刷装订　北京市兴怀印刷厂
版　　次　2014 年 10 月第 1 版
印　　次　2014 年 10 月第 1 次印刷

开　　本　710×1000　1/16
印　　张　13.75
插　　页　2
字　　数　226 千字
定　　价　49.00 元

凡购买中国社会科学出版社图书，如有质量问题请与本社联系调换
电话：010－84083683

有一个好汉一天忽然想到，人们之所以溺死，是因为他们被关于重力的思想迷住了。如果他们从头脑中抛弃这个观念，那么他们就会避免任何溺死的危险。他一生都在同重力的幻想做斗争，统计学给他提供愈来愈多的有关这种幻想的有害后果的证明。这个好汉就是现代德国革命哲学家们的标本。

——马克思《德意志意识形态》

任何一个哲学问题，如果是一个真正的哲学问题，那么经过分析便可还原为一个逻辑问题。

——罗素《我们关于外部世界的知识》

在当代西方哲学语境中深化马克思哲学革命路向理解的破壁之作

任　平

一个在思维边界上的跨界操作总是会给读者留下广大的思考空间，李包庚博士的著作就是如此。受李包庚博士之约，为他的专著稿《解构与超越——马克思和维特根斯坦哲学革命路向的比较研究》写一序，我欣然命笔。正如他所言，他将被学界表面看上去几乎并不搭界的两个思想大家用“哲学革命”这一主题加以贯穿并进而加以对比分析，得出了超乎寻常、富有启迪的结论，值得注意。这一成果是在他博士论文《马克思和维特根斯坦哲学革命路向比较研究》基础上又经专治数年而孕育而成。其间，他阅读了大量的马克思哲学与西方分析哲学的著作，对系列问题分别深度思考，撰写了一批有分量的学术论文，进而由问题而专论，由专论而连辍成书。

为之成序，当然也有原因。李包庚硕士阶段就师从著名逻辑学教授、西南大学原副校长何向东先生专攻逻辑学；之后，他又成为何教授在我所主持的苏州大学马克思主义哲学方向任兼职博导时所招收的唯一博士生。因此，究竟选择何种课题为博士论文选题，确实有些犯难。他征询我的意见，我就建议：做马克思与维特根斯坦关于哲学革命思想的比较研究吧！这一建议不仅考虑了作为20世纪逻辑学与马克思主义哲学学科上的交叉，为打破“中、西、马”学科壁垒做点探索，也契合李包庚本人的知识基础需要和马克思主义哲学博士点学科对博士生论文的基本规范，更深层原因，还与我近年来一直在深思一个关于马克思哲学革命在当代命运的宏大问题相关。

马克思是在“改变世界”的实践观上发动哲学革命并深化为历史唯物主义，从而成就了一个为无产阶级和人类解放的革命世界观。今天，对马克思哲学本真意义的不断的深刻理解，总是以不断地回到马克思哲学革命的原点方式向前推进的。“回溯—前进”方式或“从后思索”方式不断将“马克思哲学革命究竟是何种革命”？以及“我们如何来理解马克思哲学革命的本真意义”？这一类问题重新提到我们面前。按照德里达的说法，人们对这一文本意义的理解是指向未来和无限开放的，而且直接对应地等同于对马克思哲学本性的各种差异性理解。今天，人们在后马克思的当代实践中，在与当代西方和东方的各种思潮对话中，不断地思索着马克思哲学的本性，因而也就不断地思索着马克思的哲学革命意义，从而不断地回到马克思的原初起点去。然而问题还不仅如此，另一个问题同样甚或更为重要：马克思开启的哲学革命，是否就在他手中已经终结？换言之，在马克思之后，哲学革命是否还在深化或者继续？

新中国成立以来，在这一问题上，60多年的学术史大致分两段。“文革”前，受“左”的思潮影响，马克思哲学革命已经是实现了人类认识史上的大革命，之后西方一切资产阶级思想家的哲学（现代西方哲学）总的来说是在走没落之路，只有被批判的份，再不可能有哲学革命的可能性。“文革”后，对外开放、打开国门，大量西方思潮波涛汹涌进入国内，许多学者迷惘，或者按照“西方马克思学”理解马克思，甚至“以西解马”，如“以海（海德格尔）解马”者就将马克思的哲学革命思想解释成为一种“生存论转向”，而在《马克思的幽灵》中德里达又不断将马克思的哲学革命理解为某种“解构的精神”。问题谱系从“左”、右两个方面汇聚而成：究竟如何理解马克思的哲学革命在当代哲学中的继续和深化？当代西方哲学谱系是否仍在继续马克思的哲学革命？如果是，那么其哲学革命路向的积极意义和分歧又在何处？

毫无疑问，如果我们不带有宗派主义偏见，那么，我们就会发现：马克思的哲学革命决不是脱离人类文明大道而故步自封的东西。相反，马克思开启的哲学革命，不仅是人类文明大道的必然产物，而且又指示着人类文明大道的前行。当代西方哲学在某种意义上仍然在遵循着人类文明大道前行的规律，在继承和弘扬着马克思哲学革命的精神，在深化着马克思哲学革命的路向，是完全可以理解的。正因为如此，对20世纪以来所有西方哲学思潮如何深化马克思哲学革命的路向，是值得做一深入研究和探讨的大问题。

同样毫无疑问，我们决不可能把当代西方哲学（包括西方马克思主义）对哲学革命的深化理解完全等同于当代的马克思主义，更不能以西方哲学为准绳来解释马克思的哲学革命。两者之间有着天然的原则差别。抹杀这一差别是所有右的思想倾向的根本特征。

因此，全面深入地比较当代西方哲学与马克思哲学革命的关系，不仅可能，而且必要；不仅必要，而且很重要，是在当代思想语境中深度准确理解马克思哲学革命、推进马克思哲学革命路向当代化的一个重要的思想支点和学术支点。

在全面比较、对话和思想撞击的大学术图谱中，微观地选择维特根斯坦的反形而上学哲学思想与马克思哲学革命作深度比较研究，就显得格外引人注目。在西方当代哲学语境中，维特根斯坦的地位格外重要。所谓"语言学转向"，主要以其人为代表。所谓"语用学转向"，依然以其为代表。两个转向对于西方形而上学的哲学批判，不可谓不深刻。然而，他对于传统形而上学的批判，与马克思哲学革命对于旧形而上学的批判之间，难道没有内在的根本联系吗?

长期以来，人们似乎在两个封闭的话语语境中自说自话地分别谈论两者。分析马克思哲学革命的学者，几乎不谈维特根斯坦；分析维特根斯坦哲学革命的人，也决不会去谈论马克思。究其原因，部分地是由于长期的封闭造成了两个学科之间的隔膜和壁垒，学科壁垒阻碍了人们的视野，以至于难以对整个人类文明大道反形而上学的哲学革命的理论星丛美丽图景加以宏观地把握。

其实，正如作者所分析的那样，维特根斯坦基于康德哲学的"划界思维"，一刀切去的是对象表面看来是"语言的误用"，所做的是基于语言对思维划界而形成的"语言的批判"，实际上是对超验的形而上学的批判。这一批判，基于逻辑和经验，诉诸感性，正是在这一语言学批判的基础上在重新走马克思哲学革命对形而上学批判的道路，同时又在语言学批判的基础上在做某种深化。这一深化，至少使人们在"语言的转向"上重新思考形而上学的是与非，重新理解马克思诉诸"感性活动"的哲学革命对于形而上学的批判给我们留下的若干深刻思考。拒斥形而上学的同向性和对哲学革命的重新理解，都使19世纪的马克思与20世纪的维特根斯坦有了可资比较的思想内容。更进一步，从语形学到语用学，维特根斯坦进一步将语言的意义归结为"用法"，语言游戏论推动语言意义创造和理解走向了"日常生活"和"生活形式"，成为某种"语言实践论"，就更为直接地接近了马克思的“感性活动”和“改变世界”的实践观。

当然，维特根斯坦虽然在“不可说之事”中保留着道德伦理的求善可能性，也绝不可能像马克思那样将对语言的批判引向社会历史观的变革，进而为革命的哲学服务。正是在这一路向上，维特根斯坦没有达到马克思的高度。语言本质上是实践的，语言的一切特性几乎都来自于实践的分化。实践本质上是对象化的即变革世界的革命的，而变革世界的力量必然主要来自推动这一世界的无产阶级，变革世界的目的在于求人类解放，这就是坚持哲学革命的彻底性所必然面对的问题。我们如果深刻思考马克思的哲学革命，就必然有一个根本的尺度，去重新反思和衡量其他一切当代西方哲学革命的时代意义。当然，当后现代在推动哲学消解，同时又导致文化守成主义暗中呼唤各种旧形而上学复归之时，我们重新去体认哲学革命的当代意义，又岂是多余。

是为序。

任平

二〇一四年夏　于苏州

目　录

第一章

导言：哲学的革命与革命的哲学

哲学史就是哲学革命的历史。纵观西方哲学的整个变迁过程，是哲学不断进行革命的历程，呈现一幅“长江后浪推前浪”的图景，恰如马克思在《德意志意识形态》中形象地刻画近代德意志意识形态领域“城头变幻大王旗”般的景象，“一些强大的王国产生了，又匆匆消逝了，瞬息之间出现了许多英雄，但是马上又因为出现了更勇敢更强悍的对手而销声匿迹……一些原则为另一些原则所代替，一些思想勇士为另一些思想勇士所歼灭。”① 黑格尔说，全部哲学史就成了一个战场，堆满死人的骨骼。也有人说，哲学史只是“哲学死了、哲学万岁”的永久呼喊。但是，各个不同的哲学家宣布哲学之“死”的目的、路径与意义又有很大的不同。

一　西方哲学革命的历史谱系

关于哲学，哲学史上并不存在一个连续的、一以贯之的并广为认同的理解，这就要求我们能够以历史的、逻辑的眼光来看待。历史地看，考察“哲学是什么”，需要从哲学的过去、哲学的现在、哲学的未来这三个层面来理解与分析。前两层是从事实层面来理解哲学，包括哲学的既定事实和推定事实，可称为描述性定义。后一层是从应然层面来理解哲学，涉及的是未来的哲学是什么，可称为哲学的规范性定义。迄今为止的哲学史，在哲学的性质、功能和走向上一直争论不休，颇为混乱，主要原因就在于对哲学的理解上没有深入这三个层面来分析。这既要有历史的眼光，又要有逻辑的眼光。

---

① 《马克思恩格斯全集》第3卷，人民出版社1960年版，第19页。

（一）第一次哲学革命：从“始基”向“存在”飞跃

正如柏拉图所说，哲学起源于惊讶。这个纷繁芜杂的世界上，存在着无数的物体、事物，正是这些物体和事物的总和构成整体世界。早期的人们看到世界上这无数的事物时，开始好奇地追问：这个无限多样的世界有没有一个统一的本源？如果有，那么它是什么呢？至此，人类开始抛弃远古流传下来的关于天地生成的信仰和梦幻似的传说，走上了“爱智慧”的道路。希腊文里，“哲学”（philosophia）一词的原意就是“追求智慧”、“热爱智慧”。在古希腊早期，自然哲学家们纯朴地认为，“智慧”可以洞见和把握世界的本源。正如黑格尔说：“什么地方普遍者被认作无所不包的存在或什么地方存在者在普遍的方式下被把或思想出现时，则哲学便从那里开始。”① 马克思也说：“历史从哪里开始，思维进程也应当从哪里开始。”② 古希腊的哲学家普遍认为，哲学是关于智慧的学问，哲学即是爱智慧，探寻万事万物的“逻各斯”（λóγος）。之后，哲学家们一直在苦苦地追求和探寻智慧，希望能够拥有和把握智慧。尽管西方哲学家们在“哲学就是爱智慧”上具有共同的信念，但对于“什么是爱智慧”，不同的哲学家又持不同的理解与立场，并走了各自独立的“爱智慧”之道路，使得几千年来的西方哲学出现“百家争鸣、百花齐放”的局面，呈现相互批判、争论与超越的态势。

早期自然哲学家“热爱智慧”的路径之一是探寻万事万物的“始基”。所谓“始基”，按照亚里士多德的观点，是指“一个东西，如果一切存在物都由它构成，最初都由它产生，最后又都复归于它，在他们看来，那就是存在物的元素和始基”③。古希腊哲人认为，认识始基是认识万物的前提或基础，并提出种种设想。古希腊第一个哲学家泰勒斯提出“水是万物的始基”这一命题，代表古希腊时期人类热爱智慧、探寻世界普遍知识的起点，是他千百次观察分析个别的具体事物，在此感性经验的基础上不断抽象概括的结果。这一命题标志着早期人类开始探寻事物的普

① ［德］黑格尔：《哲学史讲演录》第1卷，商务印书馆1959年版，第93页。

② 《马克思恩格斯全集》第13卷，人民出版社1962年版，第532页。

③ ［古希腊］亚里士多德：《形而上学》，983b，北大哲学系：《古希腊罗马哲学》，商务印书馆1961年版，第4页。

遍性，预示着人类早期思维领域的哲学萌芽。后来，其他自然哲学家纷纷提出其他设想，阿那克西美尼的“气”、赫拉克利特的“火”、毕达哥拉斯的“数”等。这些关于世界本源的设想，代表着当时哲学领域的最高成就，但由于受当时认识水平和实验条件的限制，具有非常明显的局限性，难以经受科学实证的全面检验。

巴门尼德就对此予以反思。巴门尼德认为，早期自然哲学家从感性世界中寻找“始基”的做法是误入歧途，因为这种做法是建立在感性经验基础上的，而感性经验是变动不居的，通过感性经验，我们只能得到“意见”，而不能获得“真理”。在巴门尼德看来，始基是万事万物共同具有的性质，感性世界的万事万物尽管形态各异，变幻莫测，但是有一点是相同的，即它们都是 being（“是”或“存在”）。这个 being 的意思是，它们无论是什么，首先必须“是”或“存在”（being），所以“being”才是真正的“始基”。这里，巴门尼德区分了两类不同层次的事物：一类是感性事物，另一类是“是”或“存在”（being）。巴门尼德的描述是：“还只剩下一条路径可以说，即‘是’。在这条路径上有许多标志表明，因为他不是产生出来的，也不会消灭，所以它是完整的、唯一的、不动的、没有终结的。它既非曾是，亦非将是，因为它即当下而是，是全体、一和连续的。”①

巴门尼德的这几句话，标志着古代世界人们“爱智慧”的第一次飞跃，即开始了从把“始基”归结为个别具体的物质形态，经由抽象性的概括，上升到普遍性“始基”的尝试。在他之后几千年来的哲学演变，基本上都是围绕“being”（“存在”或“是”）这个核心概念而展开的。无怪乎海德格尔形象地把这几句话比作是“古代希腊的雕像”②。

那么巴门尼德的这个“是”究竟是什么呢？根据巴门尼德，“是”或“存在”“不是产生出来的，也不会消灭”，“它是完整的、唯一的、不动的、没有终结的”。这样的“存在”与万事万物当然不同，这是一个思想性、理智性的超验世界。而变动不已、生生不息的感性世界仅仅是幻想或假象，并不是真正的存在，因而被排斥在这个不生不灭、唯一、不动的“存在”之外。这样，在巴门尼德那里，具体可感知的“实实在在的事

---

① 俞宣孟：《本体论研究》，上海人民出版社 2005 年版，第 545 页。

② ［德］海德格尔：《形而上学导论》，熊伟、王庆节译，商务印书馆 1996 年版，第 97 页。

物”就变成不存在，而真正不可感知的、抽象的思想性、观念性的“being”（“存在”或“是”）却被看作是最可靠的存在。

巴门尼德这个关于存在的思想，使西方的“爱智慧”插上了“形而上”的翅膀，并在思想世界里构建了一个理智性“存在”的独特王国，对后续西方哲学的发展产生了深远影响。

（二）第二次哲学革命：“形而上学”的独立与完善

1. 苏格拉底把哲学从“天上”拉到“人间”。

哲学从神话、常识中独立出来，形成一门学问，大约是公元前8世纪到公元前6世纪的事情。在早期，没有学科体系，所有知识都是叫做“哲学”，哲学家也就是知识渊博的人，这是哲学最初的含义之一。哲学的另一重含义是对世界本原的追问，即万事万物有没有一个共同的本原，如果有，那是什么。这是哲学的源头。苏格拉底提出“知识即美德”，深入研究“正义”、“善”等问题，把哲学家们的“兴奋点”由早期自然哲学家普遍关注世界本源问题转向到关注希腊城邦中现实的人的生存状态，重视对人与人之间关系的研究，把人际间行为的伦理，即“善”的问题，作为哲学关注的中心，由此开辟了哲学发展的新路向。

柏拉图坚持其师苏格拉底的方向，着重关注现实的人的问题，提出“知识即回忆”、“哲学王”等设想，并构建一个“理念世界”，把它置于“现实世界”之上并主宰着现实世界。在那个知识为少数人所掌握的时代里，哲学就是“一切知识的总汇”，柏拉图所说的“哲学王”其实就是让知识最渊博的人去担任最高领导的设想。柏拉图的“理念”思想，从哲学层面虚构一个精神实体来支配现实世界的创举，对西方哲学产生了深远的影响。以至于怀特海声称，两千年来的西方哲学史皆为柏拉图之注脚，而海德格尔亦指出：“纵观整个哲学史，柏拉图的思想以有所变化的形态始终起着决定性的作用。形而上学就是柏拉图主义。”①

2. 亚里士多德创立“第一哲学”：形而上学的腾飞。

柏拉图之后，坚持“我爱我师但更爱真理”的亚里士多德则对各种人类知识进行系统考察，全面整理、归类并创新，把“哲学”看作是与

① ［德］海德格尔：《哲学的终结和思的任务》，见《面向思的事情》，商务印书馆1999年版，第70页。

“应用知识”相对的抽象理论知识的总汇。他所指的“应用知识”主要包括伦理学、经济学、政治学、美术、修辞学，而“哲学”则包括“第一哲学”、“神学”、“数学”、“物理学”等，其中“第一哲学”即狭义上的“哲学”。

亚里士多德在总结早期自然哲学和苏格拉底、柏拉图等人的人生哲学的基础上，创立一个探究经验问题和超验问题的思想体系。就经验问题而言，亚里士多德继承了早期自然哲学的方式，强调运用经验理性去解决经验问题；就超验问题而言，他追求最完满的“善”，这是在超越经验现实基础上的“形上之思”。《范畴篇》里，亚里士多德把“实体”分为“第一实体”和“第二实体”。所谓“第一实体”，也就是客观存在的具体事物；而“第二实体”是指“第一实体”的种或属。“第一实体”是最基本的，是其他一切事物的基础。在“第二实体”中，越是接近“第一实体”，其实体性就越多。亚里士多德正确地指出了“第二实体”不能离开“第一实体”而存在，但是并没有弄清一般与个别的关系，他甚至还认为“第二实体”是独立存在的。列宁曾深刻指出：亚里士多德“这个人就是弄不清一般和个别、概念和感觉、本质和现象等等的辩证法”①。由此可见，亚里士多德在处理自然哲学与自由哲学的关系方面，陷入经验与超验的困惑之中，也暴露了形而下与形而上的矛盾之中，预示着 philosophy（爱智慧或知识总汇）内部将整合与分化，研究形而下的经验事物的“科学”将从“哲学”的母体中分离出来。

亚里士多德的著作包括研究有形物体的部分，名为“物理学”，而研究“无形事物”的部分，称为 Metaphisics，意思是“物理学之后”，主要研究“是者之为是者”的学问。由此，哲学演变为形而上学。

大约在公元前 60 至公元前 50 年，也就是亚里士多德去世 300 余年之后，吕克昂学园的第 11 任主持人安德罗尼柯（Andronicus Rhodius）着手整理编订亚里士多德的著作。他在编订亚氏著作时，把其中关于研究有形事物的著作称作“物理学”（Physics），而把研究无形事物的著作，即关于“哲学”的著作（共 14 卷）编订在一起，放在“物理学”之后，名之为“ta meta ta physic”。（“物理学后诸篇”）后来拉丁编译者干脆省去冠词，成了 Metaphysica。最初，这个书名只不过是标志它在亚里士多德著作

① 列宁：《哲学笔记》，人民出版社 1956 年版，第 418 页。

中的顺序和位置，并无其他含义。鉴于“Metaphysica”的内容主要属于研究无形事物的普遍性道理的，大约13世纪以来逐步演化为研究普遍道理的学问，我国学者把它译为“形而上学”，意指研究有形事物之上的抽象道理或规律的学问。这就是“哲学”（“形而上学”）这一名称的由来。

古希腊晚期，斯多葛派对哲学进行了归类，把哲学界定为“自然知识、社会知识和思想知识的总汇”，主要包括物理学、伦理学和逻辑学三部分。

3. 哲学被基督教神学所扭曲。

在古希腊晚期和古罗马时期的哲学中，占主流的是自由哲学。斯多葛学派、怀疑学派、新柏拉图学派等派别大都继承了苏格拉底、柏拉图的传统，他们把哲学解释为“追求和把握超验世界”的自由精神，并大大发扬了这种精神。在其哲学中，他们普遍对现实的经验世界持一种排斥与否定的态度，而对宿命论、禁欲主义、神秘主义与信仰主义等则予以宣扬，这样就抛弃了传统哲学的科学精神这个合理因素，为基督教神学的孕育奠定了思想基础，也预示了哲学向宗教的妥协。

中世纪，欧洲被基督教神学所主宰。哲学沦为神学的“婢女”，哲学被普遍异化为人用理性来认识与把握上帝与圣经的工具。基督教大约形成于公元1世纪，其思想根源主要来自犹太教与斯多葛主义、新柏拉图主义、神秘主义结合的产物。哲学与基督教结合的直接产物是教父哲学，出现了奥古斯丁等著名代表人物，充当了为基督教制定教义的任务。基督教哲学往往又被称作是经院哲学，托马斯·阿奎那等代表人物，从理论上论证了上帝信仰和基督教教义的合理性，并出现了“唯名论”与“唯实论”之争。在此阶段，占主流的哲学思想坚持的是关于上帝和天国的知识和信仰，哲学主张世人要“爱上帝”，要毕生追求天国的幸福。而且当时这种哲学观影响广泛，通过宗教传播方式，逐步深入蔓延到社会生活的各个领域，变成了人们根深蒂固的信念，在相当长时期内严重阻碍了社会进步和科技发展。

奥古斯丁主张，不信仰就不能理解，理性必须依赖“天启”才能认识上帝，上帝是至高的真善美，是纯自在的精神。而安瑟尔谟则进一步认为，理性服从信仰，信仰高于理性，人们不是理解了才能信仰，而是信仰了才能理解。相应地，他认为，哲学服从神学，神学高于哲学，哲学的任务就是为信仰提供可以理解的证明，并提出了著名的关于上帝存在的所谓

“本体论证明”。基于亚里士多德的形式质料说，托马斯论证了宗教与哲学的关系，主张：宗教真理是高级的，哲学真理是低级的，哲学应该从属于宗教；宗教真理是哲学真理的形式和目的，而哲学真理是宗教真理的质料和工具。在他看来，天启的真理是来源于上帝的光照，因而不会犯任何错误。如果没有天启，那么人的理性就不完善；没有理性，天启也就不很清楚。所以，理性有助于信仰，神学也需要借助于哲学。他提出的关于上帝存在的“宇宙论证明”和“目的论证明”，给世人构造了一个上帝创造的等级世界。

总体来看，在中世纪，哲学被神学所扭曲与驱使，经院哲学从理性的高度对宗教信仰作了较为全面的诠释。

（三）第三次哲学革命：哲学向思辨道路迈进

文艺复兴时期，思想启蒙运动在欧洲主要国家纷纷出现，慢慢地形成人文主义、自然哲学、宗教改革三大思潮。它们共同的目标，就在于把人的关怀视线和追求，重新拉回到对现实的人的存在状况与境遇的关注，而不是总停留在虚幻的宗教世界里，目的在于把人从宗教的禁锢与奴役下解放出来。在这个背景下，欧洲人对自然的探索充满热情，实证科学纷纷走向历史前台，重塑对科学、经验、理性的信念。

西方近代哲学最重要的主题，就是知识论问题，即人的认识如何可能及其本质规律。“知识就是力量”的口号，是弗兰西斯·培根对近代西方人追求知识与真理的高度概括。培根一反亚里士多德的演绎法路线，创立归纳法，把经验作为知识的基础，把知识建立在实验科学的基础上，开创了经验主义的道路，重点探究知识的起源、途径和规律，试图从逻辑方法上为人类知识论提供合理性与必然性证明。但是，培根是个典型的归纳主义者，彻底否定演绎逻辑的重要性，结果难以经受不可知论的进攻。休谟提出“不可知论”，对人类知识可能性问题予以彻底否定，传统形而上学遭到致命打击。

笛卡尔认为，知识的基础是某种先天的形式。他还着重研究了知识的形式、思维与存在的统一性等问题。他还曾经把整个科学比作为一棵大树，形而上学是树根，物理学是树干，而具体科学则是枝叶。经过分析我们可以知道，笛卡尔的这个比喻是有问题的，实际上把哲学看成是具体科学的基础，成了“科学之科学”，它颠倒了哲学与科学的关系，因为哲学是需要具体科学为基础来支撑的。在此阶段，“天赋观念”和人的理性受到哲学家们普遍推崇，并以此演绎，建立起种种抽象的、“绝对真理”的体系，哲学被塑造成高高在上的空中楼阁。近代西方哲学家们在知识、科学、经验与理性的层面诠释哲学，把哲学说成是提供某种永恒知识的基础和真理框架。但是，由于经验主义、理性主义都存在着先天的缺陷，这就预示着以传统知识论为核心的近代西方哲学不可避免地陷入困境。

康德看到了这个困境，并开启了所谓“哥白尼式的革命”，力图使西方哲学走出困境。康德从人的自然本性与自由本性之间的矛盾出发，把世界二重化为现象世界和本体世界，太高作为主体的人的地位，把人看作是认识的主体、道德的主体和审美的主体来加以研究，所以他的哲学又可以称为主体哲学。他认为，关于现象世界的问题属于经验、科学与认知领域，而本体世界的问题则属于超验的形而上学领域。在康德看来，经验为知识提供材料，而主体则为知识提供对这些材料进行加工整理的形式，知识就其内容而言是经验的，但就其形式而言则是先天的。科学知识的普遍必然性由此就得到了证明。这就是被人们称为“哥白尼式的革命”的康德哲学革命。它的核心思想是对知识与对象之间的关系的“颠倒”，强调不是主体围绕着客体转，而是客体围绕着主体转。此前的形而上学都不科学，科学的形而上学有待于未来去构建。他的哲学只是“任何一种能够作为科学出现的未来形而上学导论”①。

康德的哲学革命包含两方面的内容：一方面，它通过主体先天的认识形式来确立科学知识的普遍必然性，另一方面则通过对认识能力的限制为自由开辟道路，而且这后一方面真正体现了康德哲学的根本精神。在《实践理性批判》的结尾，康德说了一段脍炙人口的名言：“有两种东西，我们越是对它们反复思考，它们所引起的敬畏和赞叹就越是充溢我们的心灵，这就是我们头上的星空，和内心的道德法则。”②“头上的星空”也就是“自然”，“内心的道德法则”即“自由”。“自然”与“自由”，是康德哲学的两大主题，而且在康德的心目中，“自由”（道德）要高于“自然”（科学）。康德哲学是近代西方哲学开始走向终结的标志，同时也预

① ［德］康德：《任何一种能够作为科学出现的未来形而上学导论》，庞景仁译，商务印书馆1978年版，前言。

② ［德］康德：《实践理性批判》，关文运译，商务印书馆1960年版，第164页。

示了现代西方哲学的萌芽。

在康德哲学的基础上，费希特也把哲学解释为科学知识的基础，不过他反对康德现象世界与本体世界对立的二元学说，也不同意其“自在之物”的观点。费希特把“自我”作为其哲学的基点，主张存在一个不证自明的“自我”，并由“自我”派生出“非我”，这个“非我”与“自我”对立，是“自我”之外的周围世界的一切事物。费希特还论证了“自我”与“非我”是统一的，并建立了一个作为知识的基础的主观唯心主义哲学体系。

谢林则主张，要解决“自我”与“非我”的矛盾，就得有一个能超越于二者之上的更高原则，即绝对同一性。于是，他提出“同一哲学”，据此来否定康德的二元论和费希特的“自我”、“非我”学说。

受谢林“同一哲学”的启示，黑格尔建立了一个庞大的、具有严密逻辑结构的辩证唯心主义哲学体系，清除了康德二元论和费希特主观唯心主义的缺陷，克服了谢林“同一哲学”的非理性倾向，在客观唯心主义基础上解决了思维与存在的同一性问题。黑格尔认为，哲学就是反思，哲学体系就是“绝对精神”的自我认识过程。在黑格尔唯心主义的哲学体系中，辩证法发展到了登峰造极的高度。黑格尔力图克服旧哲学的缺陷，并着手重建本体论思想即《逻辑学》，构建了一个西方哲学史上形态最典型、内容最完整的本体论哲学，一度获得普鲁士国家官方哲学的殊荣。

有人指认黑格尔与柏拉图遥相呼应，“黑格尔的《逻辑学》在内容方面至今依然是后无来者，若它前有古人，那就是柏拉图的《巴门尼德斯篇》。”① 二者标志西方传统哲学的起点与终结。

黑格尔之后，西方哲学开始分化，马克思哲学和现代西方哲学开始产生。马克思哲学和现代西方哲学各派基本上都对黑格尔哲学进行了深刻的批判与否定。

二　哲学的四重禀性

（一）哲学具有时代性

哲学不是哲学家个人的事，任何一种哲学，尽管常用哲学家的名字来

① 柏拉图：《巴门尼德斯篇》，陈康译注，商务印书馆1982年版，第14页。

命名，如康德哲学、黑格尔哲学等，但这并不等于说，哲学是他们个人的。不同的时代都会有各种各样的哲学。哲学虽然看起来高耸入云，但哲学家仍然生活在尘世，都离不开所处的时代，都是有激情、有冲动的活生生的人。他们的思维受到时代召唤与制约，时代的力量推动他们去言说自己的观点。正如黑格尔所说："哲学是被把握在思想中的它的时代。"① 马克思发展这个思想，进而提出"任何真正的哲学都是自己时代精神的精华，所以必然会出现这样的时代：那时哲学不仅从内部即就其内容来说，而且从外部即就其表面来说，都要和自己时代的现实世界接触并相互作用。"②

哲学的时代性表明：没有哪一个哲学家能够一劳永逸地建立一个绝对的、超越时空的哲学体系。符合时代进步要求的才是真正的哲学。哲学家当中有真理的发现者，也有错误理论的吹鼓手。分析任何一位哲学家，都要把他放在他那个时代的整体背景下来考虑。比如，18 世纪，法国启蒙哲学的特点是明快泼辣，那是新生资产阶级充满活力的表现；19 世纪，以黑格尔为代表的德国古典哲学，其特点就是晦涩艰深，是那个时代的资产阶级保守性的体现和需要。

（二）哲学具有间接性

哲学具有间接性，这是由三个方面决定的。第一，从哲学与其根植的经济基础的关系来看。哲学属于社会意识形态，植根于一定的经济基础，并为经济基础服务。在这一点上，哲学与其他社会意识形态，诸如政治、法律、艺术、道德等，具有相同或相似性。不同之处在于，哲学和其他社会意识形态哲学距离经济基础比较远，属于恩格斯所说的"更高地悬浮于空中的思想领域。"③ 它不像有的社会意识形态，比如政治思想、法律观点距离经济基础比较近，受经济基础制约的关系非常明显，而哲学则需要经过一系列的中介，间接地反映经济基础。这就决定了哲学必然具有间接性的特点。第二，从哲学反映问题的方式来看。哲学是世界观的理论形

① ［德］黑格尔：《法哲学原理》，商务印书馆 1961 年版，第 12 页。

② 《马克思恩格斯全集》第 1 卷，1956 年版，第 121 页。

③ ［德］恩格斯：《致康·施米特》，见《马克思恩格斯全集》第 37 卷，人民出版社 1971 年版，第489 页。

式，往往通过间接的方式反映经济基础。哲学家都是一定阶级的哲学家，超阶级性的哲学家在阶级社会里是不存在的。无论是哪个阶级的哲学家，他的阶级立场、政治态度一般更隐晦，往往是通过对抽象的哲学问题的阐述，通过对自然界、社会、人类思维的最一般规律的解释，比较间接地、曲折地表达出来。第三，从哲学发生作用的方式来看。哲学作为一种社会意识，受社会存在的决定与制约，但是也会反作用于社会存在。哲学对社会存在的反作用往往不是直接的，而是通过影响其他具体科学，或者通过形成方法论基础，为实践提供必要理论与方法指导，从而作用与影响社会现实的。这也决定了哲学具有间接性特点。

（三）哲学具有方法性

哲学从最初是“一切知识的总汇”，到与具体科学分道扬镳，到后来沦为“神学的婢女”，再到后来成为“科学之母”，经历了一个艰难曲折的发展历程。尽管历史上众多哲学家一再叫嚣“取消哲学”、“哲学死亡”等论调，但是直到今天，哲学依然坚强地存在着，并以其自身独特的魅力来赢得人们的青睐。确切地说，哲学并不像实证科学那样能够给人们提供确实、可靠的知识，也不像数学与逻辑学那样能够给人们提供种种形式化的知识，更不像宗教与伦理学那样给人们提供终极的精神寄托与安慰。哲学存在的主要价值就在于给人们提供新的观念，提供观察世界、认识世界的新视角与新思维。所以，哲学其实是世界观与方法论，为人们提供分析问题看待问题的方法论指引。历史上，每当有一些难以解释的自然现象或社会现象出现时，哲学往往能打破困境，通过创造出新范畴、新观念来作出合理的阐释，或者提供新的观察方式和观察视角。正因为如此，哲学总是在具体科学尚未进行研究或无法研究，而人类生活又已涉及的领域里发挥作用，总是在发生巨大变革的时代起着开路先锋的作用。而一旦新的知识被创建之后，哲学又开辟新的战场。之所以人类的知识能够不断被创立出来，主要可以归功于哲学所提供的方法论的保障。难怪黑格尔会说，一个有文化的民族，如果没有哲学，就像一座庙，其他方面都装饰得富丽堂皇，却没有至圣的神一样。

哲学不是现成知识的结论，如果只是记住了某些哲学知识或使用某些哲学概念，那就会像“动物听音乐一样”，可以听到各种各样的“音调”，却听不到真正的“音乐”。英国哲学家伯特兰·罗素也曾明确指出：“哲学，…… 包含着人类对于迄今仍为确切的知识所不肯定的事物的思考；但是它又像科学一样是诉之于人类的理性而不是放之于权威的，不管是传统的权威还是启示的权威。…… 思辨的心灵最感兴趣的一切问题，几乎都是科学所不能回答的问题，而神学家们信心百倍的答案，也不再像它们在过去的世纪里那么令人信服了。”① 的确，在科学高度发达的今天，哲学依然存在其自身的价值，主要原因就是，哲学能够在人类理性的基础上，对实证科学还无法确切解答的难题，作出前科学的探索性研究，为实证科学的具体研究开辟出新的道路。

（四）哲学具有阶级性

哲学具有阶级性，一方面是因为哲学本身作为一种意识形态最终是经济基础的反映，只要经济基础中存在着阶级关系，哲学就必定是有阶级性的；另一方面，任何哲学都是由特定的哲学家所创建的，在阶级社会里，不同的哲学家从属于不同阶级并代表着不同阶级的根本利益，因而有着不同的阶级立场，即所谓“屁股决定脑袋”、“屁股决定嘴巴”，其哲学也就必然会打上不同阶级的印记。

在阶级社会里，哲学家都是现实的人，他们都有自己特定的阶级立场，他们对待事物的态度和价值观念，都会打上自己那个阶级的烙印，因而哲学具有阶级性。哲学的阶级性是通过种种复杂的形式来表现的。基于不同的阶级立场，人们对世界上各种根本问题的看法也不尽相同，哲学思想的根本方向取决于它所属的阶级的根本利益。这就是哲学阶级性的体现。无视或抹杀哲学的阶级性，看不到不同阶级在哲学上的对立和斗争，把阶级分析方法排除在哲学史的研究之外的做法，是根本错误的。

马克思出身于律师家庭，恩格斯出身于商人家庭，如果按照他们的出身来看，应该属于资产阶级知识分子。但是，马克思和恩格斯一开始就选择了工人阶级的生存方式，他们的学说也是为无产阶级求解放的理论。马克思哲学强调哲学的实践基础、实证性和客观性，主张充分发扬人的主观能动性，而且强调必须与科学的思想指导相结合。他十分关注有关人和社会的问题，但决不忽视自然界和整个宇宙的问题，因为他深知自然界是人和社会赖以生存和发展的客观基础。所以，评判一个哲学家的阶级性时，

① ［英］罗素：《西方哲学史》上卷，中译本，商务印书馆1982年版，第11页。

关键是看他的生活方式与阶级立场，即站在哪个阶级的立场上，为哪个阶级服务。在这个意义上，马克思哲学是真正的群众性哲学，绝对不是所谓少数“精英”、“精神贵族”的游戏。

维特根斯坦的哲学有没有阶级性？这本来是毫无疑问的，但是在他的哲学论著里确实没有出现这方面的论述。笔者认为，尽管维特根斯坦家族很富有，“维特根斯坦富有的生活使他能够脱离谋生的职业”，[①] 但是他于1913年自觉把父亲留给他的巨额遗产分给了他的哥哥和姐姐，自己一生都过着极为俭朴的生活，财物、权力和地位对他没有任何吸引力，为的是能够平静地从事哲学思考。维特根斯坦的整个哲学没有表现出明显的阶级性，这与他那个时代的哲学主题——语言分析的特性是相一致的。但是，这并不能说明他的哲学就已经超越了阶级性。其实，20世纪上半叶，由于西方资本主义的快速发展，社会矛盾非常突出，两次世界大战的爆发就是诸多矛盾的集中爆发。而现代西方哲学家们，大多数是接受过良好教育的社会中上层成员，可以称作是“学院派”，他们的哲学是哲学家的哲学，是高高在上、远离社会实践的哲学。当然有的哲学家，比如罗素，也很关注社会实践、重视社会发展，有的哲学也对社会实践产生了实际作用，但其哲学内容里面仍然是忽视甚至否定实践性、战斗性，尤其是不公开宣称其阶级性，甚至标榜超阶级性。这种隐晦哲学阶级性的目的究竟是什么？难道他们真的就没有看到社会上依然普遍存在的阶级矛盾吗？其实未必。他们是企图通过这种表面看似非阶级性的哲学来缓和社会矛盾，调和阶级冲突。

说到阶级性，还离不开人文性。人文性是传统哲学的重要禀性。马克思主义哲学具有群众性、人民性，易于通俗化，因具有浓烈的人文性而为人们所拥戴；而西方哲学完全是精英哲学，远离人民大众，很难通俗化，特别是维氏等人的人工语言哲学因其远离人文性，难以经受时间的考验，被人类历史所边缘化是必然的事情；尽管维氏后期倡导走进“生活世界”，但是其人文关怀还是达不到马克思“解放人类”的高度。总之，以马克思哲学与维特根斯坦为代表的现代西方哲学虽然都源于德国古典哲学，但确实走的是两条相反的道路。

---

① 张学广：《维特根斯坦：走出语言囚笼》，辽海出版社1999年版，第26页。

三 哲学的革命与革命的哲学

康德哲学的主旨是论证“自由”，与此类似，马克思哲学革命也是为了论证“自由”——人的全面发展，既摆脱自然的奴役，又摆脱资本主义制度的奴役。马克思最初通过费希特主义为梯子而进入黑格尔哲学，通过对黑格尔哲学和费尔巴哈哲学的批判与超越，最终建立了交往实践的唯物史观，并以此为工具，对资本主义社会经济规律进行全面揭示与深入批判，论证了人类最终走进全面而自由的发展阶段，历史也终将演变为世界历史。

而维特根斯坦出现得比较晚，正赶上现代西方哲学的一个大变动时期。

（一）维特根斯坦之前的西方现代哲学脉络

按照一般的认识，现代西方哲学又可以大致分为“科学主义”与“人本主义”两大思潮。

科学主义思潮肇始于孔德的实证主义，途经马赫主义，后发展到分析哲学和逻辑实证主义阶段。它发展了康德哲学中关于现象世界、感性与知性的思想，抛弃了康德关于本体世界的思想，认为哲学只应关注、也只能解决经验世界的问题。科学主义抛弃了康德把哲学限定在科学方法论领域作法，不再把知识的基础、构成、意义等问题作为哲学的核心。科学主义思潮发展到20世纪，逐步把哲学问题归结为语言与逻辑分析上来。本书讨论的维特根斯坦就是在这个节点上开展他的哲学研究的。

科学主义思潮的哲学观认为，哲学不为科学知识提供形而上学的基础，而是注重对问题的分析和描述，注重对科学知识的构成与意义问题的关注。在科学主义看来，哲学就是围绕科学认识问题的逻辑与语言分析活动。科学主义思潮拒斥形而上学，抛弃哲学的世界观功能。这就不可避免地使哲学的路越走越窄，使哲学失去了公众，从而使哲学失去了应有的功效。

一般认为，人本主义思潮是从叔本华、尼采的意志主义开始的，经过新康德主义、生命哲学，到存在主义和弗洛伊德主义，发展了康德哲学关于本体世界、形而上学、自由等思想，而对关于现象世界的思想则予以抛弃。人本主义认为，康德的“物自体”思想表明，世界是没有规律、秩序、规则的，也不具有合理性，所以不能用科学理性的方法去把握。在本质上，人也是非理性的，而理性只不过是人的非理性本质的外化。非理性的人与非理性的世界相统一，颠覆了传统理性主义的观点。

总之，人本主义哲学认为，哲学是关于人与世界的绝对本质问题，哲学从人的非理性本质出发去诠释人与世界的构成关系。人本主义思潮研究人与世界的非理性构成关系，贬低甚至反对科学、理性，使哲学达到近乎神秘主义的境地，在普通民众中产生了某些不确定的甚至是偏激的心理效应。

从哲学思维方式上看，现代西方哲学的出现是西方哲学发展史上一次划时代意义的转型。与传统哲学相比，现代西方哲学具有主体化、多元化、非形而上学化、非理性化等崭新的特点，开辟了一些新的哲学研究领域，如对语言问题、逻辑问题的研究，对非理性因素的研究等。多数现代西方哲学流派都以自己特有的方式去力图超越近代哲学主一客、心一物对立的尴尬为出发点，以建立关于世界的本源、本质的理论体系为目标，在不同程度上使哲学研究从抽象化的自在的自然界或绝对化的观念世界返回到人的现实生活世界。现代西方哲学家企图以此摆脱近代哲学的困境，为哲学发展开辟新的道路。

（二）维特根斯坦哲学是“哲学的革命”，但不是“革命的哲学”

1. 维特根斯坦实现了“哲学的革命”。

维特根斯坦的哲学观反映了人们对几千年来的西方哲学围绕着同样的问题争论不休而未能解决任何实质性问题的思辨和论辩传统的失望态度。他在《逻辑哲学论》中直截了当地宣告了哲学主题被消解的命运：“哲学的正确方法固应如此：除可说者外，即除自然科学的命题外，亦即与哲学无关的东西外，不说什么”。认为哲学不应有自己的问题和命题，它只是揭示科学命题的意义以及形而上学命题的无意义的分析活动。后期维特根斯坦从日常语言分析入手，继续宣扬这种哲学观，认为“哲学是一场反对语言困惑思想的战斗”；哲学的目的是“给捕蝇瓶里的苍蝇指出一条出路”。哲学活动最后应达到“完全的明晰性”，但“这不过意味着哲学问题的消失”。如果哲学有什么真正发现的话，那只是“使我能够在想从事哲学时终止哲学，让哲学安息”。维特根斯坦还说：“没有一个哲学方法，但确有类似于各种治疗的方法。”这种“治疗性哲学”哲学旨在通过消除哲学问题来治疗“哲学病”。哲学问题被消解之后，哲学将不复存在；“哲学病”被治愈后不再有职业哲学家。所以，他一再劝导他的学生不要从事哲学研究工作，他本人也在一度以为自己解决了所有哲学问题之后彻底放弃哲学而去从事小学教师工作。维特根斯坦对分析哲学的形成和发展产生了深远影响。他的《逻辑哲学论》被维也纳学派奉为经典，有力地推进了人工语言分析的发展，经过石里克、卡尔纳普等人的努力而最终形成强大的逻辑经验主义运动；后期《哲学研究》的主要思想启示了日常语言学派，推进了日常语言分析的发展，并使整个分析哲学在20世纪50年代之后进入了一个新的阶段。

后面的论述将证明：在维特根斯坦这里，哲学主题、目的任务、哲学方法、哲学价值、哲学形态等诸多方面都发生了根本性转换；反形而上学是其哲学的主线，的确可以说是实现了“哲学的革命”。在这个意义上，维特根斯坦与马克思具有相似性。这也是本书的立论基础。

2. 维特根斯坦哲学不是革命的哲学。

在维特根斯坦看来，解决哲学问题的出路，归根结底在于改变思维方式：“要想解决哲学问题，我们就必须改变我们的立足点，改变我们古老的思维方式。如果我们不能做到这点，我们就休想解决哲学问题。”①维特根斯坦甚至还深刻地看到，哲学家的疾患不是在哲学领域内所能解决的。因为哲学家的问题实在也是时代的疾患，不仅仅是个思维方式转换的问题。他指出，“属于一个时代的疾患需要通过人们的生活方式的转换来医治。因而哲学问题造成的疾患只能通过思维方式和生活方式的转换，而不能通过某个个人所发明的药物来加以医治”。②

能够看到这一点，已经不简单。但遗憾的是，维特根斯坦最终没能超越时代与阶级给他的枷锁，他的哲学革命本身必然存在其自身难以克服的局限性，以至于他没能够跳出哲学去从现实世界中寻找“良方”，把解决现实危机的希望寄托在哲学的语言分析层面，希望通过对哲学语言的语形

① Ludwig Wittgenstein, *Sein Leben in Bildern und Texten*, Ed. by B. McGuinness, Frankfurt am Main, 1983, p. 340.

② Wittgenstein, *Bemerkungen über die Grundlagen der Mathematik*（数学基础评论）, Frankfurt am Main, 1994, p. 132.

分析或语用分析来消除哲学问题，这就注定无法真正“改变世界”。维特根斯坦一辈子都是在致力于消除哲学问题，但是只是在思辨性倾向的语言领域进行，有点类似于马克思在《德意志意识形态》的“序言”中所形象地描述的“青年黑格尔派”情形：“有一个好汉一天忽然想到，人们之所以溺死，是因为他们被关于重力的思想迷住了。如果他们从头脑中抛弃这个观念，那么他们就会避免任何溺死的危险。他一生都在同重力的幻想做斗争，统计学给他提供愈来愈多的有关这种幻想的有害后果的证明。这个好汉就是现代德国革命哲学家们的标本。”①

任何一种“革命的哲学”，首先必须要具有对现存不合理的国家政治制度进行全方位批判乃至颠覆的理论勇气与魄力，其次必须诉诸具体的革命实践活动。而维氏没能做到这一点，他只不过是在逻辑和语言的世界里遨游而已。他运用自己天才般的数理逻辑技术作为哲学分析的工具，对哲学语言的确做到了精确细致的分析，也在很大程度上解构了很多哲学难题。但是必须指出，维特根斯坦在语言王国的分析活动和语言游戏，本质上都没有脱离学院派哲学的风格与倾向。在语言、逻辑与实践这一点上，马克思很早就有深刻的认识。在《德意志意识形态》中，马克思一针见血指出：“‘精神’从一开始就很倒霉，受到物质的‘纠缠’，物质在这里表现为振动着的空气层、声音，简言之，即语言。语言和意识具有同样长久的历史；语言是一种实践的，既为别人存在因而也为我自身而存在的、现实的意识。语言也和意识一样，只是由于需要，由于和他人交往的迫切需要才产生的。”② 马克思在批判青年黑格尔派的“语言革命”的滑稽之处时，对于我们看待维特根斯坦等语言哲学的重要性也具有一定的参考意义。马克思指出：“既然这些青年黑格尔派认为，观念、思想、概念，总之，被他们变为某种独立东西的意识的一切产物，是人们的真正枷锁，就像老年黑格尔派把它们看作是人类社会的真正镣铐一样，那么不言而喻，青年黑格尔派只要同意识的这些幻想进行斗争就行了。既然根据青年黑格尔派的设想，人们之间的关系、他们的一切举止行为、他们受到的束缚和限制，都是他们意识的产物，那么青年黑格尔派完全合乎逻辑地向人们提出一种道德要求，要用人的、批判的或利己的意识来代替他们现在的意

① 《马克思恩格斯全集》第3卷，人民出版社1960年版，第16页。

② 同上书，第34页。

识，从而消除束缚他们的限制。这种改变意识的要求，就是要求用另一种方式来解释存在的东西，也就是说，借助于另外的解释来承认它。青年黑格尔派玄想家们尽管满口讲的都是所谓'震撼世界的'词句，却是最大的保守派。如果说，他们之中最年轻的人宣称只为反对'词句'而斗争，那就确切地表达了他们的活动。不过他们忘记了：他们只是用词句来反对这些词句：既然他们仅仅反对这个世界的词句，那么他们就绝对不是反对现实的现存世界。"①

任何一个具体的实践离不开实践的主体，所以"革命的哲学"必须武装群众，才能转化为现实的物质力量。而维氏也没有做到。如果说传统哲学只诉诸精神的思辨活动的话，那么维特根斯坦所诉诸的就是语言的力量。他是为哲学而哲学，哲学在他那里既是目的又是手段，因而没能把哲学深入到实践，尤其是广大人民的现实革命行动中去"武装"群众。换句话来讲，他是重逻辑而轻实践。逻辑是他的手术刀，离开了实践，特别是革命人民的革命实践的逻辑或语言，绝对不可能成为摧毁或轰炸现存不合理社会制度的炸药。

（三）马克思哲学既是"哲学的革命"，又是"革命的哲学"

1. 马克思哲学是哲学的革命。

本书将会论述到，从马克思的哲学观、哲学主题、哲学方法、哲学形态等来看，马克思哲学都发生了革命性的变革。马克思的哲学革命是对德国古典哲学的反叛，他通过对黑格尔哲学、费尔巴哈哲学的深刻批判，通过对资本主义社会全面深刻的剖析而实现的，揭示了资本主义社会的发展规律以及整个人类历史的发展规律。马克思坚持主张，"观念的东西不外是移入人的头脑并在人的头脑中改造过的物质的东西而已。"② 与宗教、道德、政治和法类似，哲学不是永恒存在的，而是属于各个时代的社会意识。换言之，哲学也是在意识形态演进过程中发展的。如果产生哲学或哲学所属的社会制度不存在了，那么哲学也就不可能存在。人类在改变自己的现实生活的同时也"改变着自己的思维和思维的产物"。③

---

① 《马克思恩格斯全集》第 3 卷，人民出版社 1960 年版，第 22—23 页。

② 《马克思恩格斯全集》第 23 卷，人民出版社 1972 年版，第 24 页。

③ 《马克思恩格斯选集》第 1 卷，人民出版社 1995 年版，第 73 页。

马克思指出："德国哲学从天国降到人间；和它完全相反，这里我们是从人间升到天国。这就是说，我们不是从人们所说的、所设想的、所想象的东西出发，也不是从口头说的、思考出来的、设想出来的、想象出来的人出发，去理解有血有肉的人。我们的出发点是从事实际活动的人，而且从他们的现实生活过程中还可以描绘出这一生活过程在意识形态上的反射和反响的发展。"① 马克思把哲学赖以存在的基础"从思想世界降临到现实世界，也就把哲学的阿基米德点从虚幻的思想、观念之中拉回到现实的人的感性活动、实践之中"、"使哲学思维方式从现成论到生成论转变。"②

2. 马克思哲学是革命的哲学。

本书后面的论述将证明，从哲学的主体、目的、任务、价值、影响等来看，马克思的哲学革命，把哲学作为以往只限于象牙塔、学院或书斋里的"精神贵族"的思辨游戏，成功地改造为武装为图谋现实解放的广大无产阶级和劳苦大众的精神武器，使得经马克思哲学武装后的无产阶级能够成功地摧毁现存的全部不合理的制度，从而获得全人类的解放。

为什么要实现这个转变？因为哲学面临着深刻的危机，正如无产阶级面临严重的生存危机一样。"哲学危机一定是时代危机的表现。批判哲学，必须批判哲学生存的现实；消灭哲学，必须消灭哲学依附的制度。只有解决产生哲学的现实的问题，哲学问题才能得到真正的解决。"③ 既然哲学危机的最终解决不可能在哲学领域内解决，那么只有在现实领域中去寻找适当路径。马克思的道路是通过"诉诸革命的实践"来最终消除哲学危机。这样，马克思彻底否定了"重建本体论"或"本体论转向"之类没有实践意义的思辨路向，根本性地超越了以往哲学家仅仅在思辨领域、精神世界里通过"解释世界"来变革哲学的种种企图，而且把解决哲学问题的任务交给无产阶级的革命实践，"哲学把无产阶级当作物质武器"、"无产阶级把哲学当作精神武器"。马克思真正实现了哲学的革命，把哲学变成改造社会的真正革命的武器。在马克思看来，只有在现实中实现哲学，才能消灭哲学。所以，在马克思这里，哲学已经是"革命的哲

① 《马克思恩格斯全集》第3卷，人民出版社1960年版，第30页。

② 崔唯航：《马克思哲学革命的存在论阐释》，中国社会科学出版社2005年版，第3—5页。

③ 张汝伦：《马克思的哲学观和"哲学的终结"》，《中国社会科学》2003年第4期。

学"，正如柯尔施所说，马克思哲学"是一种革命的哲学，它的任务是通过在一个特殊领域——哲学里战斗来参与在社会所有领域中进行的反对现存秩序的革命斗争。"①利用哲学这个精神武器，马克思从宗教、政治、经济等层面对资本主义社会制度展开全面深刻的批判，用他毕生的心血去论证"无产阶级和全人类的解放"的必要性与可行性，并通过革命实践去探索"改变世界"的现实的革命路径。

作为致力于无产阶级和全人类解放的革命家，马克思认为"在实践方面，共产党人是各国工人政党中最坚决的、始终起推动作用的部分；在理论方面，他们胜过其余无产阶级群众的地方在于他们了解无产阶级运动的条件、进程和一般结果。"②

马克思对于自己所从事的革命理论研究，完全是出于历史的责任感，出于对无产阶级解放的迫切愿望，所以马克思首先是一个"革命家"，其次才是"理论家"或"思想家"。作为"革命家"，他积极参加并领导无产阶级的革命斗争，是"各国工人政党中最坚决的、始终推进运动前进的部分"，而作为"理论家"或"思想家"，他给自己设定的主要任务就是洞察资本主义社会的规律，揭露无产阶级受压迫与剥削的根源，揭露资产阶级剥削工人的秘密，为"无产阶级运动的条件、进程和一般结果"作理论论证和思想准备。

在笔者看来，维特根斯坦实现了一场"哲学的革命"，开启了西方现代哲学发展的新路向；马克思所说的实践主要是基于交往实践唯物主义的革命实践，革命实践是其"交往实践"的核心内容。革命是贯穿马克思全部思想的主线，他把哲学主题从精神王国的"思辨哲学"向现实世界的"革命实践哲学"转变，使哲学功能从"解释世界"向革命性地"改变世界"转变，使哲学主体从职业哲学家到无产阶级等劳苦大众转变。所以，马克思则不仅在更具现实性的基础上实现了"哲学的革命"，而且为无产阶级和整个人类的解放事业创造了强大无比的精神武器——"革命的哲学"。

---

① Karl Korsch, *Marxism and Philosophy*, NLB, 1970, pp. 75—76.

② 《马克思恩格斯选集》第1卷，人民出版社1995年版，第285页。

第二章

马克思哲学与维氏哲学比较之意义

一　马克思哲学与维氏哲学之可比较性

与西方传统哲学相比，维特根斯坦“哲学”简直已经不是哲学。试看他的一些哲学主张：

> 哲学问题是这样的形式：“我迷路了。”
>
> 哲学的结果是揭露一个又一个纯粹的废话（nonsense）。
>
> 语言一旦放假，哲学问题就产生了。
>
> 我们所摧毁的只不过是空中楼阁。我们在清理语言赖以站立的地基。
>
> 你的哲学的目标是什么？——让苍蝇找到飞出捕蝇瓶的路。
>
> 真正的发现是：当我愿意时，我就能停止做哲学。

这样的“哲学”，究竟还是不是哲学？如果拿传统哲学作参照，那么维特根斯坦“哲学”简直是面目全非了。无怪乎他的《逻辑哲学论》刚出炉时，众多的出版商都不愿意出版。

而马克思的哲学，与传统西方哲学相比，也是根本性的不同：第一，马克思没有一本专门的哲学著作；第二，马克思也没有自己的哲学体系；第三，马克思的兴奋点根本就不在哲学上，而是无产阶级和人类的解放。但是，马克思的全部著作，从《博士论文》到《德意志意识形态》，从《共产党宣言》到《资本论》甚至再到他晚年的“东方社会理论”，无不透露着哲学思维的火花和哲学方法的光芒。在马克思这里，哲学已经高度融入他的所有思想著述中。他的哲学，已经不是那种纯粹的哲学，而是作为世界观和方法论高度统一的“手术解剖刀”，对资本主义社会和人类社会不合理的一切现象，进行深刻无情的解剖，并作为人类社会发展的“指南针”，预示着人类不断发展的趋势。

既然这样，那它与马克思哲学之间究竟是否存在可比较性呢？

这牵涉到本书的合法性问题。同时，也关涉究竟怎样理解马克思在哲学革命和西方哲学从近代向现代转化的真实意义。这是一个涉及面广泛、内容复杂且带有较大敏感性的“系统工程”，需要开展艰苦细致的比较研究。

笔者认为，马克思哲学与维特根斯坦哲学虽然时代背景不同，具体主张差异甚大，分别属于两种不同的哲学，但是依然具有比较研究的必要性和可行性。

（一）就二者比较研究的必要性而言

1. 是马克思哲学自身理论发展的需要。第一，马克思主义理论本身的一些初始概念、核心概念定义缺失。比如，对于“社会主义的本质”以及发展阶段，缺乏准确有力的认定，成为一个世纪难题，成为易受攻击的薄弱环节，也为实践中的混乱埋下了危险的伏笔，增加了实践的曲折性和反复探索的巨大成本。第二，马克思主义理论本身预测性和前瞻性减弱。马克思哲学创立于160多年以前，对于今天所出现的很多新问题、新矛盾、新局势，比如无产阶级的革命形势、进程、性质与前景，都没有，也难以做出准确的预测；给当下全球化过程中科学技术发展而带来的一些重大问题（比如污染、克隆、转基因等），很少甚至没有从理论上予以必要预测或相应解答。第三，马克思主义价值观正经受逐步淡化的危险。长期以来，受苏联影响，国内马克思主义被片面化和僵死化，导致人民群众甚至领导干部对马克思主义的理解和掌握停留于表面，形式主义严重，没有充分“武装群众”从而彰显马克思主义理论作为改造世界的理论武器的应有价值。作为马克思主义理论的核心，马克思哲学自身应该不断强化理论功能，以加强自身预测、思考与解答这些重大理论问题的能力。现代西方哲学对理解马克思哲学无疑具有重要的参考作用，因为它们同属现代哲学，即同属总的说是对现代资本主义进行反思和批判的哲学，从这个角度说，开展现代西方哲学与马克思哲学的比较研究，有助于我们从“现代”而不是“近代”的意义上来理解马克思哲学。

2. 是马克思哲学深入思考并解答当代理论困惑的需要。近年来，西方敌对势力利用社会主义国家在经济发展中的困难和工作中的失误，大肆攻击和诽谤社会主义制度，在意识形态领域加紧渗透，鼓吹西方的民主、自由和人权，全面否定马克思主义理论，把进攻的矛头直接指向马克思主义，妄图从思想上解除社会主义国家人民群众的武装。在“苏东剧变”之后，西方资产阶级一些代表人物弹冠相庆，踌躇满志，叫嚣什么“对社会主义不战而胜”、“共产主义在可以预见的时间内寿终正寝”、“埋葬马克思主义”之类的口号，宣称要用西方资产阶级意识形态来重塑世界。激进的西方马克思主义者，比如鲍德里亚等人，就对马克思哲学失去信心，对马克思主义进行根本否定，走向所谓“后马克思主义”。同时，国内也有不少人揪住共产党及政府的一些失误，大肆否定马克思主义的指导地位，竭力鼓吹马克思主义“过时论”，企图动摇人民群众对马克思主义的信念。

在这样的历史关头，作为马克思主义核心的马克思哲学，能否经受住各种理论攻击与非难，能否继续担当人民群众进行社会主义事业的理论指南，关键在于马克思哲学能否在理论上自我创新不断完善，在与西方各种思潮的较量中彰显理论实力与实践价值的魅力，从而获得最广大人民群众的支持与拥护。为此，自觉地把马克思哲学这个最重要的思想内核与现当代西方哲学思想进行比较研究，就显得十分必要。

3. 是拓宽马克思主义哲学研究视阈的需要。在马克思思想的创立过程中，他不仅深入考察了古希腊以降的整个西方哲学的发展历程，而且对与他同时代的哲学理论也进行了深入研究，广泛开展了对话与批判。今天的研究者，如果缺乏对西方哲学的知识与研究，而仅仅站在马克思哲学角度去看问题，就会陷入自我封闭甚至倒退的境地。采取对二者的比较研究，无疑更能厘清马克思哲学发展的历史动因，理解马克思哲学革命的原初语境，拓展马克思哲学的现代视野。哲学的发展需要对话与交流。只有了解了西方哲学的思想逻辑，我们才能从容面对与解读那些从西方哲学视角来解读马克思的哲学家及其著作。另外，就目前国内外学者的相关研究进展情况来讲，分别研究马克思哲学或维特根斯坦哲学的论著都很多，甚至可以说是汗牛充栋了，但是普遍缺乏对二者进行比较的关注，这不能不说是一个遗憾。当然，这个遗憾也为本研究的出场提供了一个契机，增添了笔者对马克思和维特根斯坦的哲学革命进行比较研究的必要性和紧迫感。

4. 也是我们深入研究维特根斯坦等现当代西方哲学的需要。维特根斯坦是西方现代最重要的哲学家之一，他主张“历史关于哲学事物所写的大部分命题和就此而设置的问题并不是假的，而是无意义的。因而我们根本就不能回答这些问题，而只能确定它们的无意义性。哲学家的大部分问题和命题都是因为不理解我们语言的逻辑而引起的。”① 认为“科学命题的逻辑形式的学说。”②“哲学的目的是澄清思想的逻辑……哲学的结果不是‘哲学命题’，而是命题的澄清。”③ 哲学不是要发现世界的本质特征；哲学是通过逻辑分析澄清非哲学命题的活动；它的目的是获得一种“正确的逻辑观点”，理解能说的东西及其界限。他发展了逻辑分析方法，推进了分析运动，甚至还被指认为后现代思想的鼻祖。不少人评价他是20世纪西方最伟大的哲学家之一，实现了哲学革命性的变革。为此，把马克思哲学与维特根斯坦这样一位具有代表性的西方现代哲学家进行比较研究，是很有理论价值和现实意义的。“既要对马克思主义哲学本身的真实意义有较为准确的把握，又要克服以往那种对现当代西方哲学各种流派与思潮的片面认识，尽可能做到对其实际所是有较为准确的了解，然后从个案和整体上分别将这两种哲学作比较研究。”④ 现代西方哲学对理解马克思哲学无疑具有重要的参考作用，因为他们同属现代哲学，即同属总的说是对现代资本主义进行反思和批判的哲学，从这个角度说，开展现代西方哲学与马克思哲学的比较研究，有助于我们从“现代”而不是“近代”的意义上来理解马克思哲学。

（二）就二者进行比较研究的可行性而言

首先，从时间上来考察。马克思哲学创立于自由资本主义时期，而维特根斯坦哲学则创立于资本主义的高级阶段——帝国主义时期。虽然马克思哲学和维特根斯坦所处的时代不同，但二者都是在资本主义社会内部意识领域的成果，总体上都是对资本主义进行反思和批判的哲学，分别代表

① Wittgenstein, *Tractatus Logico Philo-sophicus*, London: Routledge, 1990, 4.003.

② Wittgenstein, *Notebooks 1914—16*, Oxford: Blackwell, 1979, p. 106.

③ Wittgenstein, *Tractatus Logico-Philosophicus*, 4.112.

④ 刘放桐：《马克思在哲学上的革命变更对西方现当代哲学的超越》，《哲学研究》2001年第8期。

了资本主义发展的两个阶段的哲学文化进展，具有比较研究的可行性。

其次，从两种哲学的本质上来考察。从本质上看，马克思哲学和维特根斯坦哲学都是对传统形而上学的反叛，都属于实践哲学的范畴。维特根斯坦哲学属于语言哲学的范畴，而“语言哲学本质上是语言实践论……经过后期维特根斯坦所开创的‘语言游戏论’，或‘语言即生活形式观’，从语言的逻辑句法分析走向语用分析，在言语行为和实际交往中考察语言的意义，因而完成了向语言哲学论的转变。”① 而马克思哲学毫无疑问是实践哲学的杰出代表。所以，把二者进行比较，展开对话与交流，具有现实的可行性。

再次，从当前相关研究的进展来看，也具有可行性。从西方哲学的传统来理解马克思哲学，从马克思哲学出发来理解当代西方哲学，这种对话式的解读，对于打破传统研究中马克思哲学与西方哲学的尖锐对立，对于马克思哲学的当代构建，无疑具有重要的意义。也正是由于这样，所以近年以来，不少学者着手对马克思哲学与西方哲学之间开展比较研究，取得了比较丰硕的成果（具体见下面的文献综述），对于马克思哲学本身的发展，以及对于深化我们对于西方哲学的理解与批判，都具有可借鉴的意义。但是，把马克思的哲学思想与维特根斯坦的哲学思想进行比较研究，目前还不多见。国外学者的相关研究有 Gaivin Kitching 和 Nigel Pleasants 所著的“Marx and Wittgenstein：Knowledge，Morality and Politics”。② 而从目前国内情况来看，尽管学者们对这两个伟大哲学家的哲学革命的比较研究尚付诸阙如，但是对这两个伟人的哲学革命的单独研究，却是十分的丰富。这无疑为本书的研究奠定了基础，使得本研究具有可行性。

二　相关研究文献概览

本书的相关研究资料，涉及三个方面的文献：其一，关于马克思哲学革命的研究；其二，关于维特根斯坦哲学革命的研究；其三，关于马克思哲学革命和维特根斯坦哲学革命的比较研究。

---

① 任平：《走向交往实践的唯物主义》，人民出版社 2003 年版，第 6 页。

② Gaivin Kitching and Nigel Pleasants, *Marx and Wittgenstein*: *Knowledge*, Morality and Politics, London and New York: Routledge, 2002.

（一）关于马克思哲学革命的研究

学界对马克思哲学革命非常重视，开展了广泛深入的研究。归结起来可分为以下五类：

1. 从本体论变革的角度进行研究。对于马克思主义哲学有没有本体论，存在争论。有学者认为，马克思主义哲学也有自己的本体论，而对于马克思哲学有怎样的本体论问题，主要有以下几种观点：物质本体论、实践本体论、激情本体论、历史唯物主义的本体论、社会存在本体论等。有学者认为，马克思主义哲学没有本体论，而且马克思在哲学史上所实现的变革，正在于对本体论所进行的批判。还有人认为，马克思哲学是一种后形而上学，马克思哲学本体论的研究应走向后本体论。杨学功从本体论的源头分析入手，认为马克思哲学在哲学史上最具深远意义的革命变革，就在于它通过对传统本体论哲学的批判和超越，开创了哲学发展的新方向，奠定了哲学发展新形态的基础，阐明了马克思哲学变革的实质和意义。①

2. 从实践论的角度进行研究。如任平老师认为：马克思哲学革命是从“自我意识”的新黑格尔派唯心主体论走向“实践的唯物主义”、通过哲学与经济学的交往实践观的深入研究走向“交往实践的唯物主义”，即经过“交往—交往实践观—交往实践唯物主义”三个发展阶段得以实现的，马克思特别强调以交往实践观为中心、以经济关系和社会关系决定人的本质、形成生产方式、市民社会和世界历史为理论表征的新历史观。②

孙正聿认为：马克思终结了思辨的独立的哲学，创建唯物史观与实证知识水乳交融的新哲学理论形态；马克思哲学思维方式不是什么“实践观点的思维方式”，而是以实践为基础和导向的辩证思维方式；马克思哲学革命的本质在于打破传统哲学的框架，抛弃哲学追求“绝对真理”的幻想，把哲学改造成无产阶级“改变世界”的精神武器，为无产阶级革命和建设以及实现人类解放提供了新的哲学理论形态和世界观方法论指导。③

---

① 杨学功：《传统本体论哲学的终结和马克思哲学变革的实质》，《现代哲学》2002 年第 1 期。

② 任平：《资本全球化与马克思——马克思哲学的出场语境与本真意义》，《哲学研究》2002 年第 12 期。

③ 孙正聿：《怎样理解马克思的哲学革命》，《吉林大学社会科学学报》2005 年第 3 期。

3. 从价值论的角度进行研究，发掘马克思哲学革命的意义。如吴晓明认为：国内学界、第二国际理论家、西方马克思主义都对马克思哲学之当代性或当代意义还缺乏实质性估价，因而提出重估马克思哲学革命的性质与意义。[①] 张汝伦认为：马克思把哲学危机看作一定时代危机的表现，批判哲学，必须批判哲学生存的现实；消灭哲学，必须消灭哲学依附的制度。[②] 马克思真正使哲学变成了社会改造实践的一部分。从这个意义上说，马克思真正实现了对哲学的超越。

还有人认为：马克思哲学革命完成了哲学理论从思辨哲学、现成哲学到实践哲学与生成哲学的转变，并在此基础上确立了争取人类解放和实现人的全面发展的哲学价值目标。[③]

4. 从方法论的层面进行研究。如陈忠教授认为：马克思在对一元本质、单一线索的传统哲学叙事学的深刻批判中，实现了对传统哲学叙事方式进行了实质性变革，实现“生产”与“生活”双重“叙事线索”的深层交汇与现实统一，标志着马克思对传统哲学的真正革命性变革。杨思基教授认为：马克思的研究方法是“从具体到抽象”、“从实践到认识”和“从感性认识到抽象思维，再到理性认识”，是以实践为基础的唯物主义思想认识路线或思想方法的具体体现。实践唯物主义哲学思想方法是马克思哲学思想方法革命变革的结果，也是整个马克思主义哲学革命变革的前提。[④]

5. 从存在论的角度分析。存在论是当下很时髦的一个概念，很多学者都从存在论的角度解读马克思哲学革命。比如，崔唯航认为：马克思哲学革命的实质在于实现了一场哲学范式从理论哲学转向实践哲学的根本性转换，哲学思维范式从现成论转向生成论的转换。这“两个转换”构成了马克思哲学革命的灵魂。[⑤]

---

① 吴晓明：《重估马克思哲学革命的性质与意义》，《复旦学报》2004 年第 6 期。

② 张汝伦：《马克思的哲学观和“哲学的终结”》，《中国社会科学》2003 年第 4 期。

③ 吴卓、赵丽：《论马克思哲学革命的价值目标》，《清华大学学报》2005 年第 1 期。

④ 杨思基：《马克思哲学思想方法、研究方法的革命变革》，《山东社会科学》2004 年第 1 期。

⑤ 崔唯航：《马克思哲学革命的存在论阐释——从理论哲学到实践哲学》，中国社会科学出版社 2005 年版。

（二）关于维特根斯坦哲学的研究

在现代西方哲学史上，维特根斯坦具有很高的地位，他的哲学思想对分析哲学产生过重大影响。几十年以来，国内外学者对维特根斯坦的哲学思想给予了颇多的关注，甚至一度形成所谓“维特根斯坦热”。

1. 维特根斯坦原著的翻译介绍工作：著作材料的收集和整理，重点是翻译维特根斯坦的主要哲学著作。

《逻辑哲学论》（*Tractatus Logico-philosophicus*）有三个单行中译本：（1）1927 年，与罗素私交较深的张申府先生首先把“Tractatus Logico-philosophicus”翻译为中文，取名曰《名理论》，这是此书的英德对照版于 1921 年出版后的第一个其他语言的文本，也是将分析哲学引入中国的最早译著之一。1988 年，经北京大学外国哲学研究所陈启伟教授校订，该译本由北京大学出版社以《名理论（逻辑哲学论）》为题重新出版。（2）郭英翻译出版的新译本，于 1962 年由商务印书馆出版。该译本主要根据俄文本，还参照了 1921 年的德英对照本。（3）贺绍甲根据 1961 年出版的英文版翻译的新版本，于 1996 年由商务印书馆出版。该英文版是目前公认的权威英译本。

《哲学研究》（*Philosophical Investigations*）目前有四个中译本：（1）由汤潮和范光棣译、徐友渔校，1992 年由北京的三联书店和台北水牛书店出版的译本。（2）由李步楼译、陈维杭校，1996 年由商务印书馆出版的译本。（3）由陈嘉映所翻译，2001 年由上海人民出版社出版的译本。（4）由涂纪亮所翻译，2003 年由河北教育出版社出版的译本。

《文化与价值》的中译本：由黄正东、唐少杰翻译，1984 年由清华大学出版社出版的译本，这是根据 B. F. McGuinness 编辑的维特根斯坦的《杂论集》（*Vermischte Bemerkungen*）的英文版（*Culture and Value*）翻译而来的。

国内学界关于维特根斯坦研究的一件颇具意义的事情是，2003 年由河北教育出版社出版了涂纪亮主编的《维特根斯坦全集》（共 12 卷），这是国际上出版的第一套收入维特根斯坦著作最为全面的文集，也是继德国的舒尔坎普出版社出版的 8 卷本《维特根斯坦选集》之后的第一种非德文全集。

2. 国内关于维特根斯坦哲学的主要研究性著作。

大陆部分：（1）由舒炜光所著的《维特根斯坦哲学述评》，1982 年由北京三联书店出版。（2）尚志英著《寻找家园——多维视野中的维特根斯坦语言哲学》，1992 年由人民出版社出版。（3）韩林合著《维特根斯坦哲学之路》，1996 年由云南大学出版社出版。（4）江怡著《维特根斯坦：一种后哲学的文化》，1996 年由社会科学文献出版社出版，并于 1998 年和 2002 年再版。（5）江怡著《维特根斯坦传》，1997 年由河北人民出版社出版。（6）江怡著《维特根斯坦》，1999 年由湖南教育出版社出版。（7）王晓升著《走出语言的迷宫：后期维特根斯坦哲学概述》，1999 年由社会科学文献出版社出版。（8）韩林合著《〈逻辑哲学论〉研究》，2000 年由商务印书馆出版。（9）江怡著《〈逻辑哲学论〉导读》，2002 年由四川教育出版社出版。

港台部分：（1）由赵敦华所著的《维特根施坦》，于 1987 年在香港出版。（2）由刘福增所著《维特根斯坦哲学——他的前期哲学的诠释、批判和探索》，1987 年在台湾出版。（3）由陈荣波著的《哲学分析的天才——维根斯坦》，1982 年于台湾出版。（4）波尔森原著、陈荣波译的《维根斯坦》，1982 年于台湾出版。另外，国内关于维特根斯坦哲学的研究著作非常丰富。限于篇幅，此处不一一列举。

3. 对国内研究状况分析。

一些专家学者致力于维特根斯坦哲学思想的研究，取得比较丰硕的成果，主要表现在以下几个方面：

第一，对维特根斯坦著作的概括性述评与介绍的著作比较丰富全面。如舒炜光所著的《维特根斯坦哲学述评》，该书对维特根斯坦前后期哲学思想及其思想的转变进行了比较系统的分析和评价；韩林合所著的《维特根斯坦哲学之路》，介绍了维特根斯坦前后期哲学的研究对象、任务和方法，揭示了维氏哲学的本性、影响及历史意义。

第二，对维特根斯坦著作的专门性研究也已经比较深入全面。比如韩林合的《〈逻辑哲学论〉研究》，分析了世界和思想的结构，介绍了逻辑图像论的有关内容，分析了语言的结构和命题的本质，揭示了语言和世界的本质，揭示了维特根斯坦的前期哲学思想的全貌。再比如，江怡的《维特根斯坦：一种后哲学的文化》，把维特根斯坦哲学放在欧洲大陆哲学框架中来考察，并把它看作是一种“后哲学文化”。

第三，针对维特根斯坦著作的某一方面开展专题研究。比如，李国山的《言说与沉默——维特根斯坦〈逻辑哲学论〉中的命题学说》，阐述了命题和命题分析，通过对命题的逻辑分析来区分“有意义的命题”与“无意义的命题”，区分“可说的东西”和“不可说的东西”，指出我们完全能够说得清楚“可说的东西”，对于“不可说的东西”则必须保持沉默，为“有意义的命题”和“无意义的命题”划定了界限，进而揭示了《逻辑哲学论》“言说”与“沉默”的双重主题。

虽然国内对维特根斯坦哲学的研究已经取得了一定成果，但是仍然存在诸多缺陷与不足，主要表现如下：

第一，研究范围有待于进一步拓展。维特根斯坦的思想涉及诸多领域，不局限于分析哲学，还包括数学哲学、心理哲学、宗教哲学、美学等领域。而目前国内对维特根斯坦思想的研究主要集中在哲学思想与分析哲学运动之间的关系上，普遍关注的是他在逻辑分析、世界结构、“家族相似”、“语言游戏论”、“私人语言”、“反本质主义”等方面的创新，如韩林合的《维特根斯坦哲学之路》，王晓升的《走出语言的迷宫——维特根斯坦哲学概述》，张学广的《维特根斯坦：走出语言的囚笼》，张志林、陈少明的《反本质主义与知识问题——维特根斯坦后期哲学的扩展研究》，涂纪亮的《维特根斯坦后期哲学思想研究》等。国内对维特根斯坦思想的研究有待于从他的语言哲学拓展到数学哲学、宗教哲学等方面，以促进对维特根斯坦思想的系统研究。

第二，研究方法有待进一步改进和完善。目前，国内对维特根斯坦哲学思想的研究在研究方法上较为传统，还没有形成广泛的、全面的比较研究：一种是纵向比较，即把维特根斯坦本人的前、中、后三个时期的哲学思想进行比较梳理，发掘其差异性与统一性；另一种是横向比较研究，即还应把维特根斯坦的思想与其他哲学家的思想进行横向比较研究，特别是把维特根斯坦等现代西方哲学家的思想与马克思主义哲学家、中国哲学家的思想之间进行比较研究，发掘其价值与现实意义。而对后者的研究尚付诸阙如，很有必要着手开展。

4. 国外相关研究状况分析。

近百年以来的西方哲学界，维特根斯坦一直颇受关注。在现代西方哲学中，他的影响甚大，甚至被指认为现代西方两大哲学传统的融合者，因为他的哲学思想中既包含科学主义的意蕴，又具有人本主义的特点；不仅受到英美分析哲学家的高度赞扬，而且得到欧陆人本主义乃至后现代主义哲学家的推崇。国外对维特根斯坦思想的研究已经达到相当的深度，评述和研究他的哲学思想的专著至少已有上百部，论文更是不计其数。总括起来，这些研究具有以下特点：

第一，对维特根斯坦生前著作的全面整理与系统研究。比如，威瑟斯布恩的《多维视界中的维特根斯坦》从维特根斯坦与社会科学、诗歌音乐、保守主义之间，从维特根斯坦哲学与其政治哲学的关系等方面来研究他的思想。再如，M. 麦金的《维特根斯坦与〈哲学研究〉》从维特根斯坦对奥古斯丁的批判、规则与遵守规则、私人性与私人语言等方面系统地研究维特根斯坦的后期哲学思想。

第二，进行广泛的比较研究。西方学者们热衷于把维特根斯坦思想和人本主义思想，如叔本华、尼采、胡塞尔、海德格尔、德里达等人的思想，进行广泛的比较性研究。

第三，从理论研究到实际运用。维特根斯坦的思想和方法被运用于心理学、美学、伦理学、宗教学、法学、教育学、数学等学科和领域。

（三）关于马克思哲学革命和维特根斯坦哲学革命的比较研究

把马克思和维特根斯坦二者进行比较研究，据笔者所知，目前只有美国学者普宾斯坦（Gaivin Kitching and Nigel Pleasants，London and New York：Routledge，2002）的《马克思与维特根斯坦：知识、道德与政治》（*Marx and Wittgenstein*：*Knowledge*，*Morality and Politics*）。该书认为：马克思和维特根斯坦经常被认为是相互对立的两位伟大思想家，但有些学者认为他们之间存在着哲学的共同性，作者深入探讨了这个观点，并强调马克思和维特根斯坦思想之间的互补性将促进它们之间的对话。这是目前国际上把马克思与维特根斯坦进行比较研究的唯一具有代表性的著作。

总之，从目前研究文献来看，学界对于马克思的哲学革命和维特根斯坦的哲学革命分别都作了比较多的研究，取得了比较大的成就，但是把二者进行比较研究，国内尚付诸阙如，国外也不多见。而对马克思和维特根斯坦这两个最具典型意义的哲学家进行比较研究，是一项颇具理论价值和现实意义的课题，视角上具有新颖性，思路与内容上具有创造性。这也正是本书的存在基础。

三　本书试图解决的主要问题

众所周知，马克思哲学产生于自由竞争的资本主义时代，本质上是批判资本主义弊端的产物。其产生与发展的过程，就是对资本主义社会的剥削、压迫以及贫富两极分化予以深刻揭露和无情批判的过程，或者说，马克思哲学的生命力就在于批判现实的黑暗社会。而维特根斯坦哲学比马克思哲学的产生晚了近百年时间，适逢资本主义的高级阶段——帝国主义。正是由于二者生存的时间相距较远，历史背景不以样，加上哲学观念迥异，所以很少有人把二者放在一起进行比较研究。笔者认为，很少人研究并不等于不值得研究。本书通过对马克思和维特根斯坦在哲学革命路向上的比较研究，主要解决以下问题：

（一）厘清马克思哲学与维特根斯坦哲学的关系

长期以来，学界对维特根斯坦哲学和马克思主义哲学分别都展开了广泛的研究。但是二者之间是什么样的关系？国内学界则没有予以必要的关注，国外学界也极少有人关注。以至于不少人对马克思哲学和维特根斯坦哲学定位在两个截然不同的世界里，也就难以准确把握二者之间的关系。本书在已有关于马克思哲学、维特根斯坦哲学的研究基础上，进一步梳理与分析马克思哲学革命与维特根斯坦哲学革命之间的关系，找出其相同之处和差异之处。尽管马克思哲学和维特根斯坦哲学在哲学形态、目的任务、价值功用与阶级属性等诸多方面存在很大差异性，但是也存在诸多一致性的地方。仔细梳理二者的特点，发掘二者的异同，对于正确看待与合理评价马克思哲学和维特根斯坦哲学，具有较大的理论价值和现实意义。

（二）廓清马克思哲学和整个现代西方哲学的关系

马克思哲学与现代西方哲学具有共同的历史源头，但是在发展路向上具有很大差异，其阶级属性也完全对立。马克思哲学是为无产阶级和全人类解放的哲学，而现代西方哲学则总体上属于资产阶级的意识形态，是为资产阶级的统治服务的。通过以哲学革命路向为切入点，把马克思哲学与维特根斯坦哲学进行比较研究，有利于廓清马克思哲学和现当代西方哲学的关系，有利于深入开展相关比较研究，也有利于二者之间开展对话与交流，对于二者的发展都具有针对性与借鉴性，具有基础性的意义。

（三）探究现代西方哲学危机的根源

哲学危机其实根源于现实危机。随着资本主义的不断发展，科学技术和资本在不断扩张和占领地盘的同时，也制造着空前的社会危机，给哲学也带来前所未有的压力。同时，20 世纪以来，尤其是 20 世纪后半叶，知识和信息爆炸，大量知识不断被迅速创造出来，正如丹尼尔·贝尔在《后工业社会的来临》一书所言："正如《大英百科全书》第 11 版的前言所提到的，在早期诸版（1744—1785）中，本书之编辑，一如前代，只需要 12 人之力，整个人类的知识就尽收眼底；而 1967 年的那一版，光是编辑准备工作，就动员了 10000 名著名的专家。"① 在这样的知识背景下，哲学毫无疑问面临深刻的危机，形形色色的各类新的哲学思潮不断涌现，令人眼花缭乱，西方国家的人们普遍经受着思想观念的冲击与洗礼。本研究以维特根斯坦哲学为典型，结合西方世界中普遍存在的现实危机，尝试从哲学层面去剖析西方社会危机的根源，理性分析西方哲学的价值与缺陷，以资相关读者参考。

（四）探究中、西、马"三驾马车"携手共进的可行性路向

通过对马克思主义哲学、现代西方哲学与中国哲学这三大领域之间的比较研究，探究三者之间深度对话的可能性路径，对于进一步多角度、多层面发掘马克思哲学革命的现实意义与理论价值，对于中国哲学和现当代西方哲学的发展都是具有重大价值的。对于马克思哲学、中国哲学和现当代西方哲学的理论价值和现实意义，尽管学界目前已经进行了较多的研究，但是毋庸讳言，也还存在较多不足与缺陷，其中重要原因之一就是比较研究开展得少且不够深入。不少学者只顾研究马克思主义哲学，而对西方现当代哲学于中国哲学却无暇顾及；另一方面，不少学者只管研究西方哲学，却对马克思哲学知之甚少；很多研究中国哲学的学者，更是"躲进小楼成一统"，对于马克思、维特根斯坦等缺乏必要了解。对维特根斯坦哲学乃至整个现当代西方哲学的阅读与研究，现代逻辑学的知识与方法是

① ［美］丹尼尔·贝尔：《后工业社会的来临》，高铦等译，新华出版社 1997 年版，第 174 页。

必不可少的，而国内马克思主义哲学研究者中不少人却缺少现代逻辑知识与方法的掌握，这对深入开展比较研究造成了现实困难。这些现象，严重制约了我国哲学界在中国哲学、西方哲学、马克思主义哲学三者之间的对话与融通，相应地也制约了各自研究的深入与发展，也影响到马克思主义哲学的发扬光大与进一步发展。

第三章

马克思哲学革命的逻辑路径

一　马克思哲学革命的历史背景与条件

哲学是把握在思想中的时代。哲学作为一种意识形式，从来都有其产生的经济、政治条件。要了解一种哲学，首先必须了解它的时代；马克思哲学也不例外。要了解马克思的哲学革命，必须先了解他生活的时代背景、他所关心的时代问题，才能更加准确理解他解决哲学问题的方式方法。著名华裔美籍哲学家王浩就曾批评当下哲学界存在的只关注问题而不重视历史背景的错误，他指出："当下的哲学研究是如此专注于研究'哲学问题'，以至于下面这个做法已经成为心照不宣的事情：我们必须把哲学研究的历史背景当作不相干的东西予以舍弃。这种自然倾向是与对于历史研究的三重淡漠相伴而行的：对于一般历史的淡漠、对于当下历史（包括哲学在当代世界中的地位，以及哲学和其他种类的信念之间的信念）的淡漠，甚至对于哲学史的淡漠。"①

（一）马克思哲学革命的历史背景

马克思哲学是在资本主义机器大生产和由此造成的无产阶级反对资产阶级的斗争日益尖锐化的历史背景下产生的。近代英国的工业革命、法国的政治革命、德国的哲学革命、欧洲的科技革命及其成果，是马克思哲学革命出场的历史背景。

18 世纪中期，英国开始产业革命，工厂制度逐步代替工场手工业。到 19 世纪 30 年代，大机器生产首先在棉纺织和其他一些轻工业部门占了

① ［美］王浩：《超越分析哲学》，浙江人民出版社 2010 年版，第 118 页。

优势，到了40年代，在轻工业和重工业的不少部门已相当普遍实行机器大生产，完成了产业革命。继英国之后，法国也发生产业革命，特别是在七月王朝时期，法国的产业革命发展迅速，到19世纪在轻纺工业和重工业的不少部门也采取机器大生产了。德国比较落后，资本主义生产出现得比较比英、法两国晚，1834年关税同盟后，大工业生产才比较快地发展起来。但是马克思的家乡莱茵省由于和英、法相毗邻，受其影响，资本主义经济发展比较快，19世纪20年代就采取了大机器生产，建立了工厂制度。

产业革命改变了人和自然的关系，大大提高了人们改造自然的能力，同时也改变了人和人之间的社会关系，扩大了人们之间的社会联系。无产阶级和资产阶级的产生，及其对立、冲突和斗争，是产业革命最重要的成果之一。产业革命使农村自给自足的自然经济瓦解，工厂手工业破产，大批农民和手工业工人变成工厂的工人，同时形成了雇佣工人的资产阶级。产业革命对这两个阶级的影响是不同的，它提高了生产能力，缩短了必要劳动时间，给资产阶级提供了越来越多的财富，形成了财富在资产阶级方面的积累；同时，它却使工人除了劳动力之外丧失了一切，不得不靠出卖劳动力生活，受竞争规律支配，生活日益贫困，劳动条件日益恶化，形成了贫困、劳动折磨、奴役状态、无知、粗野和精神颓废等在工人阶级方面的积累。恩格斯对此作了专门的调查研究和深刻的揭露。①

无产阶级贫困化成为社会最严重的问题，可是资产阶级却不敢正视它，还散布劳资一致、普遍协调、全民幸福等谎言来掩盖真相。工人阶级被资产阶级剥夺了一切，变得一无所有，处于十分悲惨的境地，但是工人的思考力还是存在的。马克思哲学的任务就在于使工人阶级普遍认识到，无产阶级的利益是与资产阶级的利益相对立的，无产阶级应该觉悟，深刻认识到资产阶级和既存社会制度的黑暗与腐败，从而普遍激发无产阶级的斗志，进而推翻资产阶级的统治。

工人阶级第一次反抗资产阶级是在产业革命初期，用暴力反对使用机器，目的在于改善劳动条件，斗争范围比较狭窄（往往限于一个车间或一个工厂），处于自发阶段，觉悟性不高。后来，工人阶级就从砸毁机器，

① 参见弗·恩格斯《英国工人阶级状况》等，见《马克思恩格斯全集》第2卷，人民出版社1957年版，第269—653页。

改善劳动条件，发展到成立工会、组织罢工、进行经济斗争。在一定程度上改善了工人的状况，使工人进一步认识到资产阶级国家及其法律的本质。恩格斯说："罢工是工人的军事学校，它们就在这里收到训练，准备投入已经不可避免的伟大斗争中去。"① 正是罢工斗争使工人阶级认识到法律是资产阶级为工人阶级准备的鞭子，促使工人阶级从经济斗争走向政治斗争。1836 年英国的宪章运动首先向资产阶级的政权进攻，是世界上第一次广泛的真正群众性的政治性的无产阶级革命运动。1831 年和 1834 年法国里昂工人两次起义，由"工作不能生活，毋宁战斗而死"发展到争取民主共和国。1844 年德国西里西亚纺织工人起义，直接将矛头对准私有制和产业革命所造成的经济政治条件。

产业革命所形成的经济、政治条件，使阶级关系变得简单化，使阶级斗争、政治斗争与经济关系、物质生产的联系更清楚地表现出来。犹如潮水退后，一切暗礁都暴露出来。恩格斯说："在以前各个时期，对历史的这些动因的探寻几乎是不可能的，因为它们和自己的联系是混乱而隐蔽的，在我们今天这个时期，这种联系已经非常简单化了，因而人们有可能揭开这个谜了。"②

从采用大工业以来，在英国土地贵族和资产阶级这两个阶级争夺统治的要求，是英国全部政治斗争的中心。在法国情形也类似。从 1830 年起，在这两个国家，无产阶级已经被承认是为了争夺统治权而斗争的第三股力量。"当时关系已经非常简单化，只有故意闭起眼睛的人才看不见，这三大阶级的斗争和它们的利益冲突是现代历史的动力，至少是这两个最先进国家的现代历史动力。"③

对于这些阶级的产生，从前大规模的封建土地占有制的起源，似乎还可以归于政治原因和暴力掠夺，但是无产阶级和资产阶级的起源和发展却更多的是该归于经济原因。

因此，产业革命给社会政治、经济条件带来的变化，一方面提出了认识历史发展规律的要求，另一方面又提出了认识历史发展规律的可能。这是马克思哲学产生的最基本的、最重要的条件。

---

① 《马克思恩格斯全集》第 2 卷，人民出版社 1957 年版，第 512 页。

② 《马克思恩格斯全集》第 21 卷，人民出版社 1965 年版，第 343 页。

③ 《马克思恩格斯全集》第 4 卷，人民出版社 1958 年版，第 245—246 页。

随着资本主义的发展，近代自然科学也发展起来。15—18 世纪处于搜集材料的阶段，研究方法是把自然界分解为各个部分，把自然界的各个过程分成一定的门类，当作东西来理解，重视对细节的深刻认识，为自然科学进一步发展奠定了基础，但是它不去研究它的产生、发展和变化的规律。自然科学的这种状况给人们留下了孤立、静止、片面看问题的习惯，反映到哲学上就形成了形而上学的世界观。

19 世纪自然科学最重要的成果是能量守恒和转化定律、细胞学说和生物进化论。尽管 17 世纪笛卡尔就曾提出能量守恒的基本设想，但从普遍形式上、从理论上表述这个规律，却是 1842 年德国科学家迈尔和赫尔姆霍兹，而英国的焦耳通过实验把能量守恒转化为一个精确的、严格的科学定律确定下来。1838 年耶拿大学的植物学教授施莱登提出细胞是一切植物结构的基本活动单位和一切植物借以发展的根本实体。1839 年耶拿大学解剖学教授把细胞说扩大到动物界，认为一切有机体都以单一细胞开始有生命，并以其他细胞的形成而发育着。18 世纪末，德国、法国和英国出现各种不同形式的生物进化论学说，华莱士和达尔文都得出生物通过自然选择而进化的结论，1859 年达尔文发表《论通过自然选择和生存斗争中保存良种的物种起源》，标志着生物进化论问世，揭示了生物界由简单到复杂、低级到高级发展的客观规律。

马克思哲学的创立还得益于当时自然科学发展成果的影响与启发。一是康德、黑格尔的著作中有比较丰富的自然与历史的知识，这对于谙熟康德、黑格尔著作的马克思与恩格斯来说，肯定是有影响的。二是当时自然科学成果在生产上的应用，极大地推进了产业革命的进程，这些事实对马克思、恩格斯产生深刻影响，提出了“科学技术也是生产力”的论断。19 世纪 50 年代，恩格斯开始着手系统研究自然科学，在 70 年代和 80 年代写作了《自然辩证法》，对自然科学知识进行概括总结，创立辩证唯物主义自然观和科学方法论。正如恩格斯在《路德维希·费尔巴哈与德国古典哲学的终结》中指出：“由于三大发现和自然科学的巨大进步，我们现在不仅能够指出自然界中各个领域内的过程之间的联系，而且总的说来也能指出各个领域之间的联系了，这样，我们就能够依靠自然科学本身所提供的事实，以近乎系统的形式描绘出一副自然界联系的清晰图画。”①

---

① 《马克思恩格斯选集》第 4 卷，人民出版社 1972 年版，第 241—242 页。

（二）马克思哲学革命的理论起点

归根结底，哲学是由经济所决定的，哲学的创新、发展也是建立在前人的思想理论基础之上的。马克思哲学也不例外。马克思哲学革命的理论起点包括：英国古典政治经济学、法国唯物主义者的历史观、19 世纪空想社会主义的历史观，以及德国古典哲学，尤其是黑格尔、费尔巴哈的哲学思想。

英国古典经济学产生于17 世纪中叶，到大卫·李嘉图时已经有近200年的历史。古典经济学将生产过程置于经济学的视野，通过研究资本主义的生产过程、资本主义生产关系的内部联系，提出了“劳动价值论”，还说明于承认了资本主义社会中工人、资产者、土地所有者这三大阶级之间的对立。英国古典经济学敢于承认劳动创造价值，敢于承认剥削，具有一定的科学性与合理性。它指出劳动是一切财富的源泉，对剩余价值也作出了一定的猜测，具有启迪意义。但是，它终究是为资本主义辩护的理论，把资本主义的自由主义看作是最神圣最普遍的社会原则，把资本主义美化为最理想的社会，具有明显的阶级偏见与历史狭隘性。

18 世纪法国唯物主义是反对宗教神学和唯心主义的战斗的唯物主义，在探讨历史发展规律方面作出了可贵贡献。他们认为人的一切感觉、表象和思想都来自周围环境的作用，人所处的社会环境不同就有不同的思想、情感、才能和品德，提出“人是环境的产物”。“人是环境的产物”这一命题，指出了不应该在人的观念、思想世界去寻找历史发展的动因，而应该在环境中去寻找历史的动因，要改造社会的话就必须实际改造社会环境，从而为社会历史研究指出了一个正确的方向和准则。但是，后来爱尔维修等人认为：造成各民族不幸的，并不是他们道德的卑鄙、邪恶与不正，而是他们法律的不完善。这样就把法律和政治制度看成是人们的环境，因而“人是环境的产物”就变成了“人是法律的产物”，甚至提出“意见决定一切”。由此可见，18 世纪法国唯物主义者不懂得人们所处的环境是人们物质生产的结果，不懂得社会实践是人改变环境同时也改变人自身的统一的过程，最终滑入了唯心主义的泥坑。

18 世纪法国空想社会主义者也对探讨社会历史发展规律作出了比较大的贡献。圣西门在研究人类过去生活的事实时发现：产业的发展与阶级斗争在历史中起着极为重要的作用。他认为，15 世纪以前的欧洲，占有土地这个最主要生产资料的贵族在经济上处于支配地位，因而就掌握政权；随着工业的发展，资产阶级在经济上占据支配地位，于是就要求把政权从贵族手中夺取过来；法国革命以及之后所发生的事件都是新的工业制度和旧的封建制度之间引起的。这说明，圣西门已经开始用物质生产的演变来说明阶级关系的变化，用阶级关系的变化来说明革命和政权更迭。在一定程度上，法国空想社会主义家们揭露了资本主义的不合理性，指出了当初标榜“自由、平等、博爱”的资产阶级竟然在封建土地制度的废墟上推行着更为野蛮与残酷的剥削，揭露了资产阶级唯利是图、不择手段的本性。但是，他们没有进一步深入到生产本身去寻找历史的动因，却从人的理性、智慧中去寻找，认为决定生产的是劳动工具，而劳动工具是人的智慧的产物，产业的发展是人的智慧无条件发展的结果，并由此得出“理性决定一切”的结论：人的理性进步的最高规律统治一切、驾驭一切，人只是工具。由此可见，圣西门把注意力集中到理性的发展规律上，不认识物质生产的发展规律，也就不能认识理性发展规律，使他只能从人的天性出发去说明理性发展规律，结果还是没有超出唯物主义的窠臼。

德国古典哲学家们，从康德、费希特、谢林到黑格尔，都从哲学的高度，从发展的、过程的角度，考察过资本主义社会。特别是康德，他的“星云假说”，在近代欧洲形而上学的思维方式上开启了革命性变革，他的《纯粹理性批判》《实践理性批判》和《判断力批判》从认识与实践、理性与感性、政治与道德、真理与价值等角度全面阐释了辩证的思维方法，使资产阶级的启蒙论证从政治革命向哲学革命跨越。作为德国古典哲学的集大成者，黑格尔的重要贡献之一就是用发展的观点去看待历史，从社会现象的发生和消灭去观察历史。从“绝对精神”或“绝对理念”出发，黑格尔按照辩证法的模式，推演了关于整个宇宙的理论，形成了一套包罗万象的客观唯心主义哲学，得到了普鲁士官方的支持，在1820年到1840年一度在德国占据官方哲学的统治地位。他认为，人类社会的历史是服从一定规律的，并力图揭示这个规律，而且他不是在人的思想、动机上去寻找历史发展的动力，而是努力透过思想、动机去寻找历史的发展动力，这就显得比较深刻。黑格尔提出了认识历史规律的任务，但是他并没有解决这个任务，因为他把历史发展的动因归结为绝对观念，没有找到历史发展的真正动因。当他感到绝对观念在说明历史无能为力时，他就转到现实的历史，求助于社会关系和经济关系。他认为，斯巴达衰落的原因在于财产状况的极端不平等，古希腊城邦内部党派之争是古希腊经济发展的结果，关于一个民族的宗教观点和该民族的解放运动都必须在这个民族的经济活动中去寻找说明，而国家的真正起源是完全确实地与农业和私有制有关系。恩格斯指出：黑格尔“这个划时代的历史观是新的唯物主义观点的直接的理论前提”。[①]

但是，黑格尔的这种理论终归是错谬的，马克思说它是一种“头脚倒立”的理论。本质上来看，这种学说的认识论基础是非理性主义的，难怪黑格尔去世后不久，这种理性之上的极端哲学骤然走上了反理性主义（称为非理性主义）的道路。事实上，从认识的逻辑方法来讲，黑格尔的哲学其实是将演绎法作为人类的根本理性、根本认知方法，从“绝对理念”出发，认为人类知识的增长过程和宇宙的演化过程是同一个过程的不同阶段，这明显是唯心主义的观点，属于认识论上的反理性主义。这也就是以反证的方式揭示了黑格尔哲学最终结局的荒谬性。因为演绎法是从普遍性的前提出发，推出特殊（个别）性结论的逻辑思维方法，其结论往往具有必然性。它的推理方向与宇宙的演化方向，以及人类知识的表述方向，是相一致的，但是与人类的认知方向（获取知识的方向）却是相反的。人类获取知识的方向从个别性的实践出发，得出一个带有普遍性的知识，这过程中主要依赖归纳的方法与路径，其结论往往具有或然性。而唯理主义恰恰抓住归纳法所得结论的非必然性，进而彻底否认这种方法对人类认识发展的意义，这是形而上学的片面性错误，结果往往导致直觉主义、神秘主义等非理性主义。

费尔巴哈用人本主义的唯物主义反对黑格尔的思辨哲学，认为黑格尔哲学实质上是理性化了的宗教，是思辨神学。他强调，思维是人脑的产物，是存在的产物，这就把被黑格尔颠倒了的思维和存在的关系恢复过来，从而恢复了唯物主义的权威。他认为，不是神创造了人，而是人创造了神，人把自己的本质当成了人以外的独立的、脱离人的、支配人的存在，当成了上帝、神。所以他指出，“神学的秘密是人类学”[②]、“人对上帝的观念，就是个别的人对于人类的观念，作为一切实在性或一切完满性的总体的上帝，不是别的，就是为人们所分有的，在世界历史过程中实现

① 《马克思恩格斯选集》第2卷，人民出版社1972年版，第121页。

② 《费尔巴哈著作选读》上卷，三联书店1959年版，第101页。

的那些人类特性的总体”。[①] 人把自己的本质给了上帝，人就空虚了、异化了。上帝、神是人的本质的异化的表现和产物。费尔巴哈批判宗教就是要恢复人的权威、人的本质。他还进一步指出，新哲学是思维的人自己，这个人是存在的，并且知道自己是自觉的自然本质，是历史的本质，是国家的本质。这是他的重要贡献，对于正确认识人的活动在历史上的作用是非常重要的。

二　马克思哲学革命的逻辑进程

1835 年，17 岁的马克思进入波恩大学学习，1836 年转入柏林大学读法律，但是他的志趣在哲学。开始时，马克思曾受康德和费希特哲学的影响，在自己的文学活动和法学研究中运用费希特主义的方法，但是效果并不理想。费希特主义的特点在于，把应有和现有、理想和现实对立起来，用应有否定和批判现有，用理想否定和批判现实，而不注重研究现有和现实本身。正是这种方法，使得马克思的法学研究脱离实际的法和法的任何实际形式，只注重内容空洞的原则、思维和定义，走向了死胡同。马克思很快就看到了康德和费希特主义的缺陷，“康德和费希特在太空飞翔，对未知世界在黑暗中探索”，[②] 认为“必须从对象的发展上细心研究对象本身，决不应任意分割它们”。[③] 之后，马克思抛弃费希特主义这架梯子，很快走进黑格尔哲学的殿堂。马克思对黑格尔绝对观念主导的政治国家观念、费尔巴哈抽象的人的“类本质”等哲学思想的扬弃过程其实就是马克思进行宗教批判和政治批判，“超越旧哲学和经济学在实践观上的种种偏颇与二元对立”[④] 的过程。

马克思在宗教、政治、哲学与经济四个层面发起的批判，是马克思哲学革命出场的内在逻辑。

（一）博士论文时期：马克思对黑格尔哲学的初步超越

1837 年，马克思参加青年黑格尔分子的“博士俱乐部”，与青年黑格

① 《费尔巴哈著作选读》上卷，三联书店 1959 年版，第 133 页。

② 《马克思恩格斯全集》第 40 卷，人民出版社 1980 年版，第 651—652 页。

③ 同上书，第 11 页。

④ 任平：《走向交往实践的唯物主义》，人民出版社 2003 年版，第 1 页。

尔分子的接触与交流，促使马克思更深入研究黑格尔哲学并完成了向黑格尔唯心主义哲学的转变。青年黑格尔派很重视自我意识在改造世界中的作用，很喜欢倡导自由的希腊晚期哲学，这点对马克思影响很大，以至于马克思的博士论文《德谟克利特的自然哲学和伊壁鸠鲁的自然哲学的差别》就是围绕“自由”来论述伊壁鸠鲁哲学和整个晚期希腊哲学的关系。

马克思写作博士论文的目的主要有三：第一，希望据此能谋就在大学里从事哲学教学。马克思并不是为了从事抽象的理论研究，而是为了传播真理。当时，马克思还站在黑格尔辩证唯心主义的立场上，把精神看成是世界的本质，相信随着精神的变革现实必然会变革，加上大学里思想相对比较自由一些，更便于传播真理，这种世界观决定马克思把在大学教书传播真理看成是投入反封建斗争的重要举措。第二，为了论证自由。马克思致力于阐释哲学与世界的关系，以及自我意识在改造世界过程中的作用。伊壁鸠鲁主义、斯多葛主义和怀疑派产生希腊衰落时期这个自由精神遭到践踏、精神个性被粗暴否定的时代。这些哲学强调人们在普遍的苦难和压抑中保持心灵的安宁，作不受外界命运支配的自由的人，这引起了青年黑格尔派和马克思的兴趣。当时的德国在基督教和封建专制主义的统治下，德国人也是不自由的，也面临着如何取得自由的问题。马克思认为，亚里士多德以后的哲学即伊壁鸠鲁主义、斯多葛主义和怀疑派就像太阳落山那样是光辉灿烂的，这些哲学不是希腊哲学的衰落，而是它进一步发展和完成，是理解希腊哲学的真正钥匙。其重要性，在马克思看来，就在于它们都是自我意识的哲学，自我意识是哲学体系的精神承担者，是自由的象征和体现。第三，为了批判宗教。因为当时德国的宗教为封建专制制度论证，而封建专制制度保护宗教，“政治原则和基督教原则的混淆已经成为官方的信仰标志”①，反专制主义的斗争主要转化为反宗教的斗争，而反宗教的斗争也间接的是反封建的斗争。伊壁鸠鲁考察了他对自然现象的解释，指出伊壁鸠鲁特别注重消除神、目的论对诸现象的周期性影响。马克思强调自我意识是为了批判宗教，否定神的作用，肯定人的作用。马克思借用伊壁鸠鲁和普罗米修斯的口，表达了自己的志向：“哲学，只要它还有一滴血在他要征服的世界的、绝对自由的心脏里跳动着，它就将永远用伊壁鸠鲁的话向它的反对者宣称：‘渎神的并不是那抛弃众人所崇拜的神

① 《马克思恩格斯全集》第1卷，人民出版社1956年版，第14页。

的人，而是同意众人关于众神的意见的人。’哲学并不隐瞒这一点。普罗米修斯承认道：老实说，我痛恨所有的神。这是哲学的自白，它自己的格言，借以表示它反对一切天上的神和地上的神，这些神不承认人的自我意识具有最高的神性。不应该有任何神同人的自我意识相并列。”①

马克思着重考察了德谟克利特的原子论和伊壁鸠鲁的原子论，指出它们之间的重大差别：德谟克利特的原子论有两种运动，直线下垂的运动和原子的冲击，而伊壁鸠鲁的原子论除此之外还有脱离直线的偏斜运动。马克思批评了德谟克利特的原子论，充分肯定了伊壁鸠鲁的原子论。马克思通过深入分析这两种原子论，反对把世界的本质看成是纯粹的具体物质，认为原子是世界的本质，是形式和物质的统一体，其形式是能动的，而物质是被动的，形式要通过物质来表现出来。这种观点正是黑格尔的唯心主义。

黑格尔哲学反对把世界的本质看成是实体，他认为实体是被动的、僵死的、没有能动性的，把世界本质看成实体就是把世界看成是僵死的没有能动性的东西，就不能说明世界的众多现象。

黑格尔也反对把世界的本质看成是抽象的、内容空洞的精神，强调世界的本质既是实体又是主体，“一切问题的关键在于，不仅把真实的东西或真理理解和表述为实体，而且同样理解和表述为主体”。② 黑格尔的绝对精神，就是主体与实体的统一。当时的马克思正是从黑格尔的唯心主义立场去分析问题的。

一般认为，博士论文表面上是阐释伊壁鸠鲁的自然哲学和伊壁鸠鲁自然哲学的差别，实质上反映的是当时深受黑格尔哲学影响的马克思已经在理论上具备敢于破旧立新的开拓精神。而且，此时的马克思在某些方面已经明显超越了黑格尔哲学，主要表现在：

第一，在对待宗教的态度上。黑格尔不反对宗教，强调哲学和宗教的一致，用哲学来论证宗教，认为哲学和宗教只是形式上的差别，宗教通过表象、象征揭示永恒真理，哲学则通过范畴概念来揭示真理。他说：“哲学和宗教的内容、要求和利益都是相同的。宗教的对象和哲学的对象一样，是客观存在的永恒真理本身，是神，除了神和对神的解释之外，再也

① 《马克思恩格斯全集》第40卷，人民出版社1980年版，第189—190页。

② ［德］黑格尔：《精神现象学》上卷，商务印书馆1962年版，第10页。

没有任何其他东西了…… 所以哲学在解释宗教时也是在解释它自己，而在解释自己时也就是在解释宗教……这样哲学和宗教便合二为一了；哲学本身实际上就是神灵礼拜…… 因此，哲学和宗教是同一的，它们的差别就在于它们的活动方式不同。”① 而马克思则与此相反，他在博士论文中已经鲜明地提出了战斗无神论的思想。马克思根本否定神和上帝的存在，从理性出发去批判宗教，指出因为自然安排得不好，因为无理性的世界存在，因为思想不存在，所以神才存在。他说：“谁觉得世界是无理性的，因而谁本身也是无理性的，对他来说神就存在。换句话来说，无理性就是神的存在。”②

第二，在宗教与现实的关系上。黑格尔强调，绝对精神既是实体又是主体，绝对观念自己设定自己的对立面，异化为自然界，然后再扬弃他回到自身。他把哲学看成是绝对观念的体现，时代的产物，认为绝对观念通过哲学认识自己，但是他又否定哲学在预见未来改造世界中的作用。他说：“哲学正因为它探究的是理性的东西，因而乃是对现有的、实在的东西的理解”，“理解现有的东西，这就是哲学的任务”。“认为任何一种哲学都能超越它当时的世界，正好像认为单独的个体能够跳出自己的时代一样是愚蠢的…… 即便他的理论果真超出了自己的时代，即便他自己创造了一个象它所应该成为的那样一个世界，那么这个世界的存在也是存在着，却之存在于他的见解中。”③

和黑格尔不同，马克思则强调哲学在预见未来、改造世界中的作用。他把哲学原则看成是观念本身的体现，把“自我意识”看成是哲学体系的精神负荷者，主张哲学在预见未来和改造世界过程中具有重要作用，并且这种作用是通过“自我意识”，通过“实践”即“理论批判”来实现的。在他看来，哲学从认识世界到变成实践力量改变现象世界，是一个必然性的过程：“一个本身自由的理论精神变成实践的力量，并且作为一种意志走出阿门塞斯的阴影王国，转而面向那存在于理论精神之外的世俗的

① 转引自［法］奥古斯特·科尔纽《马克思恩格斯传》第1卷，三联书店1963年版，第148页。

② 《马克思恩格斯全集》第40卷，人民出版社1980年版，第285页。

③ 转引自［法］奥古斯特·科尔纽《马克思恩格斯传》第1卷，三联书店1963年版，第152页。

现实，这是一条心理学的规律。”① 哲学上的“实践”，其本身是理论的，它从本质上去衡量个别的存在，从理念上去衡量特殊的现实。哲学改造世界的过程，是一个复杂的辩证过程。在这个过程中，存在着两种关系：第一种，是哲学同外部现象世界的关系。当哲学作为意志，与现象世界相对立的时候，哲学体系就成为一个抽象的整体。这样，作为实体与观念相统一的世界就分化为哲学体系和现象世界两个层面，哲学体系成为世界的观念层面，它与世界的现象层面相对立。第二种，是哲学体系与它的精神载体，即与哲学家的自我意识之间的关系。哲学的实现过程，是世界哲学化与哲学世界化的双重演进历程，其精神载体，即这些个别的自我意识，就具有双重性，其中一方面是针对世界的，另一方面是针对哲学本身的。这些自我意识把世界从非哲学中解放出来，同时也就是把自我意识从哲学中解放出来。

正是基于对哲学和世界关系的辩证理解，马克思在肯定黑格尔哲学把握了世界以后起来反对现象世界的哲学的同时，批评了黑格尔的保守性和妥协性。黑格尔哲学包含着丰富的辩证法思想，根据这些辩证法，发展是绝对的，无论是认识领域还是实践领域，没有什么东西是绝对一成不变的，这样就隐含着深刻的革命性。可惜的是，黑格尔本人又给认识和历史的发展设定了一个终点，得出了一个保守的结论，使自己的哲学适应普鲁士现实的需要，与普鲁士王国相妥协，使革命的方面被过分茂密的保守方面所闷死。马克思充分肯定黑格尔的辩证法思想，反对把辩证法必然得出的革命的结论，说成是黑格尔的见解背后隐藏着的秘密的意图加以斥责。马克思也反对从道德上、从良心上去解释黑格尔的保守性和妥协性，而应该从他的方法的不彻底性去解释。他说：“这种表面适应的可能性本身的最深刻的根源，在于他的原则的不充分或在于哲学家对于自己的原则没有充分的理解。因此，如果一个哲学家真正适应了，那么他的学生们就应该根据他的内在本质的意识来说明那个对他本人具有一种外在的意识形式的东西。”②

博士论文时期，马克思深受青年黑格尔派的影响，基本上是从青年黑格尔派的观点去批判黑格尔的，在强调自我意识的作用和批判宗教上与青

① 《马克思恩格斯全集》第40卷，人民出版社1980年版，第258页。

② 同上书，第257页。

年黑格尔派一致，但是也有重大差别：第一，马克思强调自我意识在批判现实中完善，哲学在改造世界过程中发展，世界哲学化的同时哲学世界化，把世界从非哲学中解放出来的同时把自己从哲学中解放出来。第二，马克思否定抽象的定在的自由，认为只有在定在中的自由才是真正的自由，在看定伊壁鸠鲁自由精神的同时，反对伊壁鸠鲁脱离现实去追求自由，反对把自由看成是脱离现实的心灵的宁静。伊壁鸠鲁认为，原子是个别的自我意识的绝对自由的象征和体现，是脱离定在的，它一旦进入定在，这种自由就丧失了，就变成绝对的物质、无定形的基质了。

在这个阶段上，马克思诉诸自我意识，批判宗教，虽然深受黑格尔和青年黑格尔派的影响，但是大大超越了他们，并且在青年黑格尔派中赢得了很高的声誉。

（二）马克思走出书斋后开始批判黑格尔哲学

马克思对黑格尔哲学的扬弃是逐步完成的，经历了《莱茵报》时期对黑格尔哲学开始动摇阶段，到《黑格尔法哲学批判》的否定阶段。

1. 莱茵报时期：马克思遇到对所谓“物质利益”发表意见的困惑，因而对黑格尔哲学开始动摇。

《莱茵报》是普鲁士莱茵省正处于上升阶段的资产阶级创办的进步报纸，1842 年 1 月 1 日创刊。1841 年 9—12 月期间马克思参与了筹办工作，1842 年 4 月开始为该报撰稿，10 月 15 日接任主编，1843 年 4 月 1 日查封。其间，马克思开始接触并研究现实问题。

其一是关于书报检查和出版自由问题。普鲁士国王威廉四世害怕言论自由会危害其统治，于是公布书报检查令，表面上不赞成对作家的写作活动进行无理限制，但是实际上强化了书报检查制度。针对这种情况，马克思写了两篇文章，《评普鲁士最近的书报检查令》和《第六届莱茵省议会的辩论（第一篇论文）》，尖锐地批判了书报检查制度。

其二是关于林木盗窃法的辩论。当时的德国，随着资本主义的发展，林地越来越集中到有产者手里，农民日益贫困，盗窃林木现象时有发生，惩罚也日益严厉。1836 年普鲁士因这类行为受罚的达 15 万人，占全部刑事案件的 77%，可以统治者和林木占有着依然觉得不够严厉，莱茵省议会打算加重处罚。为此，马克思挺身而出，为“政治上和社会上备受压迫的贫苦群众”进行辩护，写下了《第六届莱茵省议会的辩论（第三篇论文)》。

其三是关于摩塞尔河沿岸的农民的贫困问题，马克思写了《摩塞尔记者的辩护》，驳斥反动政府的责难。

此外，马克思还遇到其他一些问题，写了《法的历史学派的哲学宣言》《第179号科伦日报社论》《共产主义和奥格斯堡总汇报》《论离婚法草案》《莱比锡总汇报》《论普鲁士等级》等。

这段时间，通过对现实问题的关注，马克思的哲学观念越来越摆脱书斋哲学的气息。

第一，马克思看到了物质利益在历史上的作用。马克思认为，人类社会存在着不同的利益，而人们所奋斗争取的一切归根结底都与利益密切相关。物质利益决定人们对事物、对法的态度，在林木盗窃法的讨论中，在林木占有者身上表现尤为明显。“利益是没有记忆的，因为它只考虑自己。它所念念不忘的只是一件东西，即它最关心的东西——自己。”① 马克思甚至认为，利益决定人们的言行带有某种必然性、规律性，利益比法更有力量，在利益与法的较量中，利益战胜法的原则。

第二，看到了等级差别的存在，以及等级与私人利益的关系。他认为，等级是客观存在的，等级不同，它们的精神也不同，每个特殊等级都有其特殊的等级精神，各个等级都从其特殊的等级精神出发去对待出版自由。贫民要求出版自由是为了让社会了解它们的贫困并消除贫困。马克思还揭露了等级制度与私人利益的关系，指出等级制度不是根据国家的有机理性，而是根据私人利益的赤裸裸的需要建立的。

第三，马克思看到了法的客观性和法的本质。他指出，法律是有产者既得利益的体现，是对贫苦人民的剥夺。他尖锐地揭露当时德国政权的反动性质，“我们的全部叙述指出，省议会是怎样把行政当局、行政机构、被告的生命、国家的思想、罪行和惩罚降低到私人利益的物质手段的水平”。②

第四，马克思从社会中去寻找宗教的根源和消灭宗教的途径。博士论文阶段，马克思主要从思想上寻找宗教的根源，认为宗教是无理性的产

---

① 《马克思恩格斯全集》第1卷，人民出版社1956年版，第180页。

② 同上书，第176页。

物，[①] 认为宗教荒谬但并不否认它的客观作用，认为宗教的危害主要在于不承认自我意识的最高神性，而且认为实现理性就可以消灭宗教。《莱茵报》时期，马克思的思想更注重社会实际，指出：宗教是被颠倒了的现实的产物，“宗教本身是没有内容的，它的根源不在天上，而在人间”，[②] 认为宗教是先验的国家的产物，“先验的国家不能没有一个天启宗教，犹如俄国的骗子不能没有一个贴身神像一样”。[③]《莱茵报》时期，马克思把宗教看成是普鲁士反动政权的工具，揭露普鲁士统治者所谓“宗教应当支持世俗的政权，但是世俗的政权可不受宗教支配”[④] 的目的在于利用宗教来维护不合理的现实。马克思强调不是宗教决定着历史，而是历史决定着宗教。“随着以宗教为理论的被歪曲了的现实的消灭，宗教也将自行消灭”，[⑤]“不是古代宗教的毁灭引起古代国家的毁灭，相反，正是古代国家的毁灭才引起古代宗教的毁灭”。[⑥] 马克思反对脱离政治现实来批判宗教，要求“更多地联系着对政治状况的批判来批判宗教，而不是联系着对宗教的批判来批判政治状况”。[⑦]

以上表明，马克思从理论研究转向世纪斗争之后，接触到了与他所信仰的唯心主义世界观相对立和矛盾的事实，开始更加注重现实情况的关注和研究，“少发些不着边际的空谈，少唱些高调，少来些自我欣赏，多说些明确的意见，多注意一些具体的现实，多提供一些实际的知识”。[⑧]

总之，这个阶段上，马克思世界观的基本特征还是把理性看成是世界的本质，主要表现在：第一，从理性出发去说明事物，认为事物之所以存在是因为他合乎理性，理性是衡量事物的尺度；第二，从理性出发去说明国家与法。他认为，国家是合乎理性的社会存在，是建立在自由理性基础之上的一个庞大的机构，这个机构里必须实现法律的、伦理的和政治的自由。个别公民服从国家的法律，其实也就是服从自己本身的理性，即人类

---

① 《马克思恩格斯全集》第40卷，人民出版社1980年版，第285页。

② 《马克思恩格斯全集》第27卷，人民出版社1972年版，第436页。

③ 同上书，第423页。

④ 《马克思恩格斯全集》第1卷，人民出版社1956年版，第14页。

⑤ 《马克思恩格斯全集》第27卷，人民出版社1972年版，第436页。

⑥ 《马克思恩格斯全集》第1卷，人民出版社1956年版，第114页。

⑦ 《马克思恩格斯全集》第27卷，人民出版社1972年版，第436页。

⑧ 同上。

理性的自然规律。不实现理性自由的国家就是坏的国家，宗教国家是最坏的国家。第三，从理性出发去说明哲学和宗教，认为哲学是理性的体现，现世的智慧，时代精神的精华，人民最精致的、最珍贵和看不见的精髓都集中在哲学思想里，哲学求助于理性，以理性为对象，哲学许诺给人们的是真理，而宗教则是无理性的，求助于信仰，许诺给人们的是天堂。第四，从理性出发去说明出版物，认为出版物本身是思想的体现，自由出版物集中体现了人民的理性。第五，从理性出发去说明家庭，把婚姻的本质归结为超脱于婚姻双方主观任性的伦理理性，认为婚姻不能仅仅关注到夫妻双方的主观意志，尤其不能迁就个人的主管任性，而应服从婚姻的伦理性的内在规律。伦理理性是每个理智的人公认为理性的东西，都必须实践的东西。

马克思的逻辑思路概括地来说是：理性是世界的本质，理性通过人民的舆论、人民的精神表现出来，通过自由出版物和哲学集中起来，然后上升到国家和法之中，国家和法必须都以哲学为基础，建立在出版自由之上，国家和法是理性的体现，负有使世界理性化的重大使命。①

《莱茵报》时期的马克思的哲学思想，尽管与黑格尔已经有了不少的区别，但性质上还属于黑格尔式的唯心主义，因为他还是把精神看成是世界的本质，从精神出发去说明事物，把国家、法、哲学等看成是精神的体现。

不过，与博士论文期间相比，马克思与黑格尔哲学的分歧加大：第一，目的不同。黑格尔哲学是为普鲁士君主立宪制服务的，要求人民服从国家的理性，服从官吏，否定普遍自由；而马克思则利用自己的理性主义为他的革命民主主义思想做论证，要求国家体现人民的理性，强调普遍自由，为出版自由和政治民主做论证，为贫苦人民的利益辩护。第二，宗教观不同。黑格尔强调宗教和国家的一致，认为宗教是用表象把握绝对真理，国家是理性的体现，是在尘世中自我认识着的精神，二者原则上没有矛盾，正像哲学和宗教具有同一性一样。而马克思则明确把宗教与国家对立起来，认为宗教与国家的本质是不相容的，强调国家不能以宗教为基础，而应以哲学为基础，认为宗教为普鲁士国家做辩护、国家保护宗教正是它们反动的表现。第三，对公共舆论、出版言论的态度不同。黑格尔认

---

① 黄楠森：《马克思主义哲学史》上册，北京大学出版社 1987 年版，第 42—55 页。

为公共舆论里面有无穷的错误、独特和私人的东西，其本身不能区别真理和错误，只有靠伟人来识别，所以公共舆论既值得重视又不值一提。马克思则非常重视公共舆论、言论出版的重要性，认为它可以提供真理和理性，是改造世界的有力工具和根本途径。

2.《黑格尔法哲学批判》时期：马克思开始走出黑格尔。

《莱茵报》时期，马克思诉诸出版自由批判书报检查制度，诉诸国家和法批判私人利益，结果胜利的不是出版自由与国家和法，而是书报检查制度和私人利益，国家和法被降低到私人利益的工具，自由的出版物则被书报检查制度所扼杀。这一切给马克思很大影响，使他产生苦恼，对原来的哲学信仰产生了动摇，推动他去重新研究黑格尔的法哲学。黑格尔法哲学是为了德国君主立宪制做论证的，宣称君主立宪政体是最高的、最完善的政体，反映了德国资产阶级的革命要求，同时也体现了资产阶级的保守性。在《黑格尔法哲学批判》中，马克思着重批判了其保守性，提出了一些重要的思想：

第一，关于市民社会与国家的关系问题。黑格尔认为，国家是绝对精神的直接实现，是地上的精神，市民社会和家庭是国家的两个领域；就二者的内在关系而言，国家是市民社会的内在目的，国家决定着市民社会和家庭，家庭和市民社会的法规和利益都必须服从国家的法律和利益。而马克思则认为，不是国家决定家庭和市民社会，而是家庭和市民社会决定国家；家庭和市民社会是国家的前提和必要条件，是国家真正的活动者与原动力；如果没有家庭的天然基础和市民社会的利益基础，那么政治国家就不可能存在。所以马克思认为，黑格尔颠倒了国家与市民社会之间的关系；黑格尔的错误就在于把国家理念化，把理念当成独立的实体，而把家庭、市民社会等现实的主体则看作是理念的、非现实的客观要素，这样就把条件变成了被制约的东西，把规定其他东西的东西变成了被规定的东西，把产生其他东西的东西变成了它的产品的产品。

第二，私有财产和政治国家的关系。黑格尔把国家理想化甚至神化，认为国家是普遍利益的代表，国家是以普遍利益为目的的；并由此推演出长子继承制是由国家所决定的结论。马克思批判了黑格尔的这个思想，认为长子继承制不是政治的要求，而是土地占有制本身的结果，是私有财产制的抽象化产物。被黑格尔当作目的与决定因素、当作长子继承制的始因的政治国家，在马克思看来，恰恰是以长子继承制为代表的私有财产制的结果，抽象的私有财产对政治国家起支配作用。马克思关于私有财产决定政治国家的观点，实际上是他关于市民社会决定国家思想的进一步展开，在整个马克思哲学思想的形成中具有重要意义。

第三，政治国家是虚幻的共同体。黑格尔认为，普遍性包含特殊性，特殊性是普遍性的一环，特殊性以普遍性为目的，普遍性只有在特殊性中才能实现；国家和市民社会之间是对立的关系，国家是绝对自在自为的理性的东西，代表着普遍的利益。国家作为普遍利益，必然包含特殊利益，特殊利益只有上升到普遍利益、只有在政治国家中才能得以实现。而实现的途径就是通过等级代表制和官吏这两个中介环节。马克思批判了黑格尔的这个思想，认为黑格尔不懂得市民社会中的矛盾。其实在马克思看来，等级间的矛盾是通过等级代表制来实现的，表现为立法权中的矛盾，表现为政治国家的矛盾；马克思指出，等级代表制一方面没有消灭等级的特殊存在，并使它们变成普遍性的存在，另一方面也没有消除国家政权和政府同人民之间的矛盾。马克思指出，政治官僚不是普遍利益的代表，只是形式上的一种普遍利益，虚幻的共同体。

第四，变革旧的国家制度的途径。作为德国资产阶级的代表，黑格尔的思想明显具有软弱性与保守性。一方面，黑格尔政治哲学的目的在于维护普鲁士的专制制度，另一方面，黑格尔又希望它不断改进，属于革命性与保守性的结合，所以他提出国家制度逐步变化的观点，主张量变到质变，即政治制度从一种状态不断发展，外表上看来是一种觉察不到的运动，但是时间久了国家制度就逐步变得面目全非。马克思十分尖锐地批判了这种思想，指出“逐渐推移这种范畴从历史上来看是不真实的”、“在许许多多国家里，制度改变的方式总是新的要求逐步产生，旧的东西瓦解等等，但是要建立新的国家制度，总要经过真正的革命”。[①] 马克思指出，人民才是国家制度的实际体现者，只有人民上升为国家的原则，进步本身上升为国家的原则，那么国家才会不断进步而无须被迫改变，也不需要通过暴力来粉碎。

在《黑格尔法哲学批判》中，马克思已经从怀疑黑格尔的国家观转向到对它的批判了，这种批判逐步引导他向唯物主义历史观的方向迈进，但是这种批判还没有达到历史唯物主义的境界，甚至还没有突破黑格尔的

① 《马克思恩格斯全集》第1卷，人民出版社1956年版，第315页。

唯心主义，也还没有达到一般唯物主义。这个阶段上，马克思还站在理性主义立场上，从理性出发去说明问题，主要表现在：第一，虽然看到了家庭和市民社会决定国家而不是相反，但是还把家庭和市民社会的本质看作是精神性的，是“意志所具有的现实的精神实在性”①，认为家庭和市民社会是国家的真正组成部分。第二，虽然看到了私有财产在历史上的作用并对私有财产作了批判，但是未能从物质生产、分工、生产力和生产关系变革的角度出发去说明私有财产的产生和分工。第三，虽然看到了政治国家是虚幻的共同体、压迫人民的工具，是阶级矛盾的产物，但是他还把国家看成是人格的最高现实。第四，虽然看到了应该从等级矛盾去说明政治国家，但是当时的马克思对于等级本身还没有科学的认识，不懂得阶级之间的根本差别在于它们在社会生产中与生产资料的关系不同，所处的地位与作用不同，相应地取得收入的方式不同。

（三）马克思由费尔巴哈走向交往实践的唯物主义

1.《德法年鉴》时期：马克思走向费尔巴哈。

莱茵报的查封，卢格、鲍威尔等人产生悲观情绪，马克思则并不悲观，主张筹办《德法年鉴》杂志来继续同反动势力斗争。马克思为《德法年鉴》规定了“要揭露旧世界，并为建立一个新世界而积极工作”② 的任务，主张“在批判旧世界中发现新世界”。③ 马克思在《德法年鉴》上发表了《论犹太人问题》和《黑格尔法哲学批判导言》，哲学思想有了新的进展：

第一，论述了宗教解放与政治解放之间的关系。马克思指出，宗教不是世俗狭隘性的原因，而只是它的表现；人们的宗教异化是受其政治异化所决定的，要把对宗教的批判上升到对政治、国家和法的批判。马克思还从人的经济地位和人的劳动存在的本质出发去说明宗教，提出到现实的犹太人那里去寻找犹太教的秘密，指出钱是人的劳动和存在的本质的异化，要消灭犹太教必须消灭它的世俗基础，只有消灭了产生犹太教的世俗基础才能消灭犹太教。

---

①《马克思恩格斯全集》第1卷，人民出版社1956年版，第251页。

② 同上书，第414页。

③ 同上书，第416页。

在《黑格尔法哲学批判导言》中，马克思进一步发挥了他的宗教观。他指出："人并不是抽象的栖息在世界以外的东西。人就是人的世界，就是国家、社会。国家、社会产生了宗教即颠倒了的世界观，因为它们本身就是颠倒了的世界。"① "宗教的苦难既是现实苦难的表现，又是对这种现实苦难的抗议。宗教是被压迫生灵的叹息。"② 这里重申了国家、社会产生宗教的观点。马克思还阐述了宗教的反动的社会作用，指出宗教是人民的鸦片，是人们关于自己处境的幻想，使人们安于自己的苦难。正因为如此，不反对宗教就不能很好改造这不合理的苦难的世界，如果只停留在反宗教斗争上也不能很好地改造这不合理的世界。因此，必须消灭产生宗教的苦难世界，也只有这样才能彻底消灭宗教。由此，马克思得出结论，必须进行政治批判。他说："人的自我异化的神圣形象被揭穿以后，揭露非神圣形象中的自我异化，就成了为历史服务的哲学的迫切任务。于是，对天国的批判就变成对尘世的批判，对宗教的批判就变成对法的批判，对神的批判就变成了对政治的批判。"③ 马克思认为异化的人产生宗教，他特别注意研究人是怎样把宗教幻想塞进自己的头脑中的，这使他从宗教批判走向政治批判，走向了通向唯物主义的道路。但是，应该看到，这个阶段上的马克思宗教观毕竟还是从人的异化去说明问题的，他把宗教归结为社会，把社会归结为人的异化，他不使用社会去说明人，而是用人本身去说明社会，从哲学思想的性质看还没有超出人本主义。

第二，分析了政治解放和人类解放的关系，深刻地批判了政治解放的局限性，肯定人类解放是人的彻底解放。马克思认为，政治解放与人类解放不同，它与宗教解放并不矛盾。国家从宗教中解放出来，并不妨碍大多数人信教，政治解放并不是彻底的没有矛盾的解放，只有人类解放才是彻底的解放。马克思深刻揭露了政治解放的局限性和实质，认为政治革命是打倒封建专制制度，摧毁一切等级、公会、行帮和特权的革命，属于市民社会的革命范畴。马克思指出，政治解放是市民社会从政治中获得解放，是市民社会的自我解放，取得普遍统治，是一定的阶级从自己的特殊地位出发，从事整个社会的解放，是达到人类解放的一个步骤。

---

① 《马克思恩格斯全集》第 1 卷，人民出版社 1956 年版，第 452 页。

② 同上书，第 453 页。

③ 同上。

第三，探索在德国实现人类解放的可能性与条件，诉诸人本主义，诉诸无产阶级，诉诸武器的批判。马克思认为，除了法哲学和国家哲学，德国的现状是落后于法国和英国的，德国人应该批判德国的现存制度，只有对它进行深刻的揭露才能使受现实压迫的人意识到压迫，从而使它更加沉重，以激起人民的勇气。但是即使否定了德国的政治现状，也不能使德国达到现代的水平，还得批判德国的国家哲学和法哲学。通过批判，马克思认为，德国能够实现人的高度的革命，因为：其一，德国有一个彻底革命的理论，这个理论必然导致革命。"德国理论的彻底性及其实践能力的明证就是：德国理论是从坚决彻底废除宗教出发的。对宗教的批判最后归结为人是人的最高本质这样一个学说，从而也归结为这样一条绝对命令：必须推翻那些使人成为受屈辱、被奴役、被遗弃和被蔑视的东西的一切关系。"① 其二，从人类革命的物质力量来看，德国有一个坚定的无产阶级。马克思认为，哲学与无产阶级的结合是实现人类解放的途径，无产阶级在哲学的统率下对现实进行武器的批判。"哲学把无产阶级当作自己的物质武器，同样，无产阶级也把哲学当作自己的精神武器。"② 人类解放没有物质力量不行，没有无产阶级不行。批判的武器不能代替武器的批判，物质力量只能用物质力量来摧毁。人类解放更不能没有理论，没有哲学。理论对于德国有特别实际的意义，正如宗教改革是从僧侣的头脑开始一样，现在的革命则从哲学家的头脑开始。理论和哲学的意义就在于，理论是能动的，物质是被动的，哲学是头脑，无产阶级是心脏，物质力量依赖于精神去把握，理论一旦掌握群众就会变成物质力量。他形象地指出："哲学把无产阶级当做是自己的物质武器，同样地，无产阶级也把哲学当作自己的精神武器；思想的闪电一旦射入无产阶级这块没有触动过的人民园地，德国人就会解放为人。"③

《德法年鉴》时期马克思诉诸武器的批判和无产阶级，这正是高于《黑格尔法哲学批判》时期的地方。这个阶段，马克思的思想已经非常接近唯物主义了。因为以往的哲学都只注重说明世界，认为真理一旦发现出来，真理自身就能实现，看不到真理的发现和实现都依赖于物质条件，需

① 《马克思恩格斯全集》第1卷，人民出版社1956年版，第460—461页。

② 同上书，第467页。

③ 同上。

要一定的物质基础，所以它们总是诉诸理论而不能从理论过渡到实践，看不到物质实践的重要性，找不到进行改造的阶级力量，所以解决不了改造世界的问题，并总是不可避免地夸大精神力量，夸大个人作用的错误，陷入唯心主义不能自拔。承认物质实践与阶级力量在历史上的作用，是正确认识历史的重要条件。总之，这个时期的马克思已经明显离开黑格尔了，但是还带有浓厚的理性主义和人本主义色彩，还是从人本主义出发去说明人的解放，把它看成是人本主义理论的结果，人的本质的实现。

2.《1844 年经济学哲学手稿》对异化劳动学说的阐发。

研究批判资产阶级政治经济学对于马克思哲学的创立具有重要意义。马克思研究并批判资产阶级政治经济学的最初成果是得出异化劳动学说。在《1844 年经济学哲学手稿》中，马克思全面阐述了异化劳动学说。

——马克思为什么要研究资产阶级政治经济学？

第一，研究批判资产阶级政治经济学是马克思思想发展的必然结果。①1842—1843 年《莱茵报》时期，马克思遇到对所谓物质利益发表意见的难事（关于“林木盗窃案”和地产分析的讨论、关于摩塞尔地区农民状况的论战、自由贸易和保护关税的辩论），是促使马克思去研究经济问题的初衷。②《德法年鉴》时期，通过对黑格尔法哲学的批判，马克思指出：“法的关系正像国家的形式一样，既不能从它本身来理解，也不能从所谓人类精神的一般发展来理解，相反，它根源于物质的生活关系，这种物质的生活关系的总和，黑格尔按照 18 世纪的英国人和法国人的先例，称之为‘市民社会’，而对市民社会的解剖应该到政治经济学中去寻求。”[①] 这里，马克思从以往的宗教批判转向这种批判，批判国家和法，通过对国家和法的批判，马克思认识到私有财产的反人道性质，这就直接导致马克思去深入研究政治经济学。

第二，促使马克思研究政治经济学的社会原因：①当时，英法资本主义已经高度发展，私有财产的独占已成为时代的重大问题，消灭私有财产的独占，实现人类解放已经成为时代提出的重大课题。马克思移居巴黎以后，接触工人运动，研究社会主义著作，清楚地认识到，要消灭私有财产的独占，就必须正确认识私有财产，了解它的规律，为此必须研究政治经济学。②欧洲各国当时的政治理论状况也对马克思研究政治经济学具有重

① 《马克思恩格斯选集》第 2 卷，人民出版社 1957 年版，第 82 页。

大影响。1843 年 10 月移居巴黎后，马克思着手研究政治经济学。先后阅读了大量政治经济学著作，包括李斯特的《政治经济学的国民体系》、詹姆士·穆勒的《政治经济学原理》、大卫·李嘉图的《政治经济学及税赋原理》、亚当·斯密的《国富论》、恩格斯的《政治经济学批判大纲》等，还有郝斯和魏特林等人的著作。很多思想家都在批判以私有制为基础的资本主义，转向共产主义，对马克思有重要影响。

——马克思异化劳动学说的提出过程

在《手稿》中，马克思思想的重大发展集中表现在异化劳动学说上。异化劳动学说是马克思以费尔巴哈人本主义为武器批判资产阶级政治经济学、批判资本主义制度的产物。马克思对"劳动"是这样定义的：费尔巴哈在承认人是自然界的产物的前提下，把人的理性、意志、感情看成是人的本质。资产阶级政治经济学提出劳动价值论，肯定劳动是一切财富的价值源泉，把人的本质归结为劳动。马克思继承了费尔巴哈的人是自然界的产物的思想，也吸取了资产阶级政治经济学关于人的主体本质是劳动的合理因素。马克思所讲的劳动是指人的自由自觉的活动，而不是创造私有财产的劳动，也不是仅仅为了维持生命而进行的谋生活动。

马克思是在分析工人贫困化时得出异化劳动学说的，马克思的异化劳动有四方面的规定性：①产品异化。在资本主义条件下，工人生产的产品与工人相脱离，变成与工人相对立的东西，即工人所生产的财富越多，他所生产的产品的力量和数量越大，反而他变得越贫穷。这一事实表明，工人的产品与工人异化，意味着他的劳动产品成为一种异己的东西而在他之外存在。产品异化使工人失去一切生活资料，而他要获得生活资料就得把自己变成工人、生产财富的肉体的主体，变成奴隶。②劳动的异化。工人的产品为什么会与工人异化呢？马克思认为，这是工人的生产活动与他异化的结果。马克思指出，劳动本来是人的本质，人在劳动中肯定自己，得到幸福，可以自由地发挥自己的体力和脑力，劳动是人的自愿的行为，是属于人自己的。而劳动的异化则使劳动变成人的外在的东西，不是自由自在地发挥自己的体力和脑力，而是使其肉体遭受折磨，精神遭受摧残。劳动已经变得不是自愿的，而是变成被迫的、强制的；劳动不是满足劳动本身的需要，而是满足劳动需要以外的需要的一种手段；劳动不属于自己而属于别人。③人的类本质的异化。人的类本质就是自由自觉地活动，这种类本质一定要对象化，通过实践创造对象世界。产品异化使人不能在对象中实现其本质，劳动的异化把人的自由自觉活动变成了维持工人生存的手段，这样，人的类本质就和人异化了。人的类本质和人异化的结果就是，自由自觉活动变成了维持个人生存的手段。④人与人相异化。从人与人的产品、与人的生产活动、与人的类本质相异化出发，马克思进一步推出“人与人相异化”的结论。“人同自己的劳动产品、自己的生命活动、自己的类本质相异化这一事实所造成的直接结果就是人同人相异化。”① 因为人同自身相对立，同自己的类脱离，他也必然同他人的类、同他人相脱离和对立。

马克思认为异化劳动的规定一定要在现实中表现出来，异化借以实现的手段本身就是实践的。马克思强调，异化是现实的客观的异化，异化过程是一种客观的辩证发展过程，自我异化的扬弃同自我异化走的是一条道路，而自我异化的扬弃，人的本质的复归是自觉的，保存了以往发展的全部财富。异化劳动学说实际上是关于人的劳动本质对象化、异化和异化的扬弃的理论。

异化劳动学说的内涵：异化劳动是马克思当时全部思想的基础，马克思从异化劳动学说出发去说明各种理论和实际问题。马克思从异化劳动出发去说明自然界以及人与自然的关系。马克思认为自然界是客观存在的，而不是被创造出来的。创造论提出的问题——从人是父母所生出发追问谁生了父亲、祖父，直到提出谁产生了第一个人和整个世界，以及提问的基础都是建立在人和自然不存在的基础上的，这个假设是荒谬的。马克思用人的对象化活动，人的劳动实践证明世界的客观性，“整个所谓世界历史不外是人通过人的劳动而诞生的过程，是自然界对人来说的生成过程……”② 人通过自然界对象化了，自然界则体现了人的本质而人化了，人与自然的矛盾就彻底消除了。连接人与自然的正是人的劳动本质的对象化活动。

马克思从异化劳动学说去说明社会历史。他认为，历史并不是与自然界无关的，历史就是人们通过改造自然界，使自然界人化的历史，历史是自然史的现实部分之一，是自然界生成为人这一历史过程的一部分，是人通过人的劳动而诞生的。人的劳动本质的对象化不是一蹴而就的，要通过

① 《马克思恩格斯全集》第42卷，人民出版社1979年版，第97—98页。

② 同上书，第131页。

人的劳动本质的异化和异化的扬弃，是人向人合乎人的本性的自身的复归。所以，历史是由低级向高级发展的。

马克思还从劳动出发去说明各种社会现象。第一，马克思从异化劳动出发去说明私有财产，认为私有财产是异化劳动的产物，“私有财产是外化劳动即工人同自然界和自身的外在关系的产物、结果和必然后果”。[①]马克思认为，首先是异化劳动产生了私有财产，后来两者相互作用，“与其说私有财产表现为外化劳动的根据和原因，还不如说它是外化劳动的结果，正象神原先不是人类理性的迷雾的原因，而是人类理性迷雾的结果一样。后来这种关系就变成相互作用的关系”。[②] 第二，马克思从异化劳动去说明社会上客观存在的阶级关系和奴役关系，认为异化劳动不仅使人和自己的产品异化，从而使人和自然、和人本身的类相异化，而且还生产出不生产的人对生产和产品的支配，“整个人类奴役关系就包含在工人同生产的关系中，而一切奴役关系只不过是这种关系的变形和后果罢了”。[③]第三，马克思把社会上的上层建筑和意识形态也归结为异化劳动。“宗教、家庭、国家、法、道德、科学、艺术等等，都不过是生产的一些特殊的方式，并且受生产的普遍规律的支配。”[④] 革命也根源于异化劳动，“整个革命运动都必然在私有财产的运动中，即在经济中，为自己找到经验的基础，也找到理论的基础。”[⑤] 第四，马克思甚至认为，人的感受能力和认识也是受异化劳动的制约的。

马克思还从异化劳动去说明资本主义生产方式产生和发展的规律以及共产主义实现的历史必然性和途径。马克思揭示了资本主义生产方式产生的历史必然性，把私有财产归结为人的异化的劳动，把资本看成是发达的私有财产，把地产看成是不发达的私有财产，是还没有完成的资本，认为随着异化劳动的发展，地产一定要资本化，资本一定要战胜地产，资本家一定要战胜大土地所有者。马克思揭示了资本主义生产方式再生产的规律和性质，认为异化劳动一方面不断生产出作为商品的劳动本身和工人，另一方面不断生产出不生产的资本家以及对工人的生产和产品的支配，生产

---

① 《马克思恩格斯全集》第42卷，人民出版社1979年版，第100页。

② 同上。

③ 同上书，第101页。

④ 同上书，第121页。

⑤ 同上书，第120—121页。

出资本家对工人阶级的奴役关系，从而指明了资本主义再生产不但是物质产品的再生产，而且是资本主义的剥削关系、阶级关系的再生产，是它自身矛盾的再生产。

马克思还揭示了资本主义生产方式发展的历史趋势：资本主义一定要灭亡，共产主义一定实现。马克思指出，在资本主义条件下，工人日益贫困化，其根源就在于异化劳动，劳动本身只要它的目的仅仅在于增加财富，它就是有害的、造孽的。马克思认为，当有产和无产的对立，达到劳动和资本的对立，而且这种对立达到极限时，就必然会成为整个私有财产关系的顶点、最高阶段和灭亡，共产主义就会实现，共产主义是历史运动特别是资本主义自身否定的结果。实现共产主义必须扬弃两种异化，一种是思想的异化，一种是现实中的异化即经济领域中的异化。实现共产主义必须通过工人解放这种政治形式，首先使工人得到解放。“共产主义是私有财产即人的自我异化的积极的扬弃。”① 是人的本质的实现，“是通过人并且为了人而对人的本质的真正占有；因此，它是人向自身、向社会的人的复归，这种复归是完全的、自觉的而且保存了以往发展的全部财富的”。②

马克思还从异化劳动去批判资产阶级政治经济学。资产阶级经济学家以私有财产为出发点，把私有财产的运动规律当作最一般的普遍的永恒规律。马克思指出，私有财产是异化劳动的产物，不是永恒的，不是合理的，而是反人道的，私有财产的运动规律不是普遍的永恒的，是建立在异化劳动基础上的，是异化劳动的运动规律决定的，资产阶级经济学反映的只是异化劳动规律。

马克思批判了企图通过强制提高工资、实行工资平等来解放工人的小资产阶级改良主义思想，认为“强制提高工资，无非是给奴隶以较多的报酬，而且既不会使工人也不会使劳动获得人的身份和尊严”。③ 马克思还批判了粗陋的平均主义的共产主义。

马克思从异化劳动出发批判了黑格尔的辩证法和整个哲学。黑格尔哲学是思辨哲学，讲述哲学精神的自身发展和自我对象化的，它从逻辑学、

① 《马克思恩格斯全集》第42卷，人民出版社1979年版，第120页。

② 同上。

③ 同上书，第101页。

纯粹的思辨的思想开始，以绝对知识结束。逻辑学是从自然界和现实的人出发的抽象思维，被看成是自然界的本质，与现实性无关；自然界被看成是抽象思维的丧失，外在于抽象思维，本质上是外化了的思维。马克思认为，黑格尔所讲的抽象思维是人的本质的异化，以抽象的方式表达了人的本质；黑格尔所讲的抽象思维的异化和异化的扬弃过程，即逻辑的思辨的思维生产史，则以抽象的方式表达了人的本质实现的历史。马克思认为，黑格尔颠倒了思维和存在的关系，把抽象思维看成是主体，把抽象思维的生产史看成是真正的历史，把现实的人的历史看成是思维的产物，这是非批判的唯心主义。

马克思指出，这种非批判的唯心主义不能正确理解人的异化，把异化看成是人的本质以不同抽象思维的方式同抽象思维对立的对象化，只是在思想本身范围来谈论思想与感性现实的对立，用这种抽象的、思维内部的对立来抹杀现实中存在的一切对立，现实中的一切对立都变成了这种抽象对立的外壳。

马克思还指出，这种非批判的唯心主义由于不能正确说明异化，也不能正确说明人的异化的扬弃和对人的本质的占有。既然对象性本身是异化，那么扬弃异化也就是扬弃对象性，使对象返回到思维。既然异化是抽象的思维活动，是抽象思维同感性现实在思想本身范围内的对立，那么扬弃异化也就是思维的任务，所要扬弃的并不是感性现实，例如国家、私有财产等，而只是感性现实的观念存在，例如关于国家、私有财产等的观念。这种非批判性的唯心主义不懂得扬弃异化并不是扬弃对象化，而是扬弃对象的异化的反人道的性质，不是使对象返回思维，而是使人的本质异化为对象化。扬弃异化也不是纯思维的任务，不是扬弃感性现实的观念存在，而是要实际改变异化的现实。

马克思认为，这种非批判的唯心主义不可避免地造成了非批判的实证主义，因为：第一，扬弃对象性，使对象返回到思维，认识到异化对象就是思维自身，意识到自己的异在本身中也就是在自己那里，这实际上不是对异化对象的否定，而是肯定，是肯定人的异化就是人的真正生活，这等于说一个认识到自己在法律、政治等中过着外化生活的人，就是在这种外化生活本身中过着自己的真正的人的生活。第二，扬弃感性现实的观念存在，感性现实并未受到触动，扬弃了国家、私有财产等观念存在，现实的国家、私有财产等依然存在。这种扬弃纯粹是虚假的、形式上的。

黑格尔哲学尽管是唯心主义，具有非批判的实证主义的缺点，但是其中还是包含着深刻的辩证法思想，主要表现在：第一，黑格尔把人的自我产生看成是一个过程，而把对象化看成是非对象化，看作外化和对外化的扬弃；第二，黑格尔抓住劳动的本质，把对象性的人、现实的人因而是真正的人，理解为他自己的劳动的结果；第三，黑格尔看到了自身否定的积极意义，看到了否定是发展的环节。马克思得出这样的结论："正象无神论作为神的扬弃就是理论的人道主义的生成，而共产主义作为私有财产的扬弃就是对真正人的生活这种人的不可剥夺的财产的要求，就是实践的人道主义的生成一样；或者说，无神论是以扬弃宗教作为自己的中介的人道主义，共产主义则是以扬弃私有财产作为自己的中介的人道主义。只有扬弃这种中介，——但这种中介是一个必要的前提，——积极地从自身开始的积极的人道主义才能产生。"[①] 至此，马克思批判黑格尔的辩证法和批判资产阶级政治经济学得出了同样的结论：历史是人的劳动的本质异化和异化扬弃的历史，共产主义是历史的必然。

——异化劳动学说的地位分析：

马克思在《手稿》中给予费尔巴哈哲学很高的评价和热烈的赞扬，并自觉地以费尔巴哈人本主义为依据，批判资产阶级的政治经济学、黑格尔哲学，还论证了共产主义。费尔巴哈对黑格尔哲学持否定的态度，斥之为思辨的宗教、人的本质的异化，并把人与人的相互依赖看作是理论原则，用自然和人去对抗黑格尔的绝对观念。马克思指出，"整个实证的批判，从而德国人对国民经济的实证批判，全靠费尔巴哈的发现给它打下真正的基础"。[②] 费尔巴哈对黑格尔哲学的批判，马克思予以充分肯定，认为"费尔巴哈是唯一真正对黑格尔辩证法采取严肃的、批判的态度的人；只有他在这个领域内做出了真正的发现，总之他真正克服了旧哲学"。[③] 马克思在1844年8月11日给费尔巴哈的信中还说："您的两部著作《未来哲学》和《信仰的本质》尽管篇幅不大，但它们的意义，却无论如何要超过目前德国的全部著作。在这些著作中，您给社会主义提供了哲学基

① 《马克思恩格斯全集》第42卷，人民出版社1979年版，第174—175页。

② 同上书，第46页。

③ 同上书，第157—158页。

础，而共产主义者也就立刻理解了您的著作。”①

从哲学性质上，马克思已完成了从黑格尔式的唯心主义向费尔巴哈式人本主义的转变；从政治立场上，马克思已完成从革命民主主义向人本主义的共产主义的转变。

费尔巴哈认为人的本质是人的理性、意志、感情。而马克思则认为，人的本质是人的自由自觉活动，即改造对象世界的劳动、物质生产，并且以这个为出发点去说明一切，使马克思的观点非常接近唯物史观。体现在：第一，旧哲学的一个根本缺陷就是不懂得物质生产在历史发展中的作用，把它当作与历史没有联系的附带因素排除在历史之外。《手稿》则开启了从物质生产去说明历史的先河，“根据唯物史观，历史过程中的决定性因素归根究底是现实生活的生产和再生产”。② 第二，就哲学不能说明你与自然的统一。费尔巴哈虽然强调人是自然界的产物，人与自然界是统一的，但是他不懂得人与自然界的统一是以物质生产为基础和中介的，因而不能科学说明这种统一。从物质生产出发说明人和自然界的统一，正是始于《手稿》。第三，旧哲学不懂得人与社会环境的关系。旧哲学由于不懂得物质生产在社会发展中的作用，不能很好说明人的作用，也不能很好理解环境的发展规律，停留在环境决定人和人决定环境这样一种不可解脱的二律背反中。《手稿》中马克思开始从物质生产出发去说明人和环境的关系，马克思指出，“环境的改变和人的活动的一致，只能被看作是并合理地理解为革命的实践”。③ 第四，旧哲学不了解意识对人们物质生活条件的依赖性，为历史发展的表面现象所迷惑，把意识当成是社会历史发展的根本动力，陷入了唯心主义。唯物史观则认为意识归根结底产生于物质生产，物质生产制约着精神生产，它从物质生产出发去说明意识，真正揭示了意识的基础、本质、发展规律与作用，从而与唯心主义彻底划清了界限。从物质生产出发去说明意识正是始于《手稿》。《手稿》指出，“理论的对立本身的解决，只有通过实践方式，只有借助于人的实践力量，才是可能的；因此，这种对立的解决绝不只是认识的任务，而是一个现实生活

① 《马克思恩格斯全集》第27卷，人民出版社1972年版，第450页。

② 《马克思恩格斯全集》第4卷，人民出版社1958年版，第477页。

③ 《马克思恩格斯全集》第3卷，人民出版社1960年版，第4页。

的任务，而哲学未能解决这个任务，正因为哲学把这仅仅看作理论的任务”。①

综上所述，《手稿》力图从物质生产出发去解决人与自然、人与社会环境、理论与实践等一系列重大问题，为克服以往旧哲学的根本缺陷、创立唯物史观指明了方向。它标志着马克思已经从主要研究哲学、宗教、国家和法，研究社会大厦的上层，从社会大厦的上层出发去说明社会，转向到主要是研究社会大厦的基础，研究私有财产和物质生产，从社会大厦的基础出发去说明社会。

不过，应该看到《手稿》还存在一些亟待解决的重大缺陷：第一，《手稿》从人的本质出发去阐述生产劳动，把生产劳动看作是永恒不变、绝对完美的东西，是一种现实中并不存在的抽象的理想劳动；而马克思主义则从直接生活的物质生产出发去考察现实的生产过程，把生产劳动置于历史中去考察。第二，《手稿》虽然也谈现实的物质生产，但只是从完美的理想的生产劳动出发来考察它，更多的是看到现实生产劳动的否定方面与对理想的生产劳动的背离，甚至看成是动物性的、非人的活动；马克思主义重视研究的正是这些现实的生产劳动，这些处在历史发展中、具有一定历史形式的生产劳动，不仅看到其消极的否定方面，也看到其积极的肯定方面。第三，《手稿》把人的本质同人的理想等同，作为不证自明的前提、历史的基础，把现实的生产劳动看做是它的异化，实际上是用理想的劳动来代替各历史时期的现实的生产劳动；马克思主义则把对劳动的分析建立在对资本主义生产方式的科学的分析基础上，反对用理想的生产劳动去代替各个历史时期的现实的生产劳动，认为这种做法必然导致唯心主义。第四，《手稿》不能从生产劳动出发去说明历史发展的内在规律，而只能利用黑格尔的否定之否定规律来说明历史发展；只看到了生产劳动与整个社会的联系，而没有科学说明它；只从外在表现方面揭示资本主义生产方式发展的一些规律，而不能从其内在逻辑方面去说明它。马克思主义基于对现实物质生产的科学认识，科学地说明了历史，解决了《手稿》中所没有解决的一些重大理论问题。第五，《手稿》所说的自由自觉活动是指理想的生产劳动，是永恒不变的、绝对完美的，可以消除人与自然、人与人之间的矛盾，实现人与自然、人与人的绝对统一，之存在于未来的

① 《马克思恩格斯全集》第42卷，人民出版社1979年版，第127页。

共产主义社会中，而在共产主义之前则被异化劳动所取代；而马克思主义认为人的自由自觉活动就表现在人对外部世界的认识与改造上，存在于人类历史的每一个历史时期中，并且随着历史发展而发展，随着人的认识与实践能力提高而发展。到了共产主义，人们能够自觉地根据自己的认识支配自己的行动，支配人们的生活条件，自觉创造历史，自由自觉的活动就达到一个新水平，人们就从必然王国进入到自由王国。即便到了共产主义，人与自然、人与人之间的矛盾也不可能完全消除。可见，《手稿》中的自由自觉活动实际上是未来共产主义社会可能出现的人的自由自觉活动的绝对化。

（四）马克思哲学革命的实现：交往实践唯物主义的出场

1844 年 8 月底 9 月初，马克思、恩格斯巴黎会见后开始合作写作《神圣家族》，主要批判青年黑格尔派，清算它们的主观唯心主义思想。在这个清算过程中，马克思主要批判了其自我意识哲学，论证了存在决定思维的唯物主义，为建立“交往实践唯物主义”奠定了基础。

1. 为什么要批判青年黑格尔派？

青年黑格尔派日益反动。他们把自我意识绝对化，使之与现实对立，一切从自我意识出发，理论脱离实际，找不到从理论过渡到实际斗争的途径。而马克思则强调哲学与世界的统一，精神与存在的统一、理论批判要在现实世界中引出理性，理性存在于世界之中，事物的理性应当看作是事物自身矛盾的展开，并且求得自身的统一。这就提供了从理论批判走向实际斗争的途径。

在《莱茵报》时期，这种理论上的差别就转化为实际斗争中的分歧。青年黑格尔派分子组成小团体，自称“自由人”，专门从事空谈，想把《莱茵报》变成他们从事空谈的场所。他们表面上要求革命，要求报纸以最极端的方式进行活动，实际上是给警察和书报检察机关提供封闭《莱茵报》的口实。马克思坚决抵制了“自由人”的无理要求，批评了他们的错误，要求“自由人”“少发些不着边际的空论，少唱些高调，少来些自我欣赏，多说些明确意见，多注意一些具体的现实，多提供一些实际的知识”。[①] 马克思认为，不应当让撰稿人领导《莱茵报》，而应该让《莱茵

① 《马克思恩格斯全集》第 27 卷，人民出版社 1972 年版，第 436 页。

报》领导撰稿人，不应当把地盘让给警察局和书报检察机关，而应该在公众不易察觉的，然而是顽强的、充满责任感的斗争中坚守自己的阵地。马克思淘汰了青年黑格尔派的不少文章，导致与青年黑格尔派的决裂。

1842 年 11 月鲍威尔在《德法年鉴》上发表文章《犹太人问题》，把犹太人的世俗问题归结为宗教神学问题，认为犹太人只有从宗教中解放出来才能获得政治解放，混淆宗教解放和政治解放的关系，把犹太人的政治解放看成是与宗教对立的、人的彻底解放，混淆了政治解放和人类解放的关系。马克思在《德法年鉴》上发表《论犹太人问题》一文，公开批判了鲍威尔的观点，强调不能用迷信说明历史，而要用历史说明迷信，要用人的政治异化说明人的宗教异化，还揭示了政治解放的局限性，严格区分了政治解放和人类解放。

鲍威尔等青年黑格尔派日益和现实脱离，陷入极端的主观唯心主义泥坑，只在思想的范围内兜圈子，与历史发展潮流背道而驰，与反动势力不谋而合。青年黑格尔派的思辨唯心主义及其思维方式在德国还根深蒂固，妨碍人们接受正确的新思想。所以马克思说，“在德国，对真正的人道主义来说，没有比唯灵论即思辨唯心主义更危险的敌人了。”① 马克思和恩格斯批判青年黑格尔派的思辨唯心主义就是为了帮助人们识破思辨哲学的幻想，同时阐明它们所主张的真正的人道主义。

2. 批判自我意识哲学，揭露思辨唯心主义的认识论根源。

黑格尔的哲学体系有三个因素：斯宾诺莎的实体，这是形而上学改装了的、脱离人的自然；费希特的自我意识，这是形而上学改装了的脱离自然的精神；实体和自我意识的统一，即绝对精神，是形而上学改装了的人类。鲍威尔等青年黑格尔分子从黑格尔体系中的费希特主义出发，使自我意识因素获得片面的因而是彻底的发展，克服了黑格尔的不彻底性，把自我意识、批判绝对化，当成创造历史的力量，宣布自己就是绝对的自我意识，即批判的化身，宣布它们就是在有意识地创造着历史。它们抛弃了黑格尔哲学中的主体和客体统一（因而包含这丰富的现实内容）的辩证法思想，走向极端的主观唯心主义。

鲍威尔等青年黑格尔分子的自我意识哲学的秘密就是黑格尔思辨哲学的秘密。马克思通过揭露黑格尔思辨哲学的认识论根源来批判青年黑格尔

---

① 《马克思恩格斯全集》第 2 卷，人民出版社 1957 年版，第 7 页。

的自我意识哲学，指出思辨唯心主义的认识论根源就在于颠倒了一般和个别的关系，首先从个别抽象出一般，把一般独立化变成实体，然后把个别消融于一般，实际上就是把个别变成一般的产物，概念的产物，使人只注意它在概念发展中所占的地位，而不注意它的天然属性，同时又给人一种不脱离现实的假象。

在批判鲍威尔等人的自我意识哲学时，马克思和恩格斯阐述了自己的观点，强调自然界是客观的，指出“人并没有创造物质本身。甚至人创造物质的这种或那种生产能力，也只是在物质本身预先存在的条件下才能进行”。[①]马克思和恩格斯都一致认为，历史也是客观的，人是历史的工具，强调历史就是人的活动的历史，反对把历史观念化，指出“‘历史’并不是把人当作达到自己的目的的工具来利用的某种特殊的人格。历史不过是追求着自己目的的人的活动而已”。[②]

在《神圣家族》中，马克思恩格斯深入批判青年黑格尔派的自我意识哲学，全面系统论证存在决定思维的唯物主义；力图用唯物主义观点解释历史，把历史看成是群众实践的历史；提出被历史所承认的群众的利益是不可战胜的；粗糙的物质生产是历史的发源地。这表明，《神圣家族》中马克思、恩格斯已经为建立新世界观奠定了基础。但是，还没有达到历史唯物主义的高度，没有形成唯物史观。这个阶段上，马克思还没有完全走出费尔巴哈人本主义的影响，并从它去说明无产阶级和资产阶级的对立，认为无产阶级和资产阶级都是人的异化，从人出发去说明无产阶级的革命作用，认为无产阶级要消灭私有制，是由于无产阶级之所以已经完全丧失了一切合乎人性的东西，甚至完全丧失了一切合乎人性的外观，是由于无产阶级的人类本性和他的非人生活条件的矛盾。在此阶段上，马克思批判了唯心主义，并揭露了唯心主义的认识论根源，指出“存在决定思维”这个社会历史领域的规律。当然，在这个阶段上，马克思还没能发现产生唯心主义认识的历史根源，因而没能彻底清算唯心主义，也没能把社会发展看作是一个自然历史过程。

3. 马克思批判费尔巴哈人本主义：对费尔巴哈的彻底扬弃。

马克思在写完《神圣家族》之后，继续深入研究以李斯特的经济学

---

① 《马克思恩格斯全集》第2卷，人民出版社1957年版，第58页。

② 同上书，第118—100页。

思想为代表的政治经济学，思想上得到进一步发展。此后，大约在1845年春，马克思撰写了《关于费尔巴哈的提纲》，批判了费尔巴哈及一切旧唯物主义，阐释新世界观的基本主张。

费尔巴哈人本主义在马克思主义形成过程中起了很大作用，是马克思主义与黑格尔哲学之间的中间环节，是马克思、恩格斯从黑格尔哲学过渡到马克思主义的桥梁。马克思通过费尔巴哈扬弃黑格尔，进而再扬弃费尔巴哈。费尔巴哈人本主义在很长时期内都对青年马克思产生影响，其相同与差异简要叙述如下：

相同之处：一是《莱茵报》时期，马克思把人类的一般本质看作真理，“难道存在着植物和星辰的一般性质而不存在人类的一般性质吗？”①在关于宗教的 一般本质上，他同意费尔巴哈的无神论原则。二是《黑格尔法哲学批判》中，马克思明显受费尔巴哈《关于哲学改造的临时纲要》的影响。费尔巴哈强调：“一般思辨哲学的改革宗教的批判方法，与宗教哲学曾经用过的方法没什么不同。我们只要经常将宾词当作主词，将主体当作客体和原则，就是说，只要将思辨哲学颠倒过来，就能得到毫无掩饰的、纯粹的、显明的真理。”②而在《黑格尔法哲学批判》中，马克思也认为黑格尔颠倒了主体和客体、主语和谓语的关系，强调要把被黑格尔颠倒了的东西颠倒过来。马克思还用费尔巴哈从人出发去说明宗教的方法去说明政治国家，“政治制度到现在为止一直是宗教的领域，是人民生活的宗教，是同人民生活现实性的人间存在相对立的人民生活普遍性的上天”。③三是《德法年鉴》时期：马克思和费尔巴哈一样，把人的本质看成是人本身，像费尔巴哈一样从人出发去说明问题，“我们的全部任务只能是赋予宗教问题和哲学问题以适合于自觉的人的形态，像费尔巴哈在批判宗教时所做的那样”。④ 四是《1844年经济学哲学手稿》中，马克思和费尔巴哈一样，承认自然界的客观性，强调人是自然界的产物和一部分，从人出发去说明问题并赞成费尔巴哈站在唯物主义立场去揭露黑格尔哲学的唯心主义性质。五是《神圣家族》中，马克思还充分肯定和高度评价费尔巴

① 《马克思恩格斯全集》第1卷，人民出版社1956年版，第116页。

② 《费尔巴哈著作选读》上卷，三联书店1959年版，第102页。

③ 《马克思恩格斯全集》第1卷，人民出版社1956年版，第283页。

④ 同上书，第418页。

哈人本主义，赞成费尔巴哈用人本身来说明人，用人本身代替黑格尔的自我意识，把自然当作人的基础，赞成费尔巴哈把人看成是全部人类活动的和全部人类关系的基础和本质。

差异之处：马克思从来不是一个费尔巴哈人本主义者，他在接受费尔巴哈人本主义某些影响时就开始超出费尔巴哈：一是《莱茵报》时期，他就强调宗教产生的社会根源："先验的国家不能没有一个天启的宗教，犹如俄国的骗子不能没有一个贴身神像一样"，①马克思强调政治批判的重要性，提出要"更多地联系着对政治状况的批判来批判宗教，而不是联系着对宗教的批判来批判政治状况"，②不满意费尔巴哈过多强调自然而过少强调政治。二是《黑格尔法哲学批判》中，马克思重点探讨的不是宗教问题，而是国家问题。费尔巴哈把宗教归结为人并把人归结为自然界，而马克思把国家归结为人，把人归结为理性和自由。三是《德法年鉴》时期：马克思强调人不是信仰宗教才异化，而是在现实中异化了才信仰宗教，因而提出要把对神学的批判变成对政治的批判。四是《1844 年经济学哲学手稿》中：马克思强调人的本质是人的自由自觉的活动，从这种活动的异化和异化的扬弃去说明社会历史，批判费尔巴哈看不到黑格尔的思辨的思维的生产史中包含着历史发展的辩证法。五是《神圣家族》中：马克思指出历史发源于尘世的粗糙的物质生产，强调人是受经济状况和工业状况所决定的。这样，马克思开始超出费尔巴哈的抽象人性论。六是《关于费尔巴哈的提纲》：在这里，马克思第一次明确把自己的观点和费尔巴哈人本主义对立起来，批判费尔巴哈。马克思揭露了包括费尔巴哈唯物主义在内的一切唯物主义的主要缺点，剖析了自己的观点和以往一切唯物主义观点的根本区别。马克思说："从前的一切唯物主义——包括费尔巴哈的唯物主义——的主要缺点是：对事物、现实、感性，只是从客体的或者直观的形式去理解，而不是把它们当作人的感性活动，当作实践去理解，不是从主观方面去理解。"③马克思这里所说的物质生产、劳动、工业和商业等改造客观世界的活动，这个与《神圣家族》和《德意志意识形态》的有关论述一致。在《神圣家族》中，马克思指出：不去认识某一

① 《马克思恩格斯全集》第 27 卷，人民出版社 1972 年版，第 423 页。

② 同上书，第 436 页。

③ 《马克思恩格斯全集》第 3 卷，人民出版社 1960 年版，第 3 页。

个历史时期的工业和生活本身的直接的生产方式，就不能真正认识这个历史时期，因而就必须从物质生产出发去认识历史。马克思在《德意志意识形态》中指出，费尔巴哈“没有看到，他周围的感性世界绝不是某种开天辟地依赖就已存在的、始终如一的东西，而是工业和社会状况的产物，是历史的产物，是世世代代活动的结果，其中每一代都在前一代所达到的基础上继续发展前一代的工业和交往方式，并随着需要的改变而改变它的社会制度。甚至连最简单的‘可靠的感性’的对象也只是由于社会发展、由于工业和商业往来才提供给他的”。①

费尔巴哈不懂得工业和商业活动，把犹太人所从事的工商业活动看做是卑污的犹太人活动，马克思批评他不懂“实践”，不懂得“革命的”、“实践批判”的活动的意义。

从前的唯物主义不懂得实践，认为人是环境和教育的产物，想通过改变环境和教育来改造人，不能够说明人是怎样改变环境和改变自己的，结果是必然把社会中的人和环境的关系归结为少数高出社会之上的英雄或天才。马克思从实践出发去解决人和环境的关系，指出人在改变环境的同时也使自身得到改造，环境的改变与人的活动或人的自我改变是内在一致的，二者可以看作或理解为革命实践。

唯心主义也没有认识到实践是“真正现实的、感性的活动的”，以至于抽象地、片面地发展了能动性，甚至把能动性归结为精神或思想，视之为真理。马克思认为，离开实践来讨论思维的真理性与现实性是错误的，“人应该在实践中证明自己 思维的真理性，即自己思维的现实性和力量，亦即自己思维的此岸性”。②

马克思以实践为基础，在《关于费尔巴哈的提纲》里，唯物主义地、辩证地论述了人的能动性，阐明了思维与存在、人与环境之间的关系，克服了以往一切唯物主义哲学和唯心主义哲学的根本缺陷。

费尔巴哈由于不懂实践，不能很好地说明历史，把宗教世界归结为世俗世界，不懂得只有借助实践使世俗世界革命化才能消灭宗教。而马克思则强调，“自从在世俗家庭里发现了神圣家族的秘密之后，世俗家庭本身

① 《马克思恩格斯全集》第3卷，人民出版社1960年版，第48—49页。

② 同上书，第3页。

就应当在理论上受到批判，并在实践中受到革命改造”。[①]

费尔巴哈把宗教的本质归结为人的本质，但是没看到人的宗教情感是社会的产物，把人的本质理解为“类”；马克思则强调“人的本质并不是单个人所固有的抽象物，实际上，它是一切社会关系的总和”。[②]并且进一步指出“社会生活在本质上是实践的”。[③]接着，马克思还阐明了他自己的哲学所具有的两个基本特点：第一，他的哲学是无产阶级的哲学。马克思站在共产主义的高度和无产阶级的立场，深刻指出“旧唯物主义的立脚点是市民社会，新唯物主义的立脚点是人类社会或社会化了的人类”。[④] 第二，他的哲学以改造世界为目的，是革命的哲学。马克思指出，“哲学家只是用不同的方式解释世界，而问题在于改变世界”。[⑤] 以往的哲学家普遍只顾“坐而论道”，而忽视实践。马克思清楚地认识到，意识（思想）虽然具有能动性，但是决不能忽视实践，决不能把改变世界的希望仅仅寄托在真理的发现环节上；如果不懂得通过特定的阶级去承担实际改变世界的艰巨任务，那么哲学也只能是一句空话。

所以，《提纲》被看作是新世界观的天才萌芽，奠定了唯物主义历史观的基础。但是，在这个阶段上，马克思还没有对物质生产本身进行分析，还没有从物质生产的发展规律出发去揭示整个人类社会的发展规律。

4.《共产党宣言》：马克思哲学革命的初步完成。

1845 年 11 月至 1846 年 8 月，马克思、恩格斯合著《德意志意识形态》，创立了唯物史观；1847 年写了《哲学的贫困》进一步阐发唯物史观；1848 年发表《共产党宣言》，标志马克思哲学革命初步完成。

《德意志意识形态》中，马克思、恩格斯思想有了重大进展，表现在：①对物质生产的科学认识。第一，马克思把物质生产看作是一切历史的基本前提，与那些离开物质生产来谈论人的德国思辨哲学划清了界限。马克思揭示了物质生产和需要的关系，指出是生产决定需要，而不是需要决定生产，这就与那些只从人的生理需要出发去说明物质生产乃至整个历史的错谬划清了界限。马克思揭示了交往和生产的关系，指出生产决定交

① 《马克思恩格斯全集》第 3 卷，人民出版社 1960 年版，第 4 页。

② 同上书，第 5 页。

③ 同上。

④ 同上书，第 5—6 页。

⑤ 同上书，第 6 页。

往关系，交往关系反过来影响生产，物质生产过程其实就是生产力和交往关系的矛盾运动过程，历史发展的内在动力就在于这个矛盾运动。第二，揭示了物质生产和和意识的关系。以黑格尔为代表的德意志主流意识形态认为，观念世界支配现实世界，现实世界是观念世界的产物。与此相反，马克思则主张，“思想、观念、意识的生产最初是直接与人们的物质活动，与人们的物质交往，与现实生活的语言交织在一起的。观念、思维、人们的精神交往在这里还是人们物质关系的直接产物。表现在某一民族的政治、法律、道德、宗教、形而上学等的语言中的精神生产也是这样”。①这就与那些把意识独立化，把人们的活动包括生产活动意识化的唯心主义划清了界限。②对历史的本质及其发展规律的揭示。由于马克思此时对物质生产发展的动力、规律和作用已有了正确的认识，从而能够正确说明人与自然、人与社会的关系，揭示历史的本质及其规律。马克思认为，人和社会的关系建立在物质生产基础上，人类社会的历史从本质上来讲是物质生产的历史，物质生产是人类社会存在和发展的基本条件。

基于这些认识，马克思得出自己的历史观：“从直接生活的物质生产出发来考察现实的生产过程，并把与该生产方式相联系的、它所产生的交往形式，即各个不同阶段上的市民社会，理解为整个历史的基础；然后必须在国家生活的范围内描述市民社会的活动，同时从市民社会出发来阐明各种不同的理论产物和意识形式，如宗教、哲学、道德等，并在这个基础上追溯它们的产生过程。”②

马克思还从这种历史观来说明阶级、国家、革命、意识及其社会形态、无产阶级和共产主义等。马克思认为，阶级产生于物质生产的分工和私有制，国家是生产力和交往形式矛盾发展到一定阶段的产物，是阶级斗争的产物，其作用就是维护统治阶级的利益，把统治阶级的利益说成是共同利益，以社会共同利益的面貌出现，表现为虚幻的共同体；阶级和国家都不是永恒的，当私有制和分工变成了它们的桎梏而必然要消灭时，阶级和国家都会消灭。马克思还指出，革命是生产力和交往形式之间矛盾的产物，“生产力和交往形式之间的这种矛盾，每一次都不免要爆发为革

---

① 《马克思恩格斯全集》第3卷，人民出版社1960年版，第6页。

② 同上书，第42—43页。

命”,[①]革命的任务就是为经济发展开辟道路，推翻表现和维护过时的交往形式的国家和法。马克思还指出，没有形成一定的生产力和实行革命的阶级，革命不可能产生，产生了也不会成功。马克思还根据这种历史观说明意识及其社会形态，认为意识是对人们实际生活过程的反映，产生于人们的物质活动和物质交往，意识的各种社会形态如哲学、宗教、法律、道德、艺术、科学等都是物质关系的产物。马克思还进而论述了无产阶级的革命作用和共产主义运动。

以上表明，马克思和恩格斯已全面完成了费尔巴哈式唯物主义向历史唯物主义、由人本主义的共产主义向科学社会主义的转变，实现了人类认识史上的革命变革，创立了马克思主义。

对费尔巴哈、鲍威尔和施蒂纳的批判。马克思、恩格斯还从历史唯物史观去批判了费尔巴哈、鲍威尔和施蒂纳的思想，完成对自己以往的哲学信仰的清算，表明与旧哲学的彻底决裂，不但揭露了历史唯心主义的荒谬性，而且还揭露了历史唯心主义的社会历史根源。

应该看到，这个阶段上，马克思哲学革命还只是基本完成，但是概念还不标准化，还用交往关系和交往形式来表达生产关系，还没有提出“生产关系”的概念。

5. 马克思经济批判的深入：交往实践唯物主义的运用。

在对蒲鲁东进行批判的论战性著作《哲学的贫困》里，马克思的第一次运用唯物史观去批判蒲鲁东的经济思想，分析经济现象，说明经济范畴。蒲鲁东是法国小资产阶级社会主义者，他不主张革命，并指责马克思给工人“喂饮鲜血”。蒲鲁东在 1845 年发表的《经济体系的矛盾，或贫困的哲学》中扮演了“神圣的”哲学家和经济学家的角色。马克思在《哲学的贫困》中首先评论了作为经济学家的蒲鲁东，批判了他的所谓“构成价值”理论。马克思指出，蒲鲁东不过是对李嘉图理论作了乌托邦式的解释，而且还比李嘉图的劳动价值论倒退了一步。马克思肯定了李嘉图的劳动价值论的科学性，也指出了李嘉图把他的价值论看做适合人类永恒的自然规律的错误。此时，马克思尚未创立完整的劳动价值论，但已发现价值是一个历史范畴，从而为后来创立科学的劳动价值奠定了基础。马克思重点批判了浦鲁东的思想方法论，并科学阐述了唯物史观的主要观

---

① 《马克思恩格斯全集》第 3 卷，人民出版社 1960 年版，第 83 页。

点：在现实的历史中，人既是他们本身的历史剧作者，又是剧中人；人不仅改造着社会，社会在改造着人，整个历史也无非是人类本性的不断改变而已；人们的生产力的一切变化必然引起他们的生产关系的变化；为了不使文明的果实——已获得的生产力再次消失，就必须粉碎生产力在其中产生的那种传统形式。这就是革命的任务。而只有在没有阶级对抗的情况下，社会进化才不再是政治革命。

在《1861—1863 年经济学手稿》在这部篇幅巨大的手稿的写作过程中，马克思必须用更为系统和完整的方式揭示资本主义经济运行的本质和规律，于是他把政治经济学的研究转向《资本论》的写作。他克服疾病和一切困难，奋力创作，白天去博物馆夜间写作，常常通宵达旦。“我们必须不惜任何代价走向自己的目标。”马克思以高度的责任感和严谨的科学态度对待《资本论》的创作，以他的思想的火焰和语言天才把《资本论》铸成一个完整的艺术整体。马克思要求自己“在它们没有完整地摆在我面前时，不拿去付印”。“任何的科学批判的意见我都是欢迎的。而对于我从来就不让步的所谓舆论的偏见，我仍然遵守伟大的佛罗伦萨人的格言：走你的路，让人们去说吧！”①

1867 年 9 月，《资本论》第一卷德文第一版问世。这是工人运动和国际共产主义运动史上一个重要的事件。恩格斯说：“自地球上有资本家和工人以来，没有一本书像我们面前这本书那样，对于工人具有如此重要的意义。”马克思自己把《资本论》说成是“向资产者（包括土地所有者在内）脑袋发射的最厉害的炮弹”。在《资本论》中，马克思实现了劳动价值论上的科学革命，他揭示了商品的奥秘，提出了商品具有使用价值和价值的属性，揭示了商品劳动的两重性，并对决定商品价值的质和量的规定性、商品内含的社会和历史的规定作了深刻的论析。马克思第一次把生产商品的劳动区分为具体劳动和抽象劳动，说明正是抽象劳动创造了商品的价值，从而揭开了蒙在劳动和商品上的神秘面纱。在《资本论》中，马克思创立了剩余价值学说，剩余价值理论揭示了资本家是怎样剥削雇佣工人的全部秘密。原来资本家购买的不是劳动而是活的劳动力，劳动力之所以成为特殊商品，就在于它自身的价值是既定的，而使用它所创造出的新价值却是大于劳动力自身价值的价值。资本家就是迫使工人生产出超过他

① 马克思：《资本论》第 1 卷，人民出版社 2001 年版，第 13 页。

自身价值之外的剩余价值，并无偿地占有。

马克思指出，资本家之所以能无偿占有剩余价值，是因为他们手中有资本。货币并不是天生的资本，只有当它用于剥削目的并带来剩余价值时，才成为资本。但资本家手中的资本并不全部都可以产生剩余价值，用来购买原料和机器设备等资本，并不带来更多的价值，只有用来购买劳动力的资本，在生产过程中会带来超过资本家购买劳动力支付的价值的剩余价值。

马克思的剩余价值学说，阐明了资本主义生产的实质是剩余价值的生产，说明无产阶级与资产阶级是两个从根本上对立的阶级，指明了无产阶级的历史使命就是彻底推翻资本主义剥削制度，实现共产主义。恩格斯也认为，“这个问题的解决是马克思著作的划时代的功绩”，它使社会主义者得到了明亮的阳光的照耀。科学的社会主义就是从此开始，以此为中心发展起来的。

第四章

维特根斯坦哲学革命的逻辑路径

路德维希·维特根斯坦（Ludwig Wittgenstein，1889—1951），是20世纪最有影响的哲学家之一，他的著作《逻辑哲学论》和《哲学研究》分别开创了两个截然不同的研究领域，对现代哲学产生了重要而深远的影响。

在西方现当代哲学中，对语言的关注是一个十分显著的特点，在相当长的一段时间里，哲学的首要任务就是对语言进行分析，不仅是一句响亮的口号，而且成为哲学研究的指导原则。语言分析形成一股强大的思潮，这种思潮使哲学研究的主题、哲学研究的方法和哲学论著的风格发生了巨大的变化，在很大程度上改变了人们对哲学性质的看法，形成了一种新的哲学观。哲学家们不再在传统的意义上研究本体论和认识论问题，而是把目光转向作为人类思想的载体——语言，通过分析语言而达到对语言表达式意义的阐明。这种转变是哲学方法上的根本变革，而“维特根斯坦（在1922年的《逻辑哲学论》中）则是一直推进到这个决定性转变的第一人”。①

作为维特根斯坦哲学思想的总纲，“全部哲学都是一种‘语言批判’”。②贯穿于维特根斯坦哲学思想发展的全过程。维特根斯坦认为，以往哲学的种种迷雾与错误的根源在于对语言的形而上误解和误用，因而只要澄清了语言，也就治疗了人们理智上的疾病，澄清了传统形而上学的迷雾。前期维特根斯坦把语言批判建立在“图像论”基础上，致力于逻辑地构造人工语言；后期则立足于“语言游戏说”，致力于治疗因误解日常

---

① ［德］石里克：《哲学的转折》，载《逻辑经验主义》上卷，商务印书馆1982年版，第7页。

② ［奥］维特根斯坦：《逻辑哲学论》，贺绍甲译，商务印书馆1996年版，第42页。

语言用法而造成的理智疾病。

一 维特根斯坦哲学思想的历史起点

（一）维特根斯坦走进哲学的时代背景

1. 维特根斯坦生活的时代。

资本主义已发展到比较的高度，欧洲资产阶级把原始积累形成的资本和雇佣劳动与近代技术结合，导致工业革命，普及商品货币关系，市场经济成熟，造成城乡对立和阶级对抗，促成国际分工和殖民浪潮。自由竞争是资本主义初级阶段，政府推行一切由市场调节的自由经济政策，促进生产力发展，导致两极分化，引发阶级斗争。从国内方面看，特别是在1870—1910年发生的五次经济危机，使得资本主义国家的经济走到几乎崩溃的边缘。鉴于此种情况，一方面为了集中资金的集中使用，另一方面也为了避免盲目竞争所带来的两败俱伤的局面。一些大企业在根据市场的需求和企业自身的供给能力，达成了一系列瓜分生产和市场的各种协议，将整个生产部门和市场需求的大部分甚至是整个行业的产、供、销连成一块。由这些企业自己对自己的产品定价。由此就形成了垄断。可以说，在某种程度上，这几次的经济危机客观上也促进了资本主义的经济和发展。而在国外市场上看，在19世纪末以及20世纪初，各主要资本主义国家掀起了瓜分世界的狂潮，一些不发达国家和自给自足的封建主义国家就成为他们猎取经济的对象。直至19世纪中期，整个世界的小农经济已经几乎完全卷入了世界资本主义经济发展的浪潮当中。在这段时间，资本主义国家在一方面对其他国家的政治入侵的同时，迅速把其他不发达国家变为自己的殖民地的。另一方面殖民化的浪潮的推动，使得这些国家有着更为丰富的原料产地和廉价的劳动力，多种有利于资本主义的发展集中在了这个时期。而在国内初步产生的垄断给予这些大企业带来的丰厚回报，刺激了他们将垄断这种经济体制最大速度地推向他们国家所占有的殖民地的野心。而企业的合并和垄断化进程也就进入到了加速度发展阶段。实际上，在当时垄断的产生也是适应资本主义经济发展的一个阶段。而垄断资本主义在资本主义经济发展的各阶段也具有举足轻重的地位。极大地影响着世界发展的各个方面。从政治方面看，各个主要资本主义国家进一步推行资本主义制度，力图整个世界或者他们所控制的殖民地都成为资本主义制度下控制的国家奴隶。这使得在这一时期许多学者和各国有识之士对政治制度上进行了专门的研究。与当时经济发展相适应的多种政治思潮不断出现。产生了诸如新自由主义、社会民主主义和列宁主义等各种政治思潮。而在经济方面上看，整个世界经济开始步入经济一体化的格局。世界性的市场已经开始逐步形成。各国经济的联系不断加强，冲击着其他国家自然经济的发展，带去了先进的生产和管理制度，极大提高了生产率。特别是工业行业生产总值和贸易行业贸易额成几何倍速的增长。但存在着一个不容忽视的问题就是，在这一时期，社会财富的分配也极为不公平，贫富差距开始不断扩大。工人阶级和中产阶级的工资和生活水平与经济的发展不成比例地发展。出现了富者愈富，穷者愈穷的局面。贫富两极分化的现象在这一时期尤为明显。当然，这一时期的竞争不仅仅只是发达资本主义国家对其殖民地之间的实力相差悬殊的不平等竞争。也体现在主要发达资本主义国家之间的竞争。各国在这一时期也制定出有利于本国竞争的各种方针和外交策略。例如美国在 19 世纪末对亚洲实行的“门户开放”政策。20 世纪初对美洲的“大棒政策”和“金元外交”。英国改为与其他国家结盟政策，而放弃“光辉孤立”政策。德国一改俾斯麦的“大陆联盟体系”为更具进攻性的“世界政策”。经济的发展，世界殖民地的不断被瓜分。各国的经济利益团体矛盾也不断地升级。使得殖民地国家和第三世界国家的各种资源被陷入疯狂掠夺的时代。为他们以后长期陷入贫困种下了根源。而发达资本主义国家之间的互相竞争和矛盾升级。最终导致了第一次世界大战的爆发。殖民地国家和世界市场开始了重新分配的时期。

2. 维特根斯坦的家庭背景。

维特根斯坦的父亲卡尔是极其严厉而又神经质般的人。卡尔自己从小就难于管教、具有反抗性格。他反抗长辈权威加给他的严格的维也纳资产阶级的古典教育，力图从所生长的环境中独立出来，走自己选择的路。他 11 岁就企图离家出走，17 岁时由于写文章否定灵魂的不朽而遭开除。维特根斯坦的爷爷想给他的父亲卡尔请家庭教师，但他成功地离家出走了。他先在维也纳中心隐藏几个月，然后身无分文，只带一把小提琴逃往纽约。在美国的两年多，他先后做过服务员、沙龙音乐演奏者、酒吧招待员和教师。冒险经历检验和锻炼了年轻的卡尔的独立性和胆识。当他 1867 年返回维也纳时，便足以按照自己的兴趣学习工程技术。一个多月的学习和一段时间的学徒期后，他成为内保罗管理的轧钢厂工程的制图员。他抓住这一机会，显示出卓越的经营才智，以至于不到5年时间他就胜过保罗成为公司总经理。以后的10年他证明自己是奥匈帝国最精明的实业家，并在19世纪的最后10多年成为帝国钢铁工业的带头人，也是最富有的人。虽说维特根斯坦家族的名声、财富和地位在维特根斯坦之前已有三代，但正是他的父亲卡尔使维氏家族成为帝国最富有（路德维希·维特根斯坦的父亲卡尔·维特根斯坦拥有在欧洲数一数二的财产）、最显赫的家族之一，几乎成为当时帝国社会文化的标志。

路德维希·维特根斯坦就出生在这样一个家庭中，其家族成员都有着惊人的天赋。路德维希的哥哥和姐姐都拥有极高的艺术天赋，有的甚至是顶尖级的音乐天才。所以在当时，只要提到维也纳的艺术家或者哲学家这类人物，有见识的人都会联想到维特根斯坦家族，因为这类优秀人物往往是这个充满光辉家族的一分子。

然而，出生在这样的显赫家族里并不一定是一件幸福的事。维特根斯坦家族具有最显赫的社会地位，也具有最大的野心。这样的野心使这个家族对成员定下了极为严格的标准，成为一名天才，是每一位出生在这个家族的孩子理所应当的天职。这种标准如此严格，以至于路德维希的三个天才的哥哥都因此而自杀。这样看来，路德维希成为一名出色的哲学家实在是理所当然的，这是他作为家族成员必须履行的职责。他是如此优异而精深，以致伯特兰·罗素（Bertrand Russell）都无法完全了解，被自己的学生轻易地超越。

3. 数理逻辑已经得到重大进展。

古典形式逻辑主要研究思维的形式及其规律。从亚里士多德创立古典逻辑，到17世纪，古典形式逻辑在逻辑形式化方面取得了比较多的成就，为用数学方法处理古典形式逻辑创造了有利条件。

笛卡尔（Descartes，1596—1650）认为数学是最重要的学科，试图用数学方法来研究思维，把思维过程转换为数学的计算。笛卡尔想把几何学、代数学和逻辑学三门学科的优点统一于一种方法。他认为，数学不仅是关于数的科学，而且是一门无所不包的科学，它包括了一切有次序和度量的东西，包括数目、图形、星体、声音，等等。数学方法也可应用到哲学中。根据这些想法，笛卡尔提出了构建“普遍数学”的设想。

霍布斯（Hobbes，1588—1679）认为，思维是一些特殊的数学推演的总和，不仅数目可以进行运算，而且线、图形和角也可以作加减运算。逻辑学所研究的就是名词、名称和三段论的运算，推理就是计算。

笛卡尔和霍布斯的这些想法为莱布尼茨创立数理逻辑提供了思想前提。

莱布尼茨（Gottfried Wilhelm Leibniz，1646—1716）继承了思维可以计算的思想，提出创建数理逻辑，建立理性演算的伟大思想。他把这种理性演算也称为“通用代数”、“一般数理”、“逻辑斯蒂”或“数理逻辑”。这就是莱布尼茨所要建立的新逻辑。莱布尼茨认为，演算贯穿于数量方面、思维方面，本质上就是符号的运算。他说：“确实存在着某种演算同普通习惯的演算完全不同，在这里符号不代表量，也不代表数（确定的和不确定的），而完全是其他一些东西，例如点、性质、关系。”①他认为，除了事实确有错误外，其他的一切都只由计算得出。也就是说，无论是得出的是正确的或者是错误的结论都将由事实前提之后的计算所得出。因此，莱布尼茨要求人们在进行推理的过程中，仅仅只是去进行形式上合理的计算，而不需要对推理过程中的命题的含义的内容去思考。这样就把推理的一般规则改变为了演算规则。肖尔兹在评述莱布尼茨的这一设想时深刻地指出：“我们必须把这种对演算规则的真正作用的见解，看做是莱布尼茨的最伟大的发现之一，并看做是一般人类精神的最精彩发现之一。”②莱布尼茨想象到一个新时代即将来临，在这个时代，根据新逻辑，一切问题包括哲学问题将用“理性演算”来解决。他在这方面有着比较明了的阐述。比如在面对着不同的结论或者观点时，人们只要在事实的前提之下，把笔拿在手里，并且在算盘面前坐下，面面相觑地说：我们一起来计算下吧！③ 这样的话，所以一切的结果都只能由计算和事实前提决定。所有的推理的错误归根结底都只成为计算中的错误。

在理性演算的过程中，我们不得不借用一种能够用语言符号表达出来的符号。这种符号应当具有表意性的而不是其他的。是一种人工语言而不是自然语言，并且类似于数学符号一样。像中国的象形文字就具有这样一种表一文字的特点。可以说，在某种情况下，中国的表意文字特点对莱布

① 转引自［德］肖尔兹《简明逻辑史》，商务印书馆1977年版，第100页。

② 同上书，第51页。

③ 同上书，第185页。

尼茨提出“普遍语言”起了重要的推动作用。莱布尼茨为形式语言的语形学（语法学）开了先河。

莱布尼茨虽然提出了建立数理逻辑的两点宏伟纲领，但他本人对他的计划未曾完成，他没有留下一个完成了的逻辑系统。莱布尼茨对逻辑演算仅做了几次尝试。

德国著名逻辑学家、数学家和哲学家弗雷格（G. Frege，1848—1925）是数理逻辑的奠基人之一，对数理逻辑有许多创造性的贡献。1869—1871年先后在耶拿大学、哥丁根大学学习，1873 年获博士学位，1874 年起在耶拿大学任教，直到 1918 年退休。他在数理逻辑发展史上首先建立了初步自足的逻辑演算和量词理论，第一次给出了自然数的精确定义，在从逻辑推出算术方面做了大量工作，是罗素的先行者。弗雷格的主要著作包括《概念语言——一种按算术的公式语言构成的纯思维公式语言》《算术基础——对数概念的逻辑数学研究》《函项和概念》等。1879 年弗雷格《概念语言》的出版，是数理逻辑发展史上一件具有划时代意义的大事，标志着数理逻辑由开创时期进入奠基时期，标志着数理逻辑的基础部分——命题演算和谓词演算正式建立。弗雷格在数理逻辑发展史上第一次构造了命题演算和谓词演算的形式公理系统；对形式语言的本质，对象语言和元语言的区别，以及函项的本质，都作了科学的规定。弗雷格逻辑演算系统的建立标志着数理逻辑的基础已经牢固地奠定。

数理逻辑的发展，为哲学走向分析道路奠定了基础，尤其是对于维特根斯坦，他的哲学与数理逻辑的关联性特别密切。

4. 近代认识论哲学的危机已出现，哲学的语言转向已经开始萌动。

哲学起源于思考。古人从“仰望星空”开始，先后对整个世界的本源问题、对人本身的认识问题展开思考。由于要把所思考的东西表达出来，于是语言开始介入哲学领域。语言是一种比较抽象的并且又体现着人类社会生活中的各个方面的特征，是人类思想的表达方式，包含着各种带诗性和感性的各种特征的总和，有着太多只可意会不可言传的特征，具有着非常丰富的生活意义，是人与人之间有效沟通的桥梁，使得人类文明得以积淀和发展。但是，在教育与知识被少数精英垄断的历史条件下，哲学无疑是少数职业哲学家们的事情，他们致力于构建一种独特的、超越日常语言的语言来表达其深奥的哲学思想，于是，哲学的同义语的逻各斯精神（理性至上主义）也就被固定在其表达工具语言上。因此，语言就具有了这样一种功能，即："倒谓功能"在最初，语言只是一种由其表达的东西，结果反过来，语言却成为一种表达他自己的东西。"西方语言的这种倒谓功能在哲学上产生了一种神奇的魔法"，[①] 西方的诸多哲学家们，也利用语言的这种"倒谓功能"把思想变成了由语言所造就的独立的理性王国。也就是利用语言把本身的思想变成了造就本身的内容。这样就把哲学思想的本身和现实的矛盾就自然而然地转化成了语言和现实理性生活中的矛盾。并且他们开始学会用语言来构建一个属于他们的理性至上的道路。寻求一种能够用语言来表达他们的新的哲学体系。这种体系本身只是属于一种他们特有的逻辑思维的运用，是一种语言"倒谓功能"的成功运用。从此，语言在由具体的表达功能转向了具有抽象化的功能。将哲学变成了一种空洞的、不切实际的特种语言。这种语言性哲学的出现，使得哲学的内容呈现出悖反性、异己性。其发展面临着更为曲折和矛盾的道路，直至最终酿成了一场严重的哲学危机。

启蒙运动和自然科学的革命性进展使得西方哲学陷入思想枯竭的困境，即面临着即将失去自身研究对象的危机。并且，由于西方哲学家们固守于以前的语言的"倒谓功能"，哲学本身又禁锢着哲学语言的发展，使得哲学在与现实的联系难以恰当融合。其存在的合理性以及合法性都遭到了人们的普遍质疑。尽管哲学家们想方设法地去摆脱这样的现状，以拯救出现的危机。但是，无论用何种方法都难以根治这种危机。于是，他们开始追本溯源，不约而同地将其问题根本归结到语言本身，试图在对语言的变革中根除哲学顽疾。现代逻辑的成功给哲学家巨大的鼓舞，一些哲学家从现代逻辑的成功找到哲学的出路，开始对语言的意义进行研究，确定哲学新的研究对象，开拓出新的哲学领域，开始现代哲学的"语言转向"。

在西方现代哲学家看来，语言不再是仅仅只作为对哲学表达的一种起着桥梁作用的工具而已，更重要的是，他们已经开始了对语言在哲学中所起的作用再次定位。在语言的"倒谓功能"中，对哲学的影响到底有多大，已经成为他们不得不面对的一个根本性问题。在探讨中，他们意识到了，语言应当在哲学思维运作过程中代替哲学问题，而成为语言问题。语言问题应当是所有哲学问题的根本所在，语言和思维之间具有不可或缺的紧密联系。这就是语言学转向的基本原因。"语言转向"被称为 20 世纪

---

① 阳小华：《西方哲学中语言学转向的哲学渊源演变》，《外语学刊》2005 年第 3 期。

西方哲学中的一场“哥白尼式的革命”。[①]它的根本特征是对语言的关注，而对语言的关注的具体表现是对语言进行分析。哲学家们重新规定了哲学的性质和哲学研究的基本方法，他们大都认为，哲学问题经过分析都可以化为语言逻辑问题，通过对语言表达式的逻辑分析可以达到对思维活动的哲学解释。罗素认为，“一个真正的哲学问题，经过分析，都可以转化为一个逻辑问题”。[②] 就是在这样的时代背景下，维特根斯坦走进哲学。

（二）维特根斯坦走进哲学的理论起点

1. 维特根斯坦哲学、逻辑思想的理论起点。

1903 年到 1906 年，路德维希·维特根斯坦在奥地利北部的林兹实业学校读书（与希特勒同岁同校），学的是工程技术。这段时期，维特根斯坦对哲学和宗教问题进行很多思考，并阅读了卡尔·克劳斯（Karl Kraus）的著作，卡尔·克劳斯的一句话“提高你自己，这是你对提高社会所能做的一切”深刻地影响了维特根斯坦。他还读了叔本华（Arthur Schopenhauer）的著作《作为意志和表象的世界》（*The World as Will and Representation*），深受叔本华的唯我论形而上学道德观的影响。叔本华认为，一个人的内部世界要比外部世界重要得多，一个强大的道德意志可以战胜任何外来的力量。这个观点鼓舞了他，对他后来的人生与哲学思考都产生了重要影响。维特根斯坦还读过当时的怪才奥托·魏格宁（Otto Weininger）的著作，认同其“唯一值得去过的生活是精神生活”观点，终身铭记并实践其一句话“逻辑和伦理从根本上是同一个东西，它们无非是对自己的职责”。

1906 年 10 月到 1908 年 5 月，维特根斯坦在柏林一所高等技术学校学习机械工程。秋季，他登记为曼彻斯特大学工程系的研究生。其间，他阅读过贝特兰·罗素（Bertrand Russell）的《数学原理》（*The Principles of Mathematics*），完全沉浸在罗素的数理逻辑体系中，惊叹罗素将庞大的数学大厦可靠地建立在几条逻辑原理地基上，使数学和整个知识体系确定无疑。维特根斯坦还对罗素在《数学原理》书本中提出的进一步解决逻辑

---

① 徐友渔：《“哥白尼式”的革命——哲学中的语言转向》，上海三联书店 1994 年版，“序言”。

② ［英］罗素：《我们关于外部世界的知识》，上海译文出版社 1995 年版。

悖论（罗素悖论）的呼吁给予了积极响应，提出了自己的解答方案并托人转交给罗素。

维特根斯坦曾经深入阅读了弗雷格的《算术的基础》。1911 年暑假，维特根斯坦去耶拿拜访弗雷格（Gottlob Frege），讨论了很多哲学和逻辑问题，但当谈到他的逻辑系统的结局，弗雷格变得很沮丧，但是鼓励建议维特根斯坦去剑桥大学向罗素请教数理逻辑。当年 10 月 18 日，维特根斯坦叩开了罗素在三一学院的大门，并开始向罗素学习《数理逻辑》课程。维特根斯坦对数理逻辑的学习与掌握之迅速，令罗素惊讶不已，仅仅一个学期，维特根斯坦就充分掌握了罗素所讲的数理逻辑，维特根斯坦自己的探索已经指向了罗素在《数学原理》结尾留下的问题“什么是逻辑”。这令罗素十分欣慰，认为维特根斯坦的出现是他生命中的重要事件，甚至把维特根斯坦认定为自己要找的事业接班人。深厚的数理逻辑功底，以及罗素的栽培，改变了维特根斯坦的人生发展方向。

最初在听罗素的逻辑学课时，维特根斯坦就酝酿了这样极端的观点：“世界上除了所断定的命题，什么都不存在。”维特根斯坦认为，世界是由什么构成的问题应该由理性和逻辑解决，而不是由视觉经验来解决。后来，他得出结论：通过理性和逻辑的眼光所抓住的是事实而不是事物，表达出来的是命题而不是名称，这是他前期哲学思想的主导理念，对后来他提出“命题是描述实在的图像”（即“语言图像论”）有直接铺垫性的作用。

2. 维特根斯坦“不可言说”的神秘之物观念的渊源。

维特根斯坦的哲学思想形成还受尼采和叔本华思想的影响。如前所述，叔本华《作为意志和表象的世界》的唯我论形而上学道德观对维特根斯坦产生深远的影响。普遍认为，维特根斯坦的“不可言说的”神秘东西，以及他的“唯我论”都是受叔本华影响的。

而维特根斯坦的“不可言说”的神秘之物观念，还与他的宗教观念有关。最初，维特根斯坦对宗教是抱轻蔑态度的。1911 年年初，他在奥地利观看了歌剧，其中一个角色所说的话，“不管世界上发生了什么事，都不会有厄运降临他的头上，因为他独立于命运与环境”，深深感染了维特根斯坦，第一次感到宗教的可能性。1911—1922 年，维特根斯坦读了威廉·詹姆士（William James）的《宗教经验种种》（*The Varieties of Religious Experience*），开始放弃对宗教的厌恶情绪，重新认定了宗教经验和宗教力量。恰好此时（1912 年初）罗素也表现出宗教情怀，这就使得维特根斯坦与罗素有了更多共识，奠定了以后维特根斯坦的“神秘之物”观念。1914 年 7 月 28 日，维特根斯坦参加了奥地利军队，1918 年 11 月成为意大利的俘虏（1919 年 8 月 21 日才获得释放）。在军队期间，维特根斯坦阅读了托尔斯泰的《福音书简介》，深受影响，如久旱逢甘霖般地接受了托尔斯泰福音书的观点，改变了对基督教的厌恶态度，成为基督教的信仰者，将宗教信仰与哲学研究结合起来，奠定了前期思想的基本框架，奠定了终身生活与思考的基调。

维特根斯坦的宗教情结与他的哲学思考密切相关。战争激发了维特根斯坦的野性，生命的激情与性的欲望恶魔般地困扰着他，为了制服这个恶魔，维特根斯坦主要投身于哲学思考。哲学思考需要内心平静。宗教信仰使维特根斯坦逐渐恢复了平静，使他又能重新思考哲学问题了，并得出了后来表述为“语言图像论”的基本思想：命题是描述实在的图像。之后，维特根斯坦沿着“图像论”观点思考逻辑问题，得出“逻辑描画理论”，认为命题也逻辑地描画世界，就像肖像或图画起描画作用一样。

在逻辑思考间隙，维特根斯坦阅读了八卷本的尼采（Friedrich Nietzsche）选集。尼采是反基督教的能手。维特根斯坦阅读了尼采的名篇《反基督》，对宗教保持了清醒的头脑，并接受了尼采的观点：基督的、宗教的生活本质上不应是一种信仰，而应是一种实践。但是，维特根斯坦没有放弃对基督教的信仰，认为“基督教的确是通向幸福的唯一确当道路”,[①]“不是因为它许诺了未来生活，而是因为，它以基督的言语和形象，提供了学习忍受苦难的一种范例、一种态度”。[②]

（三）维特根斯坦哲学的目的和任务

维特根斯坦是推动西方哲学“语言转向”的关键人物。在维特根斯坦看来，传统哲学问题是由于误解了语言而产生的，所以他以语言为切入点，基于熟练的数理逻辑方法，对语言进行精刻细致的分析，以此来探究哲学问题的症结及消解哲学问题的途径。语言批判贯穿于维特根斯坦哲学发展的全过程。

---

① ［奥］维特根斯坦：《哲学研究》，李步楼译，商务印书馆 1996 年版，第 122 页。

② 同上书，第 123 页。

在维特根斯坦看来，由于误解了语言的用法和意义而产生的哲学问题，通过分析都可以归结为语言的逻辑问题。他在《逻辑哲学论》中说："这本书讨论哲学问题，并且表明，——我相信——这些问题之所以提出，乃是基于对我们语言逻辑的误解。"[①]他对哲学的界定颇具新意，认为哲学乃是"一种澄清语言意义和用法的活动"。[②]

日常语言具有模糊性与不精确性特点，容易导致歧义，使得人们不可能直接从日常语言中理解语言的逻辑。这里的"语言的逻辑"指语言的逻辑结构和逻辑形式，而不是语言的表面语法结构。在维特根斯坦看来，语言的表面语法结构并不等于语言的内在逻辑结构，正是因为人们没有区分语言的语法结构和语言的逻辑结构，误以为语言的表面语法结构就是语言的逻辑结构，从而导致语言经常被误用，尤其是当人们进行哲学探讨的时候，这种误用极易引起各种各样的哲学混乱。所以，为了不使命题的表面语法结构与命题的逻辑结构相混淆，需要借助现代逻辑的方法来对语言（命题）进行逻辑分析，通过对语言的逻辑分析来发掘哲学问题的症结所在。日常语言的语法规则规定了哪些语词组合是允许的，哪些是不允许的。但是，日常语言的语法并不能完全消除无意义的语词组合。例如，"苹果是偶数"，这个语词组合并不违反日常语言的语法规则，它具有与"苹果是水果"相同的语法结构，但它却是无意义的命题。日常语言在语法和语义上的不严密，导致大量无意义的命题产生。维特根斯坦说："在日常语言中经常碰到同一个词有着不同的标示方式，因而属于不同的符号，或者有着不同标示方式的两个词以表面上相似的方式应用于命题之中。"[③]"这样就容易发生最根本的混淆（整个哲学充满着这类混淆）。"[④]日常语言极易引起的哲学误解、混淆主要存在于两个层面：一是语义层面的混淆，同一个语词在命题中有不同的表示实在的方式，具有不同的意义、属于不同的符号，把它们作为相同的符号使用就会产生混淆。"是"（is）这个词既可作为系动词、相等记号，又可用来表达存在。如在语句"这是红色的"中，"是"是作为系动词使用的；在语句"晨星是金星"

① ［奥］维特根斯坦：《逻辑哲学论》，贺绍甲译，商务印书馆1996年版，前言。

② 同上。

③ 同上书，第37页。

④ 同上。

中，“是”是相等记号，表示某种同一关系，即晨星和金星指称同一对象。语词“是”在不同的语句关联中具有不同的意义，因而是不同的符号，如果把它们当作相同的符号运用于命题中便会引起哲学误解与混淆。二是语法层面的混淆，两个语词具有不同标示实在的方式，日常语言却允许它们以表面相似的形式在命题中使用。如把“同一的”作为形容词运用于命题中，在命题“苏格拉底是同一的”和“苏格拉底是聪明的”中，“同一的”和“聪明的”都是形容词，都表达了主语所表达的事物具有某种属性，它们似乎具有相同的标示实在的方式。然而事实并非如此。由于我们没有给予“同一的”这个词以任何形容词的指谓，因而“苏格拉底是同一的”这个命题是无意义的。“关于哲学问题所写的大多数命题和问题，不是假的而是无意义的。因此我们根本不能回答这类问题，而只能确定它们的无意义性。哲学家们的大多数命题和问题，都是因为我们不懂得我们语言的逻辑而产生的。（它们都是像‘善是否比美更为同一或者更不同一’之类的问题。）因而用不着奇怪，一些最深刻的问题实际上却根本不是问题。”①

在维特根斯坦看来，哲学问题和哲学命题都是由语词意义和语法规则的混乱引起的，这些问题本身根本不是问题，人们不能回答这样的问题，只能指出它们的无意义性，这样，对哲学问题的批判就转向了对语言的批判。维特根斯坦通过这种“语言批判”，把传统哲学问题看作根本不存在，从而把哲学问题消解了。当时，年轻气盛的维特根斯坦颇为自负地认为，他一劳永逸地解决了所有的哲学问题，他自己也“金盆洗手”，一度从哲学界销声匿迹了。

然而，若干年之后，维特根斯坦终于清醒地认识到：他对语言所进行的逻辑分析，并没能帮助解决传统哲学问题，反而使他陷入了更深的困境。于是他放弃了对语言的逻辑分析，转而求助于日常语言，从具体的语言活动中来研究语言的意义。在维特根斯坦看来，只要遵循日常语言的用法规则，在实际生活形式中研究语言的意义，就可以走出语言的迷宫，从而治愈哲学“疾病”。

就这样，从对日常语言的否定出发，又回到了日常语言。个中包含怎样的曲折与思考？究竟具有什么样的伟大意义？

---

① ［奥］维特根斯坦：《逻辑哲学论》，贺绍甲译，商务印书馆1996年版，第41页。

二 前期维氏哲学的语形学思想及其反形而上学性

一般而言，维特根斯坦哲学思想分为前期、中期与后期。前期是指从1911年师从罗素到1920年《逻辑哲学论》正式完成这段时间；1920—1926年，他隐居奥地利南部的山村做小学教员，完全放弃了哲学思考；但是这段时间的亲身实践也对他后来的哲学思想产生了比较重要的影响。尤其是在1929年秋天至1936年这段时间，他从奥地利做教员返回剑桥后并开始完成他的代表作《哲学研究》。这段时期，我们一般认为是中期。也是他的转折时期。尤为在这段时期内，他不断地思考和形成了他的主要思想，并且也写出了大量的笔记，比如他以后出版的《哲学语法》（1974年版）、《哲学评论》（1975年版）、《蓝色和棕色笔记本》（1958年版）以及三本讲座笔记《维特根斯坦1930—1933年讲座笔记》（1959年版）、《维特根斯坦1930—1932年剑桥讲座笔记》（1980年版）、《维特根斯坦1932—1935年剑桥讲座笔记》（1979年版），等。此外还有十卷手稿和近800页的大打印稿（Big Typescript）等。从这些著作中，我们可以明显地看出维特根斯坦开始放弃了他以前的一些基本观点，改变了他对各种问题的前期思想和看法。后期是指1936年之后到1951年去世这段时间。学界对维特根斯坦前、后期的哲学思想都广为关注，而对中期则关注不够。

（一）世界是由什么组成的?

1. 维特根斯坦之前的哲学家对世界“本体”的探讨。

世界是由什么组成的，这个问题是传统哲学十分关注的本体论问题。早期自然哲学家曾对“始基”（即“本体”）提出种种设想，是早期人类从神话思维向哲学思维飞跃的关键环节。作为一个哲学学科的“本体论”是从柏拉图和亚里士多德才开始形成的。柏拉图的《巴曼尼德斯篇》代表西方本体论的萌芽。而把本体论建设为一门学科，使之成为形而上学中最重要的组成部分，则是亚里士多德的功劳。在《物理学》《范畴篇》《工具篇》等论著中，亚里士多德建立起他的本体论思想，在《形而上学》中使这些思想系统化，形成了本体论学说。亚里士多德还提出了“第一哲学”的概念，界定了哲学与具体科学的关系，认为哲学是整体之学、本体之学，而科学则是部分之学、现象之学。哲学研究的目的，是“寻求各种最初的根源和最高的原因”（“第一因”），因此哲学是明因之学。这样，亚里士多德就把本体论研究上升到了学科的高度。

中世纪哲学家把“存在”理解为“上帝”，关于本体论问题的探讨就自然成了关于上帝存在的证明。经院哲学关于“实在论”与“唯名论”的争论，焦点是“一般”或“共相”的实在性问题，这一问题上承柏拉图的理念论和亚里士多德的实体说，下启近代哲学对本体论问题的探索，因此具有本体论的意义。近现代哲学中，按照本体论的方式去探讨存在论问题的取向，特别是继续把它作为一种哲学观念和哲学形态来看待的局面，并未根本改变。休谟和康德的深度批判与诘难，才使传统本体论成为“存疑”的问题。康德之后，黑格尔通过“绝对精神”恢复了本体论哲学的基本信念。休谟和康德对本体论问题的责难为现代西方哲学开辟了道路，而黑格尔哲学则成为必须克服的障碍。现代西方哲学的诸多流派，都把传统“本体论”看作是形而上学问题而加以攻击和批判。

马克思完全抛弃以往哲学家热衷于“本体论”探讨的作风，把哲学的“阿基米德点”建立在现实的人的“交往实践”活动之上。马克思从人的最基本的实践活动——生产劳动出发，把物质内化到人的劳动过程的要素中去理解的，认为劳动不仅使自然物质变得对人有用，而且是对自然的占有，因为“一切生产都是个人在一定社会形式中并借这种社会形式而进行的对自然的占有”。

2. 前期维特根斯坦的“逻辑本体论”。

关于“世界是由什么组成的”这个本体论问题，历来哲学家们都认为世界是事物（或实体）的总体且有稳定的结构。维特根斯坦却一反传统，提出截然不同的观点，认为“世界是事实的总和”，而且创造性地从语言问题的角度去思考本体论问题。认为语言能够描述和绘画整个世界，语言是和世界之间有着逻辑上的同构关系的。因此这个命题所说的是语言所表达的那些事实的图像。这个关于语言与世界关系的基本观点被称作“语言图像论”，是《逻辑哲学论》的核心理论，也是维特根斯坦前期哲学思想的标志。

在《逻辑哲学论》中，维特根斯坦表达了这样一个观点：事态是对象的结合；事实是存在的事态的复合；世界是事实的总体。他把世界看作是逻辑空间中的诸多事实的总体，而逻辑空间中的事实则是组成世界的基本要素。维特根斯坦通过对对象、事态、事实、逻辑空间等概念的阐述来分析世界的逻辑结构，还论述了这些概念之间的关系：事态是对象的组合；事实是存在的事态的复合；世界是事实的总体。

第一，事态是对象的组合。对象是简单的、不可再进一步加以分析。对象的本质在于它能够成为事态的组成部分。不同的对象以一定的配置方式结合起来，就构成事态。简单对象是不变的，它们像链条的各环节一样，环环相扣，构成事态。对象的配置则是可变的与不定的，不同对象相同配置、相同对象不同配置，都是构成事态的不同路径。

第二，事实是存在的事态的复合。简单对象以一定方式相互结合就构成事态。事态之间是相互独立的；不同事态之间不存在因某种联系而产生的推导关系；从一个事态的存在或不存在并不能推出另一个事态的存在或不存在。事态有两种不同的存在方式：存在与不存在。“发生的事情，即事实，就是诸事态的存在。”①不同的事态相互独立，它们既不相互雷同也不相互排斥，所有存在的事态总体构成事实的总体，因而，事实与事实之间也是彼此独立的。

第三，世界是事实的总体。“世界是事实的总体，而不是事物的总体。”②在维特根斯坦看来，世界是各自独立存在的事态即独立的事实的复合体，所有存在的事态共同构成世界，事实是组成世界的基本要素。事态是对象以一定的方式相互关联而构成的，对象在事态中发生联系的方式就是事态的结构。由于事实是存在的事态的复合，所以事实的结构是由复合成事实的不同事态的结构共同构成。既然世界是存在的事态的复合体，世界的结构就由不同的事实的结构共同构成。维特根斯坦在谈论“世界”时引入了“逻辑空间”这一概念，他说：“逻辑空间中的诸事实就是世界。”③由此可知，逻辑世界比现实世界范围要大，世界是逻辑空间的一个组成部分，世界的结构也是世界的逻辑结构。

维特根斯坦把世界和世界的组成部分都看成是有结构的，是出于构造“语言图像论”的需要。因为只有有意义的命题才能成为实在的图像，命题要有意义就必须符合逻辑句法，遵从一定的逻辑句法构造出来，作为命

---

① ［奥］维特根斯坦：《逻辑哲学论》，贺绍甲译，商务印书馆 1996 年版，第 25 页。

② 同上。

③ 同上。

题总和的语言要完全地描述世界，必然要求世界和构成世界的基本要素也是构造性的。

（二）前期维特根斯坦关于语言的逻辑结构

维特根斯坦《逻辑哲学论》的中心任务是为思想画一个界限，确定什么是可思的，什么是不可思的。鉴于语言是用来表达思想的，语言是思想的载体，所以维特根斯坦通过确定语言的界限——可说的与不可说的界限——进而确定思想的界限的。关于语言的逻辑结构，《逻辑哲学论》通过阐述名称、基本命题、命题、真值函项等概念，以及这些概念之间的关系，如基本命题是名称的一种联联、命题是基本命题的真值函项、语言是命题的总体等来分析语言的逻辑结构。由于基本命题在语言中的作用，相当于事态在世界中的作用，因此，对基本命题的分析成为维特根斯坦语言分析的着重点。

第一，基本命题是名称的一种关联。名称是一种初始记号，不可用定义来作任何进一步的分析。名称代表对象。构成命题的名称和构成世界的对象之间，具有一一对应的关系。名称只有在命题中才有确定的指谓，从而无歧义的代表某个对象，保证命题成为实在的图像，保证命题有确定的意义。“最简单的命题，即基本命题，断言一个事态的存在。”① “基本命题由名称组成，它是名称的一种关联，一种联结。”②维特根斯坦关于基本命题的论述同他关于事态的论述是相对应的，他以链条的各环节之间的独特结合方式，来直观的说明对象彼此环环相扣结合在一起形成事态。一条链子的各环节之间是一环套一环而相互衔接的，两个环节之间的衔接不需要中介，这就表明在事态中对象与对象的结合不需要借助一个外在的媒介，对象与对象的直接结合构成事态。在命题中名称代表对象，因而名称和名称在命题中的结合方式与对象和对象在事态中的结合方式相同。由于基本命题是名称的一种联结，名称和名称的结合不需要外在的中介，所以名称与名称的直接结合构成基本命题，名称是组成基本命题的最基本要素。基本命题是有结构的，它是由名称直接构成的；名称在逻辑上是简单的、不可再分的。

① ［奥］维特根斯坦：《逻辑哲学论》，贺绍甲译，商务印书馆1996年版，第54页。

② 同上。

基本命题是最简单的命题，断言一个事态的存在，没有任何其他的基本命题与它相矛盾；基本命题的真值可能性与事态的存在和不存在的可能性有关，如果一个基本命题为真，它断言的事态就存在，如果一个基本命题为假，它断言的事态就不存在。理解基本命题是理解命题的基础，命题对语一言图像论至关重要，它是语言图像论的支柱，基本命题又是理解命题的关键，所以出于逻辑构造的理由必须假定有基本命题，“逻辑的应用决定有什么样的基本命题”。[①]“逻辑的应用”就是对命题进行分析从而得到基本命题。

第二，命题是基本命题的真值函项。基本命题是构成命题的最小单位，命题是基本命题通过真值联结词联结起来的，维特根斯坦把基本命题通过逻辑联结词组成命题的过程叫做真值运算，真值运算是从基本命题产生真值函项的方法，所有命题都是对基本命题进行真值运算的结果。所以，命题是我们借助逻辑联结词由基本命题合乎逻辑的构造出来的。

另外，基本命题不仅是构成命题的基本要素，而且决定命题的性质，命题的真值条件是由组成它的各基本命题的真值条件决定的。由于每个基本命题都有 2 种真值可能性——真和假，如果一个命题是由 n 个基本命题通过逻辑联结词组合而成的，那么它就有 Ln 种真值可能性。

怎样才能理解一个命题呢？维特根斯坦认为：“理解一个命题的组成部分也就理解这个命题。”[②]“命题不是词的混合—（就像音乐的主旋律不是音调的混合一样。）命题是可以有节奏的说出的。”[③]音乐的主旋律不是音调的混合，它是音调以特定的方式组合起来的，有一定的节奏。维特根斯坦把命题比作音乐的主旋律，把语词比作音调，来说明命题是语词按特定的方式组合起来的，不是语词的杂乱无章的混合，命题是语词按一定的方式组合起来的，这就使对命题进行分析成为可能。命题可以通过逻辑分析分解为它的组成部分，命题有一个而且只有一个完全的分析，我们可以把命题分析为其组成部分——基本命题，理解基本命题是理解命题的基础，所以我们可以通过理解命题的组成部分——基本命题来理解命题。

---

① ［奥］维特根斯坦：《逻辑哲学论》，贺绍甲译，商务印书馆 1996 年版，第 84 页。

② 同上书，第 44 页。

③ 同上书，第 32 页。

第三，语言是命题的总体。维特根斯坦认为："命题的总体即是语言。"①这就是说，语言的基本单位是命题，把命题作为语言的基本单位，体现了维特根斯坦的一种整体论倾向。命题是语言运用的基本单位，但它并不是语言中不可分析的终极物，而是有结构的、可分析的，它可以分析为由名称直接构成的基本命题。在维特根斯坦的"理想语言"中，只有名称没有谓词符号，名称之间的各种排列组合关系表明谓词符号所要表达的关系，名称与名称的直接结合构成基本命题，我们不能由此认为名称是语言的最基本单位，孤立的名称是不能表达任何确定的意义，名称只有在命题中才有相对确定的意义。所以，我们对语言的把握不能归结为对单个语词的把握，语词只有在命题中才能获得理解，只有掌握了语词与语词的各种组合——命题，我们才能把握语言。

《逻辑哲学论》中所谈论的"语言"不同于我们的日常语言，也不是随意构造的。"语言"指称简单对象、描述一切事态及其逻辑组合关系，是一种遵从逻辑语法（句法）并且能够排除日常语言歧义性的语言。这种语言在一定意义上可以说是一种"理想语言"。在《逻辑哲学论》中，维特根斯坦只是指出他心中的理想语言应该是什么样子的，但没有说过它实际是什么样子的。维特根斯坦认为："日常语言是人的机体的一部分，而且也像机体那样复杂。人不可能直接从日常语言中懂得语言逻辑。"②所以我们容易受到日常语言表面语法结构的迷惑，引起各种各样的哲学误解，并导致各种无意义的命题。因此，为了避免日常语言的种种缺陷，我们需要构造"理想语言"，这种语言是对日常语言改进后得到的，它不是纯粹构造出来的，也不是对日常语言的全盘否定。

（三）前期维特根斯坦论命题与实在的关系

命题与实在的关系，是维特根斯坦"语言图像论"的核心。

第一，命题结构与事实结构的同一。名称代表对象是维特根斯坦构建语言图像论的基石。维特根斯坦认为对象是简单的、不可再分的东西，名称也是简单记号，他强调名称和对象的简单性是保证对象在事态中、名称在基本命题中成为不可再分的要素，保证二者一一对应，使名称成为对象

---

① ［奥］维特根斯坦：《逻辑哲学论》，贺绍甲译，商务印书馆 1996 年版，第 41 页。

② 同上。

的合法代表。在事态中，对象与对象是直接联结在一起的，没有任何中间联结物；在基本命题中，名称与名称也是直接联结在一起的，没有任何谓词联结词。这表明事实中的成分与命题中的成分在数量上是相等的，它们的排列方式也是相同的，这就意味着命题与事实具有相同的结构，这里“相同的结构”是指命题与事实的构成方式相同，它们具有相同的逻辑结构，而不是指它们的构成成分相同。正是这种结构的同一性，才使命题成为事实的图像。

第二，命题是实在的图像。维特根斯坦在《逻辑哲学论》中写道：“命题是实在的图像。命题是我们所想象的实在的模型。”① “乍看起来，一个命题——例如印在纸上的某个命题——不像是它所论及的实在的一个图像。但是书写的音符乍看起来也不像是一首乐曲的图像，我们的声音记号（字母）也不像是我们口语的图像。然而，即使在通常的意义下，这些一记号语言也证明是它们所表现的东西的图像。”②维特根斯坦认为命题与实在的关系，就像音符与乐曲、声音一记号（字母）与口语的关系一样，是一种图像关系，命题是它所表现的实在的图像。

命题是实在的图像，这里的“命题”是指有意义的命题。维特根斯坦认为：“只有当一个命题是合乎逻辑地组合起来的才是一个情况地图像。”③ “在一个命题和它所表述的情况中，应该恰好具有同样多的可以区分开来的部分。”④根据维特根斯坦的理论，命题具有意义必须符合两个要求：第一，逻辑句法要求，即命题的形式符合逻辑句法。命题都必须符合逻辑句法，符合逻辑的构造规则。只有符合逻辑句法，才能构成命题，同时命题只有符合逻辑句法，才有可能成为有意义的命题。第二，语义要求，即名称在命题中代表对象，命题的构成成分与事实的构成要素一一对应。维特根斯坦说：“每一个可能的命题都是合法则地构造的，而且，如果它没有意义，那只能是因为我们未能给予它的某些组成部分以指谓。因此，‘苏格拉底是同一的’之所以什么也没有说，是由于我们没有给予‘同一的’这个词以任何形容词的指谓。”⑤因而命题符合逻辑句法，它使

① ［奥］维特根斯坦：《逻辑哲学论》，贺绍甲译，商务印书馆 1996 年版，第 42 页。

② 同上。

③ 同上书，第 44 页。

④ 同上书，第 45 页。

⑤ 同上书，第 75 页。

命题具有意义成为一种可能，命题意义的真正实现必须要求命题中的名称代表相应的对象，只有保证命题中的名称与事实中的对象一一对应，命题才能有意义，才能描述事实从而成为事实的图像。

命题意义的句法要求和语义要求是互相联系、不可分割的，缺少其中任何一个要求都不能说明命题的意义。根据维特根斯坦的命题意义标准，命题可以分为三种：有意义的命题、缺少意义的命题和无意义的命题。只有有意义的命题能够描述事实从而成为事实的图像，缺少意义的命题和无意义的命题都不能描述事实，不能成为事实的图像。

有意义的命题通过成为实在的图像来描述它所图示的实在，重言式和矛盾式是缺少意义的命题，它们不表述任何可能的情况，它们不是实在的图像。重言式把整个无限的逻辑空间都留给实在；矛盾式则占满了全部逻辑空间，一点也没有留给实在，重言式和矛盾式显示它们什么也没有说，二者都不以任何方式规定实在。重一言式和矛盾式是记号结合的极限情况：记号结合的解体。重言式容许记号的一切组合，矛盾式则排除记号的一切组合，它们都不是合乎逻辑的一记号的结合。合乎逻辑的命题记号的结合，有对象的一定的结合与它们相对应，对于每一种情况都为真或假的命题是记号的不合乎逻辑的结合，没有对象的结合与之相对应，所以重言式和矛盾式根本不可能是记号的结合。“重言式和矛盾式不是无意义的。它们是符号系统的一部分”。[①]它们是我们进行逻辑推理必不可少的，它们不仅向我们显示了命题之间存在的推理关系，而且向我们显示了语言为描述世界而必须与之共同具有的逻辑属性。

维特根斯坦断言：“逻辑命题是重言式。”[②]“因此，逻辑命题什么也没有说。(它们是分析命题)”[③]逻辑命题不是记号的合乎逻辑的结合，没有对象的结合与之相对应，因而也不是实在的图像，它们对实在没有任何规定和陈述，它们什么也没有说。逻辑命题的真不是由它所描述的经验事实决定的，而是由逻辑的必然性决定的，这种必然性来自逻辑常项的意义和逻辑推论的格式，即逻辑命题仅仅从符号通过一定的逻辑演算规则就能判断其为真。

---

① [奥] 维特根斯坦：《逻辑哲学论》，贺绍甲译，商务印书馆 1996 年版，第 59 页。

② 同上书，第 88 页。

③ 同上。

在维特根斯坦看来，逻辑命题和数学命题不是实在的图像，不涉及事实，由此我们可以说逻辑命题和数学命题是无意义的，是不可说的。这样一来，逻辑、数学和“形而上学”就没有什么分别了，因为“界限”划分的只有两边而无中间余地，可是，维特根斯坦并不完全接受这样的结论。在他看来，把逻辑、数学与形而上学同等看待是在贬低逻辑和数学，而贬低逻辑和数学则不利于他利用现代逻辑的方法去改造传统哲学，所以他把逻辑命题和数学命题归于缺少意义的但又不是无意义的命题，认为它们是符号系统的非常重要的一部分。

（四）对“语言图像论”的评析

维特根斯坦前期哲学的目的在于对语言进行逻辑分析来把握语言的本质，解决语言如何能够描述世界、世界如何能够被语言描述这个难题。这也正是他的“语言图像论”的重要内容。名称代表对象是“语言图像论”得以构建的基石，维特根斯坦正是在这一假定的基础上在语言和世界之间建立起一种关系：语言和世界具有相同的逻辑结构，也即命题与事实具有相同的逻辑形式，我们通过分析语言就可以揭示世界的逻辑结构。然而，语言中有相当大一部分词汇，它们既不是事物的名称，也不与事物构成一一对应关系。这样“语言图像论”就陷入了某种困境，具体表现在两个方面：一是语言图像论本身的困难；二是理想语言的困难。

在命题中，名称代表着对象，这是维特根斯坦构建其“语言图像论”的先决条件。只有从根本上确保名称和对象的绝对简单性，并确定它们之间一一对应的关系，才能确保命题的确定性，从而描述实在成为实在的图像。在图像论中，对象对于名称或者命题来讲，是一种尚未确定的逻辑对象，仅仅是一种逻辑假设、一种逻辑上的对象。描述世界的整体图像就是由这种假定的逻辑对象所构成。

然而，这一假定也许并不见得有助于实现他的目标，因为语言中有相当大的一部分词汇，它们既不是事物的名称，也不与具体事物构成一一对应的关系。因为这种将语词的意义和被指称对象等同的观点，类似于把货币的作用限于仅仅能够购买商品一样。实际上，和货币一样，语言具有多种多样的功能。在语言的多种多样的功能发挥过程中，企图把语言的功能局限为唯一的描述功能，就像将货币的功能仅仅归结为购买功能一样，实在是荒唐可笑之至。因此，在名称代表对象基础上建立的命题与实在之间的图像关系，也就失去存在的可靠基础。这样，图像论就失去了它得以构建的客观依据。此外，名称和对象到底是什么关系？作为简单记号的名称是如何得到的？这些问题都难以在《逻辑哲学论》中找到确切的答案。所以，从构建的角度看，语言图像论本身就存在着困难。

从路径上看，维特根斯坦在《逻辑哲学论》中所描述的“语言图像论”，实际上是从语言的日常性走向语言的理想性。维特根斯坦的早期哲学通过描述语言和语言结构来描述整个世界，力图通过语言的描述、命题的真值演算，把世界精确地“图示”出来。“图像论”中用于描述的语言，实际上是一种以理想语言为导向的逻辑语言，是一种指称简单对象和描述一切事态及其逻辑组合关系的语言。它遵从逻辑语法，并且能够排除日常语言的歧义性，因此在一定意义上可以说是一种“理想语言”。但是，这种语言终究不同于灵活生动的日常语言，无法真正达到直指对象，使语言与对象相互交流的效果，不能实现语言扩展与延伸。维特根斯坦也逐渐意识到，他用来描述世界的语言是存在局限性的。在《逻辑哲学论》中，他采用逻辑分析的方法来规定语言的结构、意义和使用范围，但是没有探索逻辑的产生根源和运用范围。语言、思想和世界三者之间为什么必须具有先天的逻辑同构性？为什么逻辑符号能展示世界的逻辑结构？通过对这些问题的追问，维特根斯坦发现，逻辑形式和结构不是脱离日常生活和日常语言的先天存在，而是扎根于日常生活中的。没有语言的运用，就不会有逻辑的产生。正是在对“语言图像论”进行自我批判的基础上，维特根斯坦逐步实现其哲学的转向。

三 后期维氏哲学的语用学思想及其反形而上学性

《逻辑哲学论》的初衷是要取消哲学问题产生的根源，试图以“语言图像论”为基础，通过对语言进行逻辑分析来解决传统哲学问题。但它并没有能解决传统哲学问题，而且其本身却成了产生一些无法解决的新的哲学问题的一个源泉。维特根斯坦认为对语言的作用和意义的误解是传统哲学错误的根源，当他认识到他自己也没能摆脱对语言的误解之后，不得不承认他的《逻辑哲学论》也没有摆脱传统形而上学的困境。因此，他放弃逻辑分析的方法和“语言图像论”，转向了“语言游戏说”。

（一）思想转变的原因

第一，维特根斯坦的教学经历使他朦胧地意识到逻辑分析方法和日常语言用法之间的矛盾。1920—1926 年，维特根斯坦在小学当教师，他的这一段生活经历促进了其哲学思想的转变，“他后期强调语言训练在语言意义的理解上的作用，就与这小学教学密切相关。从这种语言启蒙教育中，维特根斯坦积累了从事哲学思考的第一手资料，也帮助发现了哲学问题的根源。”①在教学过程中，他的教学实践与哲学信念之间产生了矛盾，这使他逐渐认识到，语言符号并非都是组合在命题中的，它们也可以组合成有意义的语言单位，但却不描述事实，描述只是语言的一种功能，只是语言多种用法中的一种，逻辑分析只限于命题，只涉及了语言的一部分功能。

第二，与维也纳学派的交往促进维特根斯坦哲学思想转变。与维也纳学派的交往，不仅深深影响了维也纳学派，而且使维特根斯坦从交往中获得了反思自己思想的机会。维特根斯坦在《逻辑哲学论》中划定了可说的与不可说的界限，并把消除“对我们语言的逻辑的误解”作为全书的主旨。维特根斯坦向维也纳学派成员陈述自己的思想，实际上这种陈述也是站在第三者的立场上来审视和批判他早期的语言观，这种批判是基于维也纳学派对他的早期思想的误解上。维也纳学派的误解是促使维特根斯坦批判自己早期的思想、促进其思想转变的一个影响因素。

第三，荷兰数学家伯罗维（J. Brouwer）和斯拉伐（P. Sraffa）的批评和激励，促进了维特根斯坦哲学思想的转变。伯罗维在一次演讲中尖锐地批评了崇拜逻辑语言和逻辑形式的倾向，他认为日常语言并不比逻辑语言低级，也并不绝对服从逻辑形式所表达的规则，因为日常语言是表达意愿的一种方式，而意愿的传达、表示不是以精确和固定的方式进行的。伯罗维给维特根斯坦的启示是：逻辑形式和逻辑结构不是脱离日常生活和语言的，也不是先天存在的，而是扎根于日常语言中的。在伯罗维的演讲中，维特根斯坦找到了发展自己哲学的新方向，即由语言的特征出发来说明逻辑的性质，然后用逻辑来规定、限制语言的用法。斯拉伐的批评使维特根斯坦认识到逻辑分析的作用是有限的，它所揭示的逻辑结构并不适用于所

---

① 张学广：《维特根斯坦：走出语言的牢笼》，辽海出版社 1999 年版，第 217 页。

有的语言现象。两人的批评使维特根斯坦认识到对日常语言的性质、作用和意义的狭隘见解是他早期哲学的根本缺陷。

（二）“语言游戏说”的提出

在维特根斯坦看来，传统哲学问题是由于对语言的误解而产生的，因而他的哲学主要目的是消除传统哲学对语言的误解，以达到解决传统哲学问题的目的，他选择了奥古斯丁图画作为首要批判目标。在奥古斯丁关于语言本质的图画中，语言中的词语是事物的名称，名称与名称的组合就是句子。这一观点会导致这样的想法：“每个词都有一个意义。这一意义与该词相关联。词所代表的乃是对象。”①在维特根斯坦的“语言图像论”中，语言和世界的对应关系归根到底是简单名称和简单对象（事物）的一一对应关系。奥古斯丁图画所表达的关于语言本质的观点是语言图像论构建的前提。对于一部分词语来说，它们确实是通过对应事物而获得意义的，然而，语言中相当多的词汇，既不是事物的名称，和事物之间也不具有一一对应的关系。维特根斯坦反对把语言本质归结为事物和词汇对应关系的观点，他认为奥古斯丁图画是对语言的一种狭隘见解，很多错误的哲学观点都是由于狭隘地理解语言而产生的，他反对这种狭隘观点的武器就是他的“语言游戏说”。

“语言游戏说”是维特根斯坦后期思想的核心内容，也是他后期哲学观的基础。“语言游戏”其实就是把语言比作游戏。维特根斯坦提出“语言游戏说”的灵感，最初来源于他观看一场足球赛。据说，当他正在思考语言本质的时候，经过一个足球场，看到人们正在兴高采烈地踢足球，他猛然想到：在语言中人们是在用词语进行游戏，词语的意义在语言游戏中体现出来，也即在词语的具体使用中体现出来。维特根斯坦在首创这一概念时并未对之明确地加以定义，而是通过具体的实例揭示出词的意义并非只存在于指示事物的活动中，它也可能表现为比较、计数等活动中。语言之所以有意义，首先是因为它是人们的一项行动。维特根斯坦把由语言和行动（那些与语言交织在一起的行动）所构成的整体叫做“语言游戏”。

在“语言图像论”中，对语言的理解是从逻辑与语言的关系来进行探讨的；而在“语言游戏说”中，对语言的理解必须从日常生活入手来

---

① ［奥］维特根斯坦：《哲学研究》，李步楼译，商务印书馆1996年版，第3页。

加以把握。维特根斯坦指出："'语言游戏'一词的用意在于突出下列这个事实，即语言的述说乃是一种活动，或是一种生活形式的一个部分。"①"语言游戏"这一概念所强调的是语言与日常生活的联系以及在日常生活中语言运用的多样性，要求我们从动态的观点来观察语言的意义。他说："一个词的意义就是它在语一言中的用法。"②这说明一个词语没有固定不变的意义，它在语言中有多少种用法，它就有多少种意义。维特根斯坦关于词语意义的观点看似平常、浅显，但却突破了各种精巧、烦琐的哲学理论，推翻了西方哲学中把词语的意义归结为事物名称的一个渊源久远的传统，也击中了他前期哲学思想的要害。

（三）"语言游戏说"作为反形而上学的语用学武器

第一，语言是没有本质的，只是一种活动而已。自古希腊哲学以来，哲学家们就认为在复杂多变的事物之中存在着共同普遍的本质，并且一直致力于寻求事物的本质，这种寻求事物本质的活动贯穿于整个西方哲学的发展过程之中。维特根斯坦前期哲学也是如此。在《逻辑哲学论》中，他通过对语言的逻辑分析来揭示世界的本质。在后期维特根斯坦看来，正是这种对事物本质的追求才使哲学家患上了"哲学病"，陷入旷日持久的无谓争论之中，犹如苍蝇飞入了"捕蝇瓶"。所以，他后期提出"语言游戏说"，从根本上取消"本质"这类形而上学的问题，其目的就在于引领哲学家们走出长期无法摆脱的困境。

第二，"家族相似"问题。按照传统的观点，人们想当然地认为：所有被称为游戏的活动一定有一个共同的特征，否则，我们不会给它们一个共同的名称。人们通常所理解的"游戏"，一般具有包括娱乐性、竞争性、技巧、运气的重要性等共同特征。但是如果按照维特根斯坦的主张，只要考察一下日常生活中的棋类游戏、纸牌游戏、球类游戏、奥林匹克游戏等，就会发现其中没有哪种所谓的本质特征是为所有游戏所共有的，在它们之间只能看到"一种错综复杂的互相重叠、交叉的相似关系的网络"。它们确实以"错综复杂的重叠、交叉的相似关系"相互联系并因此形成了一个大的"游戏家族"，正如同家族的某些成员在身材、相貌、性

---

① ［奥］维特根斯坦：《哲学研究》，李步楼译，商务印书馆1996年版，第7页。

② 同上书，第31页。

情、步态等方面存在的相似性一样，不同游戏之间也存在着互相重叠交叉的相似性。于是，维特根斯坦把这种相似性称为“家族相似”。维特根斯坦考察游戏的目的在于向人们表明，正类似于游戏活动是五花八门的，语言的用法其实也是多种多样的。维特根斯坦借助于语言与游戏的对比，显示出两者的相似性，表明“语言游戏”之间没有共同的本质特征，只有“家族相似”性，揭示出语言使用的多样性特征。

“语言游戏说”不仅揭示了语言之间的“家族相似”关系，否定了在语言问题上的本质主义观点，而且揭示了语言用法的丰富多样性。“语言游戏”是一种没有共同本质特征的活动，它们只有“家族相似”性，词语的意义只有在具体的语言游戏（词语的使用）中才能体现出来，这样语言就被融入了现实的“生活形式”之中。

第三，“语言游戏”与“生活形式”密切相关。按照维特根斯坦的理解，“语言游戏”就是语言与行为的一种结合，它着重考察人们使用语言的动态活动，强调在语言的实际使用过程中来考察语言的意义。所以，就必须关注与“语言游戏”密切相关的“生活形式”。

维特根斯坦在《哲学研究》中对“生活形式”论及较少，更没有给“生活形式”概念一个明确的界定。尽管如此，我们可以通过他对这一概念的使用来把握与理解：“生活形式就是指在特定的历史背景条件下通行的，以特定历史继承下来的风俗、习惯、制度、传统等为基础的人们思维方式和行为方式的总体或局部。”[①]生活形式是多种多样的，它既可以指整个人类社会或整个部落、民族思想行为的总体，又可以指作为整个人类社会或整个部落、民族之一部分的、相对独立的社会单位——社区和社会群体——的思想和行为的总体或局部。这些或大或小、各种各样的生活方式，其作用是千差万别的；它们之间互相影响、互为前提，相互交织在一起。人们的思想、行为是在其“生活形式”中显现出来的。换言之，人的思想和行为不能超越“生活形式”。人的任何活动都可以从生活形式中找到根源，都以特定的生活形式为依据。语言是人类在社会生产中形成和发展起来的，它是人类生活的组成部分。维特根斯坦说：“语言游戏一词的用意在于突出下列这个事实，即语言的述说乃是一种活动，或者是一种

① 韩林合：《维特根斯坦论“语言游戏”和“生活形式”》，《北京大学学报》（哲社版）1996年第1期。

生活形式的一个部分。”[①]因此，“语言游戏”与“生活形式”密切相关，并且是人们“生活形式”的一个组成部分；“生活形式”是“语言游戏”的基础。“语言游戏”是人们在具体的语言环境中使用语言的一种活动，对语言的理解和把握应在日常生活中去把握。

通过对“语言游戏”和“生活形式”这两个核心概念的分析，可以发现：语言作为人类生活的组成部分，归根结底是一种社会现象；“语言游戏”是我们生活的组成部分，有什么样的生活形式，就会有与之相对应的“语言游戏”。而“语言游戏”意味着语言规则，语言规则是与人们的生活息息相关的。

第四，语言游戏是遵守规则的活动。“语言游戏”是人们在具体的语言环境中使用语言的一种活动，使用语言要遵守一定的规则，因此，语言游戏也应遵守一定的语言规则。这里的“语言规则”指的是语言的各种用法所遵循的规则，它的含义比人们平常所说的语言规则要广泛。在进行语言游戏的过程中，如果没有一定的语言规则，每个人都可以随意使用语言，语言将会变成一种不可理解的现象，利用语言进行交流也不可能实现。

“语言游戏说”不再事先假定语言（语句）具有意义，而是转向对语言具体用法的讨论，注重语言的现实使用，强调语言只有在使用中才获得意义，打破了以往语言研究中的实体论倾向。由于“语言游戏说”强调必须重视和遵守语言的正确用法（游戏规则），反对传统形而上学对本质问题的取向，在一定意义上可以消除和避免哲学中的混乱。

四 维特根斯坦前后期哲学思想之间的关系

（一）维特根斯坦前、后期哲学之间的差别性

维特根斯坦前、后期哲学在诸多方面存在重大差异，主要体现在三个方面：

第一，从前期的逻辑语形、语义分析，到后期的逻辑语用分析。

“语言批判”是贯穿维特根斯坦哲学发展全过程的主线。从他的语言

① ［奥］维特根斯坦：《哲学研究》，李步楼译，商务印书馆1996年版，第17页。

批判方法来看，在前期的核心思想“语言图像论”中，主要采用语形分析和语义分析的方法，去揭示语言和世界的逻辑结构和本质；而在后期的核心思想“语言游戏说”中，语用分析方法则贯穿全过程，是理解维氏关于语言多样性问题思想的钥匙。二者的目的都在于消除哲学因为误用语言而出现的混乱。

在《逻辑哲学论》中，维氏指出，世界是事实的总和，而不是事物的总和。事实共同构成的复合体就是世界，事实是存在的事态（发生的事情），事态是简单对象的直接结合；命题的总和即是语言，命题是基本命题通过真值运算形成的，基本命题是名称的直接结合。语言中的名称与世界中的对象相对应，所以，名称与对象之间是一一对应的关系。在命题与事实、语言与世界之间，存在着一种逻辑上的同构关系；命题是事实的逻辑图像、语言描述世界，这就是“语言图像论”的基本内容。通过“语言图像论”，维特根斯坦在语言与世界之间建立起一种对应关系，换句话来讲就是，语言与世界在逻辑上存在着同构关系。也正是这一点，为运用逻辑方法去分析语言与世界之间的逻辑结构奠定了理论前提。维特根斯坦正是通过对语言结构的逻辑分析，在语言中为我们的思想划了一个界限，并把形而上学问题归结为不可说的，以解决传统哲学中由于误用语言而产生的混乱。

但是，维特根斯坦对语言的逻辑“语形分析”却遇到了麻烦。建立在“名称代表对象”基础上的语言和世界同构的思想，只不过是一种非常理想的状态。因为语言的功能不仅仅在于指称与描述事物，还可以有发布命令、提出问题等多种用法，而且语言的这些用法是难以用逻辑形式来表达的。这样，“语言图像论”、“语言与世界同构”的思想就面临基础不牢靠的问题，濒临破灭的境地。

这样，绕了一大圈，传统哲学问题依然没有得到解决。

维特根斯坦终于深刻地看到了自己前期哲学的困难，并逐步发展了“语言游戏说”这个作为他后期哲学核心的思想。

“语形分析”方法主要是基于对语言的逻辑分析来解决哲学问题，结果导致完全误解日常语言的使用。维特根斯坦后期哲学的任务，就是去研究日常语言如何使用的问题，去考察词语和句子在不同语境中的用法，并根据语言的使用来确定语言的意义。

在《哲学研究》中，维氏的“语言游戏”是由语言和行动组成的整体，主张必须根据语言的具体使用来理解语言。这也就是主张，要从动态的语言活动中来考察语言的用法和意义等问题。通过细致观察，我们可以“看”出它们的意义，而不必通过冥思苦想去“发掘”它的意义。语言的意义由语言的具体使用来确定。而使用语言，就必须遵守语言的规则。不同的语言规则会产生不同的语言游戏。不存在为所有语言游戏共同具有的本质特征，各种语言游戏只具有其家族相似性。各种语言游戏是通过约定来形成人们的生活形式，构成人类生活的一部分。有什么样的生活形式，就会有与之相适应的语言游戏。这样，语言游戏就意味着语言规则；语言规则与人们的生活息息相关；语言游戏的语法规则根植于生活形式中。“语言游戏说”重新界定了语言的性质和功能，开辟了研究语言用法和意义的新思路。“语言游戏说”把语言的作用与生活方式联系起来考察，通过语用分析的方法来理解语言使用的多样性，将抽象的语言还原为各种不同形式、具体的语言活动，从根本上排除了从语言与实在的对应中寻求意义的传统观念，使对语言的研究从“语形分析”转向了“语用分析”。

第二，从追求语言的本质转向到否定语言的本质。

后期维特根斯坦在“语言图像论”中，把传统哲学中思维与存在的关系问题以全新的方式重新提出，并加以全新的解释。在他看来，一般的命题形式是命题的本质。给出命题的本质，意味着给出一切描述的本质，也即给出了世界的本质。运用逻辑方法来对语言（命题）进行分析，以便揭示语言的本质，进而揭示世界的本质。维特根斯坦把语言问题与传统哲学的本体论问题结合起来，主张利用现代逻辑方法来对语言进行逻辑分析，通过对语言的逻辑分析来揭示语言的本质、世界的本质，从而解决传统哲学中由于语言误用而引起的混乱。

从简单对象出发，维特根斯坦认为世界存在三重结构：由简单对象构成的事态、由存在的事态复合构成的事实、由所有事实复合构成的世界。与世界的逻辑构造相对应，语言也分为代表简单对象的名称、描述存在的事态的基本命题和图示事实的命题这三层结构。由此语言的构成成分与世界的构成要素之间具有一一对应的关系。语言与世界具有相同的逻辑结构。因此，命题能够“图示”实在，语言能“描述”世界。这里，维特根斯坦预设了简单对象的存在，其目的就是揭示千变万化的、多层次世界的确定性与可知性。维特根斯坦认为，只有假定存在着绝对简单的对象（实体），它们的名称才是不可再分的语言单位；由简单名称直接构成的基本命题可用逻辑的方法再分析，基本命题直接陈述对象的情况，基本命题通过真值运算来形成命题，它们决定命题的性质，并赋予命题以意义，从而满足语言逻辑地描绘世界的基本功能。

在哲学史上，维特根斯坦被认为是藐视哲学史的哲学家。然而，他预设简单对象的存在，并认为世界存在简单的、静止的、终极的实体。在此理念基础上，进而构建其哲学体系。在关于世界终极解释体系的思想方面，维特根斯坦具有传统形而上学的典型特征，与原子论、单子论等古典哲学命题的论证方式如出一辙，或者说是一脉相承。尽管维特根斯坦对哲学的性质和任务进行了重新界定，认为哲学不是一门学说，而是一项"澄清"命题意义的活动，并力图采用现代逻辑的方法对命题进行分析，以达到消除传统哲学的目的。

然而，他的逻辑分析方法并没有帮助他实现这个理想，反而使他陷入更深的困惑之中。当他意识到"语言图像论"所面临的困难，便毅然放弃了对语言的本质、世界的本质的追求，转而开展新的哲学路向，提出了"语言游戏说"。

在《哲学研究》中，维特根斯坦对"语言图像论"进行了系统的批判，对此前关于语言和世界具有相同的本质结构的观点予以了否定，认为语言的意义是由多种多样的"语言游戏"活动来展现的，而"语言游戏"是植根于生活形式之中的。因此，哲学应从研究日常语言的实际用法入手，通过纠正语言的误用来澄清各种哲学混乱。

在批判语言和世界具有本质结构观念的同时，维特根斯坦也批判了传统哲学追求一般而忽视特殊的思维倾向，认为这种倾向是造成哲学混乱的重要根源。一般说来，我们总是倾向于在异中求同，即从差别中寻求统一、多中找一、在变化中寻求稳定。这种倾向表现为在千差万别、千变万化的事物中寻求普遍性。通过语言和游戏的比较，维特根斯坦揭示了语言用法的多样性、变动性和实践性，以此来驳斥传统哲学中追求本质的倾向。"语言游戏"是人们在具体的语言环境中使用语言的活动，是人们的生活形式的一个部分，对语言的理解和把握应在日常生活中去把握，不同的语言现象没有一个共同的本质特征，它们之间只有某种"家族相似性"。

"语言游戏说"打破了自古希腊哲学以来的哲学一直追求事物的本质、寻求普遍性的传统，是一种全新的哲学新观点，在西方哲学界，特别是分析哲学界中引起了广泛深远的反响，很多分析哲学家纷纷抛弃专事分析语言的逻辑结构的片面性做法，开始对语言的用法予以广泛关注，进一步拓宽了分析哲学的研究领域和整个哲学的研究视野。

第三，从“说明性”的哲学活动到“描述性”的哲学活动。

维特根斯坦始终强调“哲学不是一种理论，而是一项活动”，并且一生都在探索哲学的性质、目的和任务。维特根斯坦在前期和后期提出了两种不同的观点。前期维特根斯坦认为，哲学是“说明性”的活动，哲学的目的在于使思想在逻辑上变得清晰；而后期维特根斯坦则认为，哲学是描述性的活动，目的是消除传统哲学问题以及因这些问题而产生的争论。

前期，在《逻辑哲学论》中，维特根斯坦把哲学看作是纯粹的逻辑分析活动，或者说是说明性的活动，哲学的目的就在于使思想在逻辑上变得清晰。他认为，世界和语言都存在本质结构，通过对语言和世界进行逻辑的分析，可以确立语言和世界的界限，哲学的任务就在于研究语言的逻辑，消除形而上学的问题。由于受到弗雷格、罗素等人的影响，维特根斯坦给逻辑赋予了崇高的地位，企图以逻辑来纯化语言，探索一种严格精确的人工语言，用以防止日常语言的错误，并把传统哲学问题都归结为对语言的误用。因此，哲学是说明的活动，运用逻辑方法对语言进行分析，能使我们的思想清晰。后期，维特根斯坦则否认语言和世界存在共同的本质结构的思想，并且还否定了把哲学的任务归结为逻辑分析的做法。他认为，形而上学问题之所以产生，完全是由于传统哲学家们用科学的方法提出问题、回答问题。哲学不应该提出像“什么是知识”、“什么是时间”、“什么是真理”之类的形而上学问题，因为对这类问题的回答又会产生新的问题，会使得哲学家们围绕着这些使人困惑的问题展开无休无止的争论。为了纠正人们对语言的误用，维特根斯坦提出把科学与哲学进行严格划界的思路，反对用科学研究的方法来分析语言。在维特根斯坦的语言观中，说明性方法和描述性方法的差别就在于科学方法与哲学方法的对立。总之，他后期的哲学方法不是说明性的，而是描述性的。

在后期，特别是在《哲学研究》中，维特根斯坦一反传统，提出“语言是一种活动”的思想，认为：语言与人类的生活形式密切相关、语言的用法多种多样、只有通过研究语言的用法才能确定语言的意义、语言没有共同的本质、不同语言之间只具有某种家族般的相似性。根据维特根斯坦，既然语言不具有本质结构，那么哲学就没有必要追求清晰性和确定性，也就不需要对语言的意义做任何说明，而只需要对语言的实际用法进行描述就可以澄清哲学的混乱。因此，在后期维特根斯坦思想中，日常语言的实际用法是其哲学描述的对象，通过描述日常语言的实际用法来消除传统哲学的混乱，就是其哲学的主要任务。

总之，后期维特根斯坦把哲学定位为一种说明性或描述性的活动，而不是由命题、推理等方法构建起来的理论体系。他对哲学性质、目的和任务予以全新的阐释，表明他反传统形而上学的决心和路径，在一定程度上摧毁了传统形而上学的堡垒。而一旦维特根斯坦的描述活动消除了传统哲学的混乱，那么传统哲学产生的根源也就不存在了，作为致力于构建理论体系的传统哲学也就终结了。

（二）维特根斯坦前、后期哲学的一致性

如前所述，维特根斯坦的前、后期哲学之间存在着根本的分歧，后期哲学对前期哲学进行了重大否定与批判。但是，维特根斯坦前、后期的哲学思想还是具有一致性：

第一，在对待语言的态度上具有一致性。

维特根斯坦前、后期哲学都是以他的语言观为基础的，都坚持“语言批判”的立场。我们认为，如果说“语言图像论”是从“语形学”的层面来揭示语言的逻辑本质，那么“语言游戏说”则是从“语用学”的层面来研究语言的用法和意义的。实际上，后期哲学是在批判前期哲学的基础上构建起来的，“语言游戏说”是在对“语言图像论”批判基础上的升华和超越。从某种意义上说，《逻辑哲学论》是《哲学研究》的前期铺垫，维特根斯坦的后期哲学思想是对其前期哲学思想的延续，是在批判传统哲学基础上的深化与超越。前后期哲学思想共同构成维特根斯坦的哲学体系，目的都是清除形而上学。

第二，在处理哲学问题的方式上具有一致性。

前、后期维特根斯坦都是通过纠正对语言的误解来消除哲学问题。在维特根斯坦看来，传统哲学的许多争论不休的问题，不是因为人们提供的答案正确与否，而是因为这些问题本身根本不是问题。因而，维特根斯坦的哲学不是去回答前人提出的问题，而是要消除这些问题。在《逻辑哲学论》中，他采用逻辑分析的方法，通过构建语言图像论为思想划界，即为可说的东西和不可说的东西划界，并声称对于不可说的东西我们要保持沉默，他认为传统哲学问题根本不是问题，并把它们归结为不可说的、我们

对之应保持沉默的问题，从而消除了传统哲学问题。维特根斯坦试图以严密的逻辑方法来解除传统哲学问题，然而，语言图像论并没有消除传统哲学的混乱。在《哲学研究》中，维特根斯坦用语言的实际用法来消除形而上学的用法，主张在语言的具体使用中来研究语言的意义，“语言游戏说”是维特根斯坦消除传统哲学问题和解决语言图像论困难的一个重要步骤。“语言游戏说”主张在具体的语言游戏中研究语言的意义，语言是人们的一种活动，与人的生活方式密切相关，语言没有共同的本质特征，只有“家族相似”性。因而，语言的用法和语言的意义具有多样性，把语言的用法和意义归结为一种固定的模式实际上是把思维固定化了。维特根斯坦通过把词语的日常用法和哲学中的用法相比较的方法，来纠正对语言的误用，从而消除哲学问题以及在这些哲学问题基础上产生的争论。

第三，在对待科学与哲学的关系问题上具有一致性。

在前、后期哲学中，维特根斯坦始终严格区分科学与哲学，并且认为哲学与科学在目的、任务、方式上是截然不同的。在《逻辑哲学论》中，他指出：“哲学不是自然科学之一。（‘哲学’一词所指的东西，应该位于各门自然科学之上或者之下，而不是同它们并列）。”[①]哲学的目的和任务是从逻辑上澄清思想，通过划定思想的界限来解决形而上学问题。在后期哲学思想中，维特根斯坦一再强调哲学不同于科学，坚持把哲学与科学进行严格的区分。维特根斯坦认为，科学是依据事物间的某种关系，对某种现象进行解释，目的是改造现实。科学提供的是对事物进行加工改造的途径；哲学研究的主题是语言的用法、意义等问题，目的在于消除传统哲学的形而上学性问题，并不是改造哲学而改造哲学。所以他认为，在分析语言时哲学不能使用科学研究的方法。

综上所述，笔者认为：前期维特根斯坦哲学具有反形而上学性，但是不够彻底；后期具有比较彻底的反形而上学性。

还必须指出：哲学，仅仅具有反形而上学性是远远不够的。取消哲学，也可以取消形而上学，但是这做法等于把孩子和洗澡水全都抛弃掉，或者因噎废食，是不足取的。

---

① ［奥］维特根斯坦：《逻辑哲学论》，贺绍甲译，商务印书馆1996年版，第48页。

第五章

马克思哲学和维氏哲学之同

通过前面的论述，我们可以发现，马克思哲学和维特根斯坦哲学之间具有一些相同或相似的方面。

一　两者都是对传统哲学的反叛

（一）马克思哲学对传统哲学的反叛性

德国古典哲学主要包括康德、费希特、谢林、黑格尔和费尔巴哈等人的哲学思想体系。尽管这些哲学体系之间存在着相互继承的渊源关系，其研究的主题、提出的观点，以及对各自观点进行的论证都或多或少存在着内在的相似或相通之处，但是各个哲学家的思想毕竟都具有相对的独立性，有一定的差别甚至对立性，每一个后出现的哲学体系，总是包含着对前一个（些）哲学体系的批判与改造。

不但如此，即便是同一个哲学家，其哲学思想也是处于不断变化和发展之中的。比如谢林，他早期和晚期的哲学思想之间的变化是非常明显的。

另外，德国古典哲学中每一个哲学体系都包含了许多不同的方面，诸如形而上学、逻辑学、认识论（知识论）、方法论、伦理学、美学、历史哲学、政治哲学、法哲学、自然哲学等。人们甚至还可以从各自不同的角度或立场，研究或阐释古典哲学家们的实践哲学、语言哲学、生存哲学、精神哲学等。这样，把德国古典哲学划分为不同的哲学体系，把同一个哲学体系又划分为不同的派别，把同一个哲学家的思想再看作是一个变化发展的过程，是历史与逻辑相统一的精神的体现，对于我们更细致、更准确地研究与把握德国古典哲学及其对现当代西方哲学的影响，是完全有必要的，具有重大理论意义。一般认为，德国古典哲学对现当代西方哲学具有重大影响。客观地看，不论是康德、费希特、谢林，还是黑格尔和费尔巴哈，他们各自的哲学，都对现当代西方哲学产生了并将继续产生重要影响。

如前所述，马克思哲学革命是在深刻批判黑格尔、费尔巴哈等哲学家的基础上实现的。马克思哲学是对以德国古典哲学为代表的整个传统哲学的反叛，这一点是确定无疑的，也是其革命性特征的表现之一。

（二）维特根斯坦对传统哲学的反叛性

从维特根斯坦哲学出现的时间来看，由于与德国古典哲学“在场”的时间相距较远，好像很难说二者之间存在着渊源关系似的。其实不然，德国古典哲学对现当代西方哲学一直产生了深远的影响。从深层次来看，西方现代哲学与德国古典哲学具有深刻的渊源关系，应该放到整个西方哲学发展的脉络中去加以考察。当然，德国古典哲学中，不同的哲学家对现当代西方哲学的影响也不同。普遍认为，康德和黑格尔对现当代西方哲学的影响最大，费希特、谢林、费尔巴哈的影响相对要小一些。对于黑格尔在 20 世纪西方哲学界的巨大影响，国外的不少学者曾有过不少精辟的概括，比如，美国学者 M. 怀特在其编著的《分析的时代——20 世纪的哲学家》一书的第一章“绝对理念之衰微与没落”里，一开始就这样写道：“几乎 20 世纪的每一种重要的哲学运动，都是以攻击那位思想庞杂而声名赫赫的 19 世纪的德国教授的观点开始的，这实际上就是对他的特别显著的颂扬。我心里指的是黑格尔。……不谈他的哲学，就无从讨论 20 世纪的哲学。他不仅影响了马克思主义、存在主义与工具主义（当今世界最盛行的三大哲学）的创始人，而且在这一时期或另一时期还支配了那些更加具有技术哲学运动的逻辑实证主义、实在主义与分析哲学的奠基人。问题在于：卡尔·马克思、存在主义者克尔凯郭尔、约翰·杜威、伯特兰·罗素和 G. E. 摩尔，这些人在这一时期或那一时期都是黑格尔思想的密切的研究者，他们的一些最杰出的学说都显露出从前曾经同那位奇特的天才有过接触或斗争的痕迹或伤痕。”①

① ［美］M. 怀特编著：《分析的时代——20 世纪的哲学家》，杜任之主译，商务印书馆 1981 年版，第 3 页。

语言是维特根斯坦哲学的核心与主题。维特根斯坦的哲学思想形成过程中，曾受到叔本华、弗雷格、罗素、摩尔等人的影响。维特根斯坦之所以没有像德国古典哲学那样把哲学的“阿基米德点”建立在概念演绎的基础之上，一是受惠于罗素那成熟的数理逻辑思想，奠定了维特根斯坦哲学的视野与方法论基础，使他有可能直截了当地把前期哲学的“阿基米德点”建立在语言之上；二是在与摩尔等人的交流过程中，维特根斯坦逐步认识到自己前期哲学的问题所在，并逐步转向日常语言，从而使哲学走出形而上学的无谓纠结，进入到生活世界领域。维特根斯坦哲学不仅是其个人思维方式的转变，也是对整个西方传统思维方式的否定。而其中尤为引人注意的是他的语言游戏论，使哲学活动从对语言的静态分析，转向对语言这个“游戏”的动态观察上来，而其所倡导的动态观察实际就是无须任何理论分析和反思的语言实践。理解，是一种使用语言的活动，在语言活动中才能实现。语言从人类生活的实践中产生，也应该从人类的生活实践中加以理解。理论是灰色的，生活是多彩的。无论在思维范式上，还是实质内容上，这都是对德国古典哲学的反叛。维特根斯坦立足生活，注重行动，强调使用，鼓励践行，意在引导人们关注生活、关注社会、关注语言、关注活动。语言是生活中的语言，生活是语言中的生活，践行语言的根基在于生活之中。

二 两者都重视“实践”

（一）马克思哲学的“实践”概念

“实践”是贯穿西方哲学史的一个重要概念。实践哲学思维是西方哲学的范式，贯穿于整个西方哲学发展过程。但是对“实践”的具体含义，一直没有统一的理解，大致是沿着两条不同的路径来发展的：一条是柏拉图开启的“理论实践”路径，在中世纪成为神学实践的工具，到康德、黑格尔那里得到丰富与大力发展，这条路径的基本共同点在于从一个最高的概念或范畴（柏拉图的“理念”、中世纪的“上帝”、康德的“纯粹理性”、费希特的“绝对自我”、黑格尔的“绝对精神”）出发，推导出“实践”；另一条是亚里士多德开启的“感性的”物质实践路径，追问“善”之所以可能的路径，既包括政治伦理实践，也包括科学实践。

在马克思看来，现实的人也就是从事实践活动的人，实践是人的本质活动，是人的根本存在方式。人不仅是“感性对象”，而且是“感性活动”。只有从实践出发才能把握现实的人和人的现实。第一，人是自身实践活动的产物和结果。“个人怎样表现自己的生活，他们自己也就怎样。因此，他们是什么样的，这同他们的生产是一致的——既和他们生产什么一致，又和他们怎样生产一致。”[①]人的本质，只有从人的实践活动中，才能得到合理的理解与把握。正如马克思所说的那样，“可以根据意识、宗教或随便别的什么来区别人和动物。当人开始生产自己的生活资料的时候，…… 人本身就开始把自己和动物区别开来。”[②]人区别于动物的特殊“类”本质，不是他作为物种的单纯的思维的抽象物，而是实践的产物。“正是在改造对象世界中，人才真正地证明自己是类存在物。”[③]第二，实践主要是生产实践。这是人和动物相区别的根本所在，是人的真正的“类本质”。动物只不过是利用外部自然界，简单地通过自身的存在，使得自然界引起某些变化；而人则通过他们的实践活动，改变着世界，使自然界服务于人类自身的目的，实现人类实践与自然界变化的互动。这就是人与其他动物种类之间的最终的、本质的差别所在，而“造成这一差别的又是劳动”。[④]马克思彻底否定了那种从某种固定不变的实体与属性中去寻找人的本质的思维方式，主张从人的活动及其方式的动态变化中去探讨人的现实本质。这样，马克思从实践的观点出发，为研究人的问题确定了一种全新思维方式。第三，人是一切社会关系的总和，而实践是一切社会关系的根源。实践是人的对象性的感性活动。在人和自然的关系之中，人通过生产实践使自然界变成自己的“无机的身体”，使自然成为“人的自然”。人的自然需要只有通过生产实践才有可能得到满足，生产实践是社会性的。在人与人的社会关系中，“正像社会本身生产作为人的人一样，人也生产社会。活动和享受，无论就其内容和或者就其存在方式来说，都是社会的，是社会的活动和社会的享受。…… 社会是人同自然界的完成了本质的统一，是自然界的真正复活，是人的实现了的自然主义和自然界的实

---

① 马克思、恩格斯：《费尔巴哈》，人民出版社 1988 年版，第 11 页。

② 同上书，第 10 页。

③ 《马克思恩格斯全集》第 42 卷，人民出版社 1979 年版，第 97 页。

④ 《马克思恩格斯全集》第 20 卷，人民出版社 1971 年版，第 518 页。

现了的人道主义”。[①]在马克思的实践观里，是把人自身之外的一切存在都变成人自己活动的对象，变成自己实践的客体；同时，也使自己成为主体性的存在。在实践活动的展开过程中，存在着主客体的双向运动与双重改造，一方面是“人的客体化”，另一方面是“物的主体化”；或者换句话说，是“人改造自然”和“自然改造人”的统一。人在对象性活动中改造着对象，也改造着人自身。因此，“环境的改变”和人的“自我改变”（包括意识的形成和发展）是统一的，都是实践活动的结果。这样来看就不难发现，马克思的哲学是真正的实践哲学。

正如国内著名哲学家任平教授所言，“马克思之后，各种哲学都在摒弃形而上学，都成为以实践观作为基础或逻辑中心的实践哲学。因此，实践哲学不再是马克思主义哲学的独有品格．而是成为整个20世纪哲学的普遍品格。马克思的新世界观与当代西方哲学的原则差别，已经不再是实践哲学与传统本体论或形而上学之间的差别，而是转换为实践哲学内部的原则差别”。[②]

任老师还进一步指出，“到了19世纪末、20世纪初叶，世界哲学的主导性思维方式经历了从本体论、认识论阶段向实践论哲学阶段的转向。无论是马克思主义还是非马克思主义，也无论是英美哲学还是大陆哲学，都发生了‘实践论转向’运动，并在这一运动中演化为这种或那种形态的实践论哲学”。[③]

（二）维特根斯坦哲学的“实践”概念

语言哲学是分析哲学的主流学派之一，其本质是语言实践论。这一“语言实践”转向的动向，如果说在弗雷格、罗素及前期维特根斯坦那里还不十分的鲜明，还残存着某些本体论的痕迹的话，那么经过后期维特根斯坦所开创的“语言游戏论”，或是“语言即生活方式”观，再加上摩尔的日常语言学派，从语言的逻辑句法分析走向语用分析，在言语行为和实际交往中考察语言的意义，因而就完成了向语言实践论的转变。[④]

---

① 《马克思恩格斯全集》第42卷，人民出版社1979年版，第121—122页。

② 任平：《马克思之后的哲学革命：当代路向及其意义》，《新华文摘》2010年第4期，第35页。

③ 任平：《走向交往实践的唯物主义》，《中国社会科学》1999年第1期。

④ 同上。

这里必须指出，维特根斯坦的实践概念有别于传统。后期维特根斯坦所关心的是语言的使用——语言实践。他把实践归结为“语言游戏”，并通过“语言游戏”走向生活世界，从而转换了古往今来实践思维的视角，“实践”被赋予了崭新的内涵。后期维特根斯坦指出：“我可以说，语言是基于一种生活方式。为了描述这种语言现象，我们就必须描述任何一种实践，但不是孤立的事件。”“只有在实践中词才会有意义。只有在语言的实践中。”“如果你看到这个词在语言的用法中所起的作用，我是指在语言的整个实践中所起的作用。”后期维特根斯坦认为，语言游戏也就是整个的语言实践，人类使用语言这一基本活动就是人类最基本的实践，而这种使用语言的实践活动，其实也就是人类存在的基本状态。人之成为人，首先是由于实践，同时也由于使用语言。人之所以被称为“制作者”，被誉为“理性者”，被称为“游戏者”，首先在于人是“语言者”。

维特根斯坦着眼于实践的语言性和语言的主体。“语言游戏”是人做的，人是“语言游戏”的参与者；语言怎样被使用，什么人在使用，在什么语境下使用，都属于语言意义的相关范畴。所以，“语言游戏”作为一种实践活动，在一定程度上代表着人的存在状态，其生活形式是“语言游戏”的基础。不过，应该指出，维特根斯坦的以“语言游戏”为核心的“实践”，其实是其“语言”出场的道具，重在语言，而不是在实践，因而维特根斯坦的实践只不过是“语言实践”而已。“语言”对于人类社会来讲，犹如空气一般，是基础性的东西，十分重要而又不常被感知，但是仅仅靠语言是不足以解决人类社会的问题的，犹如仅仅靠空气我们还不足以生存一样。

三　两者都拒斥形而上学

（一）马克思哲学对形而上学的拒斥

马克思和孔德（Auguste Comte，1798—1857）差不多是同时代人。在思想史上，一般认为，二人是同时举起“拒斥形而上学”的旗帜的。马克思认为，他所创立的新哲学才是“真正实证的科学”。

在时代性上，在拒斥形而上学方面，马克思和孔德虽然具有一致性，但是在指向上，二者却有着本质的不同。孔德把拒斥形而上学局限于经验、知识以及可证实的范围内，停留于知识论的层面；而马克思则突破知识论的范围，另辟蹊径，把拒斥形而上学深入到实践论层面。换言之，马克思认为，在拒斥形而上学之后，哲学应关注“现实生活世界”，“把人们的全部注意力集中到自己身上”，[①]也就是回到哲学之主体本身。所以，在这个意义上，我们认为，马克思拒斥形而上学主要是拒斥那种纯抽象的、纯客观的、以追求整个世界的本原或基质为目的的研究范式。这种范式力图从一种“终极存在”、“初始本原”中去理解和把握事物的本性，以及人的本质与行为方式。因此，马克思对形而上学的拒斥，也就是对传统哲学本体论的拒斥。

毫无疑问，马克思之拒斥形而上学，首要目的在于反对形而上学的思维方式。早在《神圣家族》中，马克思就提出变革哲学思维方式的思想。马克思认为，“形而上学”这种以整个世界的本原或基质为核心的思维方式，无论在实践上，还是在理论上，都已经威风扫地；并且认为，随着科学和实践的发展，“把人们的全部注意力集中到自己身上的时候，形而上学的全部财富只剩下现象的本质和神灵的事物了”。[②] 可见，在马克思的思想视界中，形而上学这种哲学形态的根本缺陷就在于，它关注的是脱离了人及其活动的宇宙本体或“终极存在”，不仅“本体”在其中成为一种抽象的存在，而且人本身也成了一种抽象的存在，人和人的世界都消失了，从而造成人本身的失落与迷失。因此，马克思认为，应否定现存的哲学并消灭哲学本身，即“终结形而上学”，使哲学面向“自己时代的现实世界”，面向人，关注“现实生活世界”。马克思的哲学革命是一种思维方式的根本转换，即从传统的本体论思维方式向实践论思维方式的转换。实践是马克思哲学的根本原则，是马克思考察一切哲学问题、解决各种哲学争论的立足点与出发点。马克思哲学思维方式的特点在于，不再从脱离人的自然，也不再从脱离自然的人出发，而是从人与自然、主体与客体、主观与客观出发，从人在现实活动中的相互作用关系出发，去考察、理解我们周围的现实世界。

在马克思之前，形而上学家往往把存在与存在者混淆，也就是说，他们是从实体、实存和实在这个路向去研究存在者的。对此，海德格尔曾有

① 《马克思恩格斯全集》第2卷，人民出版社1957年版，第283页。

② 同上书，第312页。

过精辟的论述："形而上学思考存在者之为存在者，也即普遍存在者。形而上学思考存在者之为存在者，也即整体存在者。形而上学既在探究最普遍的东西（也即普遍有效的东西）的统一性之际思考存在者之存在，又在论证大全（也即万物之上的最高者）的统一性之际思考存在者之为存在者。"海氏得出的结论是，"一切形而上学根本上地地道道是那种奠基，这种奠基对根据做出说明，而对根据做出答辩，并最终质问根据"。海德格尔深切地注意到了马克思拒斥形而上学所做出的努力，并认为马克思完成了"终结形而上学"的工作："纵观整个哲学史，柏拉图的思想以有所变化的形态始终起着决定性作用。形而上学就是柏拉图主义。尼采把自己的哲学标示为颠倒了的柏拉图主义。随着这一已经由卡尔·马克思完成了的对形而上学的颠倒，哲学达到了最极端的可能性。哲学进入终结阶段了。"①海氏说马克思完成了"终结形而上学"的工作，并不是不要形而上学，"人类精神一劳永逸地放弃形而上学研究，这是一种因噎废食的办法，这种办法是不能采取的。世界上无论什么时候都要有形而上学，不仅如此，每人，尤其是每个善于思考的人，都要有形而上学"。②

海德格尔本人就试图建构一种新的形而上学——基本本体论或存在论，而在他这里，存在是指"此在"，即在世界中的人的存在。海德格尔的整个哲学都是围绕着人的生存状态而展开，他解构形而上学的目的就在于破除对人的存在的遮蔽，使人的存在变得重要。根据海德格尔，面对外部世界的惊人剧变，哲学的理念也必须变革。否则，哲学就难以继续担当为真正的"时代精神的精华"。

马克思哲学是对形而上学的坚决拒斥，并由此实现了哲学主题的转换，即从宇宙本体论转向人的现实生活世界，着眼于关注"现存世界的革命化"，把哲学的任务从以往偏重于"解释世界"推进到主要在于"改造世界"。正如后现代主义思想家所说，马克思哲学不是为了占有"全部真理"，而是为了无限地追求真理；不是"为千秋万代一劳永逸地构建"，而是"为他们自身的时代而解构"。所以，哲学的终结并不是哲学本身的终结，而是指传统哲学理念的终结，是真正的"思"的开始。

---

① ［德］海德格尔：《面向思的事情》，商务印书馆 1996 年版，第 214 页。

② ［德］康德：《未来形而上学导论》，商务印书馆 1982 年版，第 16 页。

(二) 维特根斯坦哲学对形而上学的拒斥

传统形而上学的根本错误就在于，试图在"现实世界"之上再虚构一个超感性的"本体"世界，而哲学的任务就是围绕这个"本体"展开并演绎，造成哲学与现实生活之间的脱节。维特根斯坦哲学，无论前期、中期还是后期，都表现出了比较明显的拒斥形而上学的性质。在前期代表作《逻辑哲学论》这部著作中，维特根斯坦以他的"语言图像论"为基础，首次提出了"语言的界限"问题，指出传统形而上学的根本错误就在于企图去言说那些"不可说的东西"，结果炮制出一些"毫无意义的问题和命题"。"语言图像论"是维特根斯坦向传统形而上学进攻的"炮弹"，其核心观点是：每一个基本命题，都是一个基本事实的图像。由所有的命题构成的整个语言系统就是由所有的事实构成的整个现实世界的图像，即语言是现实世界的图像。

中期是维特根斯坦从前期转向后期的思想转变期，是后期思想出场的铺垫。从前期酝酿与写作《逻辑哲学论》时，到后期反思与写作《哲学研究》期间，维特根斯坦都致力于建构一种"理想语言"，并把她作为其哲学追求的目标。前期的理想语言是人工（artificial）的"逻辑语言"，而后期的理想语言是"自然语言"。"语言游戏"是后期哲学中的核心概念，是为了改进前期哲学的错误而提出的。语言，不论是人工语言（逻辑语言），还是自然语言，都是人的工具，是人类可以认识、掌控的东西，与传统形而上学的那些虚无缥缈的精神、理念、上帝、绝对观念、彼岸世界等相比，都更贴近人的生活，更接近生活实际，因而都具有对传统形而上学进行拒斥的意蕴。

当然还得指出：无论是人工（artificial）的"逻辑语言"，还是"自然语言"，二者在维氏前、后期哲学中分别占据着"本体"的重要地位，并使得其哲学带有很大的不彻底性。前期哲学中，语言的本质（逻辑本质）是世界的本质，语言的界限就是世界的界限，整个世界在本质上就是语言的世界，一切问题在根本上都可以归结为语言问题来解决。从哲学思维范式上来看，这种将世界还原为单纯的语言世界，又将其抽象化为一种逻辑架构的做法，正是传统形而上学思维模式的典型翻版。可见，尽管维特根斯坦自认为是反形而上学的旗手，但实际上还是不自觉地陷入传统形而上学思维范式的泥潭中去了。

四　两者都属于批判性哲学

（一）维特根斯坦哲学的批判性

自20世纪初，维特根斯坦便开始致力于检讨和批判形而上学的工作，反思传统的哲学研究领域和方法，把传统哲学所讨论的许多问题看作是无意义的形而上学问题。维特根斯坦认为，传统哲学的问题都是产生于哲学家对语言的误用与误解，他致力于通过语言分析来解决和消除哲学问题，这是贯穿于维特根斯坦的整个哲学发展过程的基本的信念。

作为分析哲学的经典著作，《逻辑哲学论》充分体现了分析哲学运动的主旨。《逻辑哲学论》用逻辑的方法来研究哲学，企图建立一个逻辑哲学体系。《逻辑哲学论》的“语言图像论”是维特根斯坦前期哲学的核心思想，认为哲学的疾患就出在表述传统哲学的语言身上，试图构建一种理想语言，借助现代逻辑工具，通过对语言进行深刻的分析批判来解决和消除传统哲学问题。到了后期，他强调应当注重语言的使用，提出“语言游戏说”。“语言游戏说”是维特根斯坦在批判“语言图像论”的基础上提出的，认为语言只有在使用中才能获得意义，目的也是消除哲学问题，是通过对语言用法的分析来解决哲学问题的另一条出路。如果说前期维特根斯坦认为，哲学话语的合法地位应当在语言科学化和逻辑化中表现出来，那么后期维特根斯坦则相反，他认为哲学话语应当是日常话语，它的意义应当在日常生活中得到理解。

维特根斯坦认为，传统哲学的混乱是由于语言的误用造成的，全部哲学就是一种“语言批判”，语言批判的具体方法就是对语言进行分析。“语言图像论”和“语言游戏说”是维特根斯坦实施语言批判的两个具体方案，前者注重语言的逻辑分析，后者强调语言的语用分析，两者的任务和目的都在于消除传统哲学问题，因而，“语言批判”是维特根斯坦哲学的主旋律，贯穿于其哲学发展的整个过程。从批判的方法和角度上看，维特根斯坦在前期主要着眼于静态地、单纯从语言的形式出发，采用逻辑分析的方法展开对语言的批判；到后期，他则着眼于动态地、从语言的实际应用中，采用常识的方法展开对语言的批判，看到了语言用法的复杂性和意义的多样性。这样，虽然前后期“语言批判”的方式和意蕴有所区别，但却都是围绕同一主题的深入展开。维特根斯坦后期哲学是前期哲学的延续，是一种在批判基础上的深化与超越。总之，前后期维特根斯坦都坚持“语言批判”的路线，维特根斯坦的整个哲学都是批判哲学。

（二）马克思哲学的批判性

马克思开展的哲学革命主要目的是变革既存的不合理的社会。通过宗教批判、政治批判、经济批判三个层面不断深入的剖析，马克思深刻揭示了资本主义社会的经济规律，揭示了人类社会发展的规律与趋势。宗教问题不是马克思哲学的主要问题，宗教批判也不是马克思哲学的中心，但是马克思认为“对宗教的批判是其他一切批判的前提”，[①]博士论文通过对晚期希腊哲学家伊壁鸠鲁的肯定，通过“反对一切天上的和地上的神”[②] 来推进当时德国的宗教批判。《莱茵报》时期，马克思更注重社会实际，认为宗教是被颠倒了的现实的产物，指出“宗教本身是没有内容的，它的根源不在天上，而在人间”，[③]认为宗教是先验的国家的产物，“先验的国家不能没有一个天启宗教，犹如俄国的骗子不能没有一个贴身神像一样”。[④]在《资本论》中，马克思将资本主义商品产生的秘密与商品拜物教联系在一起，他说：“正像人在宗教中受他自己头脑产物的支配一样，人在资本主义生产中受到他自己双手的产物的支配。”[⑤]只有通过对现实生活的彻底批判，才会使新的偶像、新的迷信、新的宗教不再产生。

在《神圣家族》《论犹太人问题》《〈黑格尔法哲学批判〉导言》《1844 年经济学哲学手稿》《关于费尔巴哈的提纲》《共产党宣言》《德意志意识形态》和《资本论》中，马克思继续深入开展对国家、法和政治的批判。随着交往实践观的不断发展与完善，马克思对资本主义国家与政治的剖析与批判也不断深入，但是如果仅仅停留在宗教批判与政治批判层面，则难以实现对资本主义的深刻揭露，也难以实现对共产主义的现实可能性与实现途径的阐释，为此，必须深入进行经济批判。在《关于费尔巴哈的提纲》《德意志意识形态》《共产党宣言》《资本论》等著作中，马

---

① 《马克思恩格斯选集》第 1 卷，人民出版社 1972 年版，第 1 页。

② 《马克思恩格斯全集》第 40 卷，人民出版社 1980 年版，第 190 页。

③ 《马克思恩格斯全集》第 27 卷，人民出版社 1972 年版，第 436 页。

④ 同上。

⑤ 《马克思恩格斯全集》第 23 卷，人民出版社 1972 年版，第 681 页。

克思则“特别强调以交往实践观为核心、以经济关系和社会关系决定人的本质、形成生产方式、市民社会理论和世界历史理论为理论表征的新历史观”。①以交往实践观的方法论，深入到资本主义经济内部，全面深刻地剖析了资本主义生产方式及其发展规律。

在开展宗教批判、政治批判和经济批判的过程中，马克思还开展了深刻的价值批判。早期的价值批判集中体现在《1844 年经济学哲学手稿》中，主要以异化劳动学说为核心，揭露整个资本主义社会的非人本质，主张以自由自觉的类活动来代替非人的异化劳动。不过这中批判是建立在“应然”的价值层面的，使用的工具是黑格尔的“理性”概念，具有十分明显的理想化、道德化趋向，所以对资本主义的价值批判也就只是一种外在的批判。后来，在“林木盗窃案”和摩塞尔地区贫困问题的辩论中，马克思看到财产所有者恰恰使用国家理性来为自己牟私利，动摇了他对国家理性的信念。于是，他着手开展对黑格尔法哲学的批判。经过克罗茨纳赫时期的历史学研究，马克思确证了费尔巴哈的唯物主义原则，深刻地发现是市民社会决定国家而不是相反。之后在对市民社会的批判中，马克思首先是运用费尔巴哈的人本主义思想为工具去批判市民社会的牟取私利的特性，但是还不够深刻，于是马克思转向经济学分析中去，分析资本主义的内在规律与矛盾，揭示出无产阶级遭受剥削压迫的经济根源。这就触及了资本主义社会的最根基处。

综上所述，马克思哲学革命就是一个不断批判的过程，说马克思哲学是批判哲学是完全成立的。正如任平老师高度概括的那样：“马克思的哲学革命首先是批判地揭示资本现代性和全球化的本真结构与内在矛盾。对资本现代性意识形态的两大根基（大写的‘人’和大写的‘理性’）进行反思批判，…… 在‘批判旧世界中发现新世界’，从而批判地划清了与只诉诸‘感性直观’的旧唯物主义以及诉诸‘精神劳作’的唯心主义哲学的根本界限，根本颠覆了以各种‘解释世界’经院哲学方式为其他阶级和阶层统治利益辩护的旧形而上学。”②

① 任平：《走向交往实践的唯物主义》，人民出版社 2003 年版，第 4 页。

② 任平：《马克思之后的哲学革命：当代路向及其意义》，《新华文摘》2010 年第 4 期，第 36 页。

第六章

马克思哲学和维氏哲学之异

一　马克思和维氏哲学革命的根本路向不同

（一）传统哲学的路向

“路向”即道路与方向。一种哲学的路向是指这个哲学沿着一定的方向所走的发展道路。每一种哲学都存在这个问题。西方传统哲学家们基本上都是把自己的“阿基米德点”根植于概念、范畴的思想王国之中，从哲学范式的角度看，它们都属于思辨哲学的行列。哲学家们前仆后继、孜孜不倦地追问万事万物之后、之上的“根”、“底”“是什么”，于是得到了一个又一个颇具本源意义的“什么”，如巴门尼德的存在、柏拉图的理念、亚里士多德的形式、康德的先验自我、费希特的自我意识、黑格尔的绝对理念。这样的哲学，从实质上看，只能是“普遍的，抽象的，适合任何内容的，从而既超脱任何内容同时又正是对任何内容都通用的，脱离现实的精神和现实的自然界的抽象形式、思维形式、逻辑范畴”。

（二）马克思哲学的路向

马克思哲学革命走的是“交往实践的唯物主义”道路，准确来讲是“革命实践”道路。马克思通过对以黑格尔和费尔巴哈哲学为代表的传统哲学的颠覆性批判，把哲学的阿基米德点从抽象的概念范畴之中拉回到了现实的“人的感性活动”、实践之中，“德国哲学从天国降到人间；和它完全相反，这里我们是从人间升到天国”。“它不是在每个时代中寻找某种范畴，而是始终站在现实历史的基础上，不是从观念出发来解释实践，而是从物质实践出发来解释观念的形成”。这就完成了一场哲学的革命，实现了哲学范式的根本性转换：从思辨哲学转向革命性实践哲学。

（三）维特根斯坦哲学的路向

维特根斯坦走的是“语言道路”，前后期都是对理想语言的分析，工具是逻辑。前期维特根斯坦指认的理想语言是人工语言（科学语言、逻辑语言），而后期则转向到自然语言。早期维特根斯坦企图通过建立一种理想的人工语言来把握世界。他认为，语言与客观世界之间存在着逻辑上的同构关系，即语言的逻辑是对客观世界的逻辑的反映，客观世界的逻辑可以通过语言的逻辑来表达。在“图像论”（picture theory）里，维特根斯坦认为，思想与事实、实在或世界之间是通过“图像”来建立联系的。“图像”是一个比喻，实际上指的是“逻辑图像”（logical picture）。这种“图像”具有“图示”或者描述的功能。“事实的逻辑图像是思想”，维特根斯坦通过“逻辑图像”把原来各自孤立的“事实”与“思想”联系在一起。他指出，“思想是有意义的命题”、“命题的总体即是语言”，并且“命题是实在的图像”。这样，他就把“思想”、“命题”、“语言”和“事实”（世界）统一起来了。简单地说，命题即语言，命题描画世界；语言表达思想；思想通过命题（语言）来描述世界。这样，维特根斯坦断言：“给出命题的本质，意味着给出一切描述的本质，也即给出世界的本质。”对于早期维特根斯坦来说，“命题和语言的本质就是世界的本质：世界是所有可以经由语言的命题描述的事实的总和。”①根据他的“语言界限论”，“我的语言的界限意味着我的世界的界限”，“逻辑遍及世界：世界的界限也就是逻辑的界限”。在维特根斯坦看来，语言之外无“世界”，而逻辑因为早已嵌置于语言之中，因此逻辑是“世界”的本质。

为了摆脱和克服传统形而上学的本质主义，前期维特根斯坦试图运用“逻辑图像论”，通过语言之路或逻辑之路，向“客体”（“语言”、“逻辑”）追寻世界的本质，从而实现对传统哲学的变革，但不是很彻底，因为他自己无意间又一手炮制了新的本质主义——语言的“逻辑”本质主义。到了后期，维特根斯坦否定了他此前关于世界的“逻辑”本质主义的思想，认为语言本质和世界本质都是不可说的，正如逻辑自身是不可言说的一样，语言也有达不到的地方，理想语言并不能比日常语言走得更

① 韩林合：《〈逻辑哲学论〉研究》，商务印书馆2000年版，第439页。

远。所以他认为，哲学不提出理论，不提出哲学命题，而只提供哲学研究的方法。他的方法是围绕“语言游戏”（language game）展开的，包括“治疗疾病”、“家族相似”等方法。“语言游戏”也只不过是对日常语言分析的方式，他运用“语言游戏”思想来对日常语言进行分析，一定程度上克服了他早期的逻辑本质主义世界观，把哲学研究追溯到传统哲学研究的根基处——日常语言以及语言赖以形成的生活基础，把传统哲学问题通通消解于对语言的分析之中。这样维特根斯坦进一步推动了哲学领域内的“哥白尼式的革命”——引领着哲学走上“语言分析”之路。与其说维特根斯坦消解了哲学，宣告了哲学的终结，毋宁说他在哲学这座语言的迷宫中为后人树起了警示的路标，希望指引后人免于误入歧途，走上正确之路——践行语言，回归生活。

二　马克思和维特根斯坦的哲学类型不同

哲学类型可以从形式、内容等不同角度进行分析。

（一）从形式上看，马克思哲学不是体系哲学，而维特根斯坦哲学属于体系哲学

自古希腊“寻找万物的始基”开始，西方传统哲学就走上了一条寻求“终极存在、终极解释、终极价值”和建构完美体系的不归之路。①从古希腊的“水”、“气”、“火”、“原子”、“理念”，到中世纪的“上帝”，无不是在构建一个个所谓完美的哲学体系；笛卡尔“我思故我在”开启的“认识论转向”，倡导先自我后上帝，先理性后信仰，以理性万能取代上帝万能，哲学成了“提供全部知识的基础”的“科学的科学”。从表面上看，近代哲学不再去追求最高的统一性和建构完美的体系，而是对人的认识能力的彻底反省，而实质上是以论证认识能力的可靠性来保证其终极体系的有效性。这一点在黑格尔哲学那里达到登峰造极的地步。鉴于以往哲学脱离现实的经验教训，黑格尔的哲学非常深刻地批判和揭示了现实，包含着巨大的历史感和现实社会的丰富资源。但是，黑格尔在思路上延续了传统哲学的老路——对超验本体的挚爱和完美体系的追寻，以“绝对观

① 孙正聿：《哲学通论》，辽宁人民出版社 1998 年版，第 231 页。

念”为起点和终点来塑造其完美的哲学体系，在现实中沦为为德意志国家做永恒性论证的工具。

在马克思之前，追寻“终极存在、终极解释、终极价值”是所有哲学家的共同爱好，为此，一代又一代的哲学家都致力于追求完美的理论体系。正如石里克所言：“所有的大哲学家都相信，随着他们自己的体系的建立，一个新的思想时代已经到来，至少，他们发现了最终真理。”①

马克思的哲学革命，也体现在哲学形态上的变革。马克思通过对黑格尔、鲍威尔、费尔巴哈、浦鲁东、拉萨尔等人的系列批判，最终脱离了传统体系哲学的思想轨道。马克思没有写过专门的哲学专著，也没有构建自己的哲学体系。他把哲学思想高度融入对人类历史和资本主义的现实批判中，融入指导无产阶级的革命实践中，所以他的哲学其实就是科学的、革命的、批判的方法论。正如恩格斯晚年反复强调的那样：“马克思的整个世界观不是教义，而是方法。它提供的不是现成的教条，而是进一步研究的出发点和供这种研究使用的方法。”②首先，马克思的哲学方法论体现为一种历史唯物主义的方法。在传统形而上学那里，只有那永恒不变的规律才是真实的东西，真实的社会生活反而是虚假的。在马克思的新视域中，一切现实的东西都是历史地、暂时地存在着的，或迟或早都将走向灭亡，都将受到批判与扬弃。资本主义社会并不是永恒地存在着，而是一定历史发展阶段的产物。他把现实的社会生活看作是暂时的和历史性的，这是真正地从现实出发的历史唯物主义方法论。其次，马克思的哲学方法论是辩证的思维方法。“两个相互矛盾方面的共存、斗争以及融合成一个新范畴，就是辩证运动。”③在马克思看来，这种社会生活的矛盾并不能通过理性的和解来解决，而只能通过现实历史的发展和由此准备起来的一定社会力量的革命实践才能真正解决。马克思从黑格尔唯心主义哲学中能够吸取并加以改造的历史辩证法，就是马克思科学的、革命的方法论的具体体现。

维特根斯坦认为：传统哲学问题之所以产生，是由于哲学家们错误使用语言的结果，或者是由日常语言本身存在的缺陷而造成的；哲学研究的

① ［德］石里克：《哲学的未来》，《哲学译丛》1990年第6期，第1页。

② 《马克思恩格斯全集》第39卷，人民出版社1965年版，第406页。

③ 《马克思恩格斯选集》第1卷，人民出版社1956年版，第144页。

本质就是对语言进行澄清与批判，于是他致力于建立完全符合逻辑句法的理想语言或人工语言，因为只有使用这样的语言，才可以清楚表达一切可以表达的东西。维特根斯坦描绘了两个对称的系统：一个是本体论系统，一个是命题的逻辑系统，二者拥有相同的逻辑结构，可以用“图像”这个概念将两个系统对应起来。

传统形而上学关怀的两大核心问题是世界的本质和人生的本质。世界的本质是什么？维特根斯坦的回答简短而有力：“世界是一切发生的事情。”但这并不意味着他承认传统意义上所说的世界是存在于其中的所有事物的总和。恰恰相反，对此他进一步指出“世界是所有事实的总和，而非事物的总和”，“世界分解为实”，继而提出了下面两个论题：“发生的事情即事实，是原子事实的存在”，“事实的逻辑图像是思想”。

在维特根斯坦看来，思想是关于事实的逻辑图像，而表达思想的只能是语言，语言是人与世界、人与人之间的根本联系方式。维特根斯坦指出，语言图像论的主要目的就是通过语言批判的手段，寻求一种可作为世界、语言和思维的共同本质的逻辑，寻求一种普遍的、永恒的先验构架。在维特根斯坦的语言图像论中，他毋庸置疑地承认普遍逻辑结构的存在。在他的理论中，逻辑不仅属于经验世界，而是内在于思维与语言之中。这就使逻辑在有史以来第一次摆脱了超验性的特征，克服、超越了以往那种超验的传统形而上学。当然需要指出的是，维特根斯坦所追求的逻辑，是以一种逻辑形式来构造世界，是世界、语言和思想的共同本质，是一种普遍的、永恒的先验构架。

所以，笔者认为，从其哲学的形式结构、内容，以及它的载体（著述）来看，都可以说是没有超出体系哲学的范畴，维特根斯坦哲学依然是一种体系哲学，只是与传统体系有点不一样而已。

（二）从内容看，马克思哲学是实践哲学，而维氏哲学没有超出理论哲学的范畴

虽然维特根斯坦的“生活世界”、“语言游戏”也有“实践”的意蕴，但是维特根斯坦的“实践”和马克思的“实践”大相径庭。

“实践”概念自古希腊哲学以来一直是哲学上的重要概念。亚里士多德是西方实践哲学的创始人。虽然此前“实践”一词已经存在，比如，普罗泰戈拉那里，实践就是学习的意思；苏格拉底那里，“实践”是一种

伦理道德的活动，他说“我将永远不停止哲学的实践和教诲、劝勉我所遇到的任何一个人，照我的方式对他说：你，我的朋友，伟大、强盛而且智慧的城市雅典的一个公民，像你这样只注意金钱名位，而不注意智慧、真理和改进你的心灵，你不觉得羞耻吗?”①柏拉图那里，“实践”是从其纯粹的“善”的理念推演出来的普遍性伦理规范于伦理行为标准，并以此要求各个不同等级的人积极履行自己的义务，因此他的“实践”有着等级的界限差异，是为实现其“理想国”的繁荣昌盛的一种途径或手段。亚里士多德之前的这些“实践”，其实还只是停留在常识性层面，还没有进入反思层面。亚里士多德第一次把“实践”提升到反思的层面，成为一个重要的哲学概念。亚里士多德的“实践”带有目的性和至善性，他说“不完成目的的活动不是实践，实践是包含了目的在内的活动”、②“一切技术，一切研究以及一切实践和选择，都以某种实践为目标。所以人们说得好，万物都是向善的”。③亚里士多德要追问的，乃是“人怎样通过学习和习惯在一个善于正义的政治状态中成为善于幸福的”。④

柏拉图把哲学的出发点和归宿都建立在纯粹的、理性的“理念”上，开启了理论哲学的发展路向，直接影响了西方哲学两千多年，以至于海德格尔曾说“两千多年的西方哲学史，不外乎是柏拉图哲学的一系列脚注而已”。而亚里士多德则把哲学的关怀与所谓的“阿基米德点”建立在现实的“实践”基础上，从人的现实生活出发，可谓是从“天上”拉回“人间”，开启了“实践哲学”的路向。

康德以其独特的方式建构了“实践哲学”的理论体系。他认为“哲学像通常那样划分为理论哲学和实践哲学”是“完全对的”，他的哲学包含原则上完全不同的两个部分，“作为自然哲学的理论部分和作为道德哲学的实践部分”。⑤他区分了“作为自然概念的实践”和“作为自由概念的实践”，把纯粹实践理性看作是哲学的最高原则，不过他的“实践的规则

① 北京大学外国哲学教研室编译：《古希腊罗马哲学》，商务印书馆 1961 年版，第 148—149 页。

② 亚里士多德：《形而上学》，吴寿彭译，商务印书馆 1959 年版，第 179 页。

③ 亚里士多德：《尼各马可伦理学》，苗力田译：《亚里士多德集》（伦理学卷），中国人民大学出版社 1999 年版，第 3 页。

④ 张汝伦：《历史与实践》，上海人民出版社 1995 年版，第 138—139 页。

⑤ ［德］康德：《判断力批判》（上），邓晓芒译，人民出版社 2002 年版，第 5 页。

和道德律始终是理性的产物，与经验无涉”。[①]这也就是说，康德的实践哲学，其实无论是出发点还是对象都不是现实的具体的实践行为，而是纯粹理性。这样看来，康德的“实践哲学”只不过是理论哲学范式内的实践哲学，实质上是把哲学实践看作是精神世界的实践活动而已，所以也没有超出柏拉图的格局。

费希特的哲学也谈“实践”，区分了“理论自我”和“实践自我”，认为这二者是同一个“绝对自我”的本原行动的不同表现。其实，他的“自我实践”不过是康德“实践理性”的翻版而已，把实践问题转化为理论问题，并通过理论的方式予以解决，因此，还属于理论哲学范式内的“实践哲学”。

黑格尔把理论与实践统一于“绝对精神”，就实质而言，黑格尔的“实践”依然延续了康德的路径，只不过更彻底化而已，而这个彻底化恰恰强化了黑格尔哲学的理论哲学特征。

维特根斯坦的哲学，也被不少学者指认为“实践哲学”。这主要是他摆脱了传统哲学的思辨性质，把哲学的“阿基米德点”建立在“语言”这个生活世界的基础之上。不过需要指出，虽然二者都属于实践哲学范围，但是二者的“实践”含义相距甚远（参见本书前面关于“实践”的论述）。马克思的实践是政治社会实践，维氏的实践则主要是语言实践，与马克思那大气磅礴的革命的境界相距甚远。有人说维氏也参加过某些社会实践（战争、建筑等），但是这些活动与他的哲学没有多大的关联性。

（三）从哲学的学科倾向或属性来看，马克思哲学是政治哲学或历史哲学，而维氏哲学则是语言哲学

马克思哲学的诞生与无产阶级的革命实践紧密联系、休戚相关。作为创始人，马克思根本不同于当代那些只事理论构建的学院派哲学家。马克思不是只创造理论，更多的是顾及社会现实。马克思十分关注当时的社会现实生活，关注资本主义的内在矛盾，关注工人阶级的经济政治生活状况，并且力图通过他们的理论去消除社会现实问题，特别是资本主义社会中工人阶级被压迫、被剥削的悲惨境遇，以突现人类的彻底解放和无产阶级的解放问题。所以，马克思哲学与现代西方哲学是根本不同的，首先是

① 张汝伦：《历史与实践》，上海人民出版社 1995 年版，第 147 页。

二者在阶级基础上的不同。马克思哲学是无产阶级的世界观，是无产阶级获得解放的强大的思想武器。无产阶级只有把哲学作为精神武器，才能消灭一切剥削与奴役，才能实现自身的解放与全人类的解放。哲学只有把无产阶级当作自己的物质武器，才能成为改造世界的真正现实的哲学。马克思明确地将无产阶级和全人类的解放作为哲学思考的主题，并在现实社会实践的基础上批判以往的哲学。而且，马克思的现实基础并不是维特根斯坦等人所指的那种没有历史差别的日常生活领域。马克思眼里的现实基础，是现实的资本主义社会及其存在根据。在《哲学的贫困》中就明确地将他的哲学视角定位在对资本主义社会的分析与批判上。在《德意志意识形态》中，马克思从一般方法论上予以阐释，即“一定的生产方式或一定的工业阶段始终是与一定的共同活动方式或一定的社会阶段联系着的”①。因此当马克思考察历史时，并不是简单地要考察一般社会历史，而主要是考察资本主义制度的历史，他的哲学并不是要一般地考察人类全部现实生活，而是要考察资本主义制度下的社会生活。这就使马克思哲学真正摆脱了以往哲学的形而上学窠臼，同时运用交往实践唯物主义和辩证法，深刻剖析资本主义社会的规律。所以，马克思哲学是政治哲学，也是历史哲学。

滑稽的是，旨在消除哲学因误用语言而产生哲学问题的维特根斯坦，他自己的著作《逻辑哲学论》就出奇地晦涩难懂，连当时世界顶级的逻辑学家、哲学家弗雷格也没有准确理解维特根斯坦的《逻辑哲学论》。如果说弗雷格至死之前都很少理解《逻辑哲学论》的逻辑理论是由于他没有十分重视所至，那么罗素在花费相当多精力去研读《逻辑哲学论》之后都还没有完全读懂它的中心思想并产生系列误解这个事实，就不难说明维特根斯坦《逻辑哲学论》本身的奇特与深奥，因为罗素是维特根斯坦关系非常密切的老师与朋友。这也就是说，维特根斯坦在攻击传统哲学的语言问题时，自己却又不知不觉创造了更为麻烦的哲学语言问题。他认为传统哲学的一系列问题，诸如实在、理性、本质、价值，等等，都来源于哲学家对语言的误用和偏见，从而造成理智上的迷茫。所以，维氏将哲学的功用定位于澄清语言上的混乱、医治理智上的疾病，并借助其娴熟的数理逻辑这个“手术刀”来对语言与哲学问题进行无情的解剖。

---

① 《马克思恩格斯全集》第3卷，人民出版社1960年版，第33页。

三　马克思和维特根斯坦的哲学方法不同

（一）维特根斯坦的哲学方法是语言分析法

语言问题涉及语言与世界、语言与存在的关系。维特根斯坦把全部哲学问题归结为语言问题，认为哲学的混乱产生于滥用或误用语言，许多哲学争端都可以归结为语言问题的争端。前期维特根斯把哲学的内容归结为对语言的误用，借助语言的“逻辑图像论”和人工的逻辑语言，对科学语言（逻辑语言）进行逻辑分析。这个阶段上主要是语形学的研究。而后期维特根斯坦则转向语用学研究，认为哲学不是理论，而是活动，借助“语言游戏说”，强调对日常语言进行语义分析，哲学家的任务不是发现和提出新的命题，而是阐释思想，使已有的命题变得清晰。他强调语言对哲学的影响，重视对语言问题的研究，强调概念的明确性和推理的严密性。维特根斯坦的哲学方法总体来说是语言分析的方法。

华裔美籍哲学家王浩曾经这样深刻指出了维特根斯坦哲学方法上的缺陷：“在维氏提出他的那些标新立异和剑走偏锋的哲学观点之时，他所显现出来的坚定决心和极大的自信确实让人大跌眼镜。在他决定哲学的哪些方面才是具有本质意义的时候，他总是显得极为自负。通过这种决定，他总是会把所处理的问题加以简化和狭隘化，而且这种处理方式是如此之过分，以至于那些虽对这些问题有兴趣，却还未完全熟悉维氏本人的读者会在看后不知所云，并不得不去求助于更多的背景资料，或者处理其他同类问题的其他进路。这种仅仅聚焦于他所认为的最基本事项的方法论，无疑可以使得他本人在他选择的学术路径上钻研得更深，但与此同时，也使得他更倾向于通过高度简化的模型来把握真实的世界，并因为这种简化而将那些仅仅适用于特定领域的东西误解成是普遍有效的。”①

（二）马克思的哲学方法是历史与逻辑统一的阶级分析法

马克思也重视语言问题。但是语言在马克思那里不是最重要的东西，他没有陷入语言形而上学中去，而只是把语言看作是一个思想的载体。马

① 王浩：《超越分析哲学》，浙江大学出版社 2010 年版，第 115 页。

克思的哲学方法是“历史与逻辑相统一”、“阶级分析”、“历史分析”的方法。

马克思运用其历史与逻辑统一的方法，认为“思想和观念成为独立力量是个人之间的私人关系和联系独立化的结果。……思想家和哲学家对这些思想进行专门的系统研究，也就是使这些思想系统化，乃是分工的结果。具体来说，德国哲学是德国小资产阶级的结果”。[①] 马克思进一步深刻地指出传统哲学偏爱语言的错谬，认为“对哲学家来说，从思想世界降临到现实世界是最困难的任务之一。语言是思想的直接现实。正像哲学家们把思维看成一种独立的力量那样，它们也一定要把语言变成某种独立的特殊王国。这就是哲学语言的秘密，在哲学语言里，思想通过词的形式具有自己本身的内容。从思想世界降临到现实，变成了从语言降临到生活中的问题”。[②]马克思还深刻地揭示了思辨形而上学哲学的出路，“哲学家们只要把自己的语言还原为它从中抽象出来的普通语言，就可以认清它们的语言是被歪曲了的现实的语言，就可以懂得，无论思想还是语言都不能独自组成特殊的王国，它们只是现实生活的表现”。[③]

马克思写道：“从思维过渡到现实，也就是从语言过渡到生活的整个问题，只存在于哲学幻想中，也就是说，只有在那种不会明白自己在想象中脱离生活的性质和根源的哲学意识看来才是合理的。这是个大问题，由于它总是闪现在我们这些思想家的头脑中，当然最终一定会迫使这些游侠骑士中的一个人出发去寻找这样一个词，这个词作为词构成可寻觅的过渡，这个词作为词不再单纯是词了，这个词用神秘的超语言的方式指出从语言走到它所标示的现实客体的道路，简而言之，这个词在一切词中起一种和救世主一圣子在人们中起的基督教幻想的作用一样的作用。这位在哲学家中头脑最空虚最荒唐的哲学家一定会把哲学‘结束掉’，因为他宣布他本身之无思想就意味着哲学的终结，因而也意味着顺利地进入‘肉体’生活。”[④]

在这里，马克思进一步指出了德国唯心主义或唯灵论的思考方式：将

---

① 《马克思恩格斯全集》第 3 卷，人民出版社 1960 年版，第 525 页。

② 同上。

③ 同上。

④ 同上书，第 528—529 页。

思想、观念、精神等诸如此类的东西实体化、客观化与神秘化，使之变成独立于生活世界，甚至能够“创造”外在世界的超凡的力量；进而把它们诉诸具有可操作性的语言，使之获得充分的表现，比如采取各种语言戏法，如借助于对词源的考察、一词多义现象等；然后又把“语词”变成超语言化，使之具有创世、救世的能量，从而可以用来演奏他们虚幻的“狂想曲”。

四 对传统哲学超越的彻底性不同

尽管马克思哲学和现代西方哲学都实现了对传统哲学的超越，但是二者在超越的程度上却有着原则性差别。

（一）马克思哲学全面超越传统哲学

马克思哲学不仅实现了对传统哲学的超越，就其彻底性来说，也实现了对现代西方哲学的超越。

第一，马克思哲学彻底终结了那种超越实证科学的思辨哲学。近代以来，哲学家们都致力于运用先验逻辑的概念和范畴去构建思辨的哲学体系，黑格尔发展到登峰造极的地步。马克思指出，“只要按照事物的本来面目及产生情况来理解事物，任何深奥的哲学问题，都可以十分简单地归结于某种经验事实”①，“经验观察在任何情况下都……不应该带有任何神秘和思辨的色彩”。② 在马克思这里，哲学不再构建世界统一的体系，也不再提供世界整体图景的理论。他深刻指出，“在思辨终止的地方，在现实生活面前，正是描述人们实践活动和实际发展过程的真正的实证科学开始的地方。关于意识的空话终将终止，它们一定会被真正的知识所代替。对现实的描述会使孤立的哲学失去生存环境”。③ 这样，马克思把传统哲学的思辨方式予以彻底否定，也彻底超越了传统思辨哲学本身的内容。

第二，马克思把“对象、现实、感性”，“从主体方面去理解”，“当

---

① 马克思、恩格斯：《费尔巴哈》，人民出版社 1988 年版，第 20 页。

② 同上书，第 15 页。

③ 同上书，第 17 页。

作实践去理解”。[①] 马克思不是从思维与存在之间抽象对立的意义上，而是完全从具体的实践的观点，去总结自己的哲学与旧哲学之间的对立：马克思哲学“不是在每个时代中寻找某种范畴，而是始终站在现实历史的基础上，不是从观念出发来理解实践，而是从物质实践出发来解释观念的东西”。[②]

第三，马克思把哲学的关怀视野从抽象的观念世界或自在世界转向于现实的人的生活世界。黑格尔哲学是一个纯粹的范畴概念推演所构成的抽象王国，自然界和人类历史不过是这个纯逻辑世界的外化。费尔巴哈也批判了黑格尔的思辨性，主张把自然界和人当作哲学的出发点，但是由于理论和方法的限制而始终没有找到通往现实世界的哲学之路。马克思哲学视野中的“世界”，是以人的实践活动为基础和纽带的自然、社会和人三者相统一的世界，把哲学关怀的焦点转换到现实的生活世界，关注现实的人的生存状况，因而自觉地拒斥了一切先验的教条，摆脱了一切经院哲学的气息，并且把现实生活实践作为自己从事哲学批判的基地。

第四，如前所述，马克思哲学破除了体系哲学的形式格局，彻底否定构建体系哲学的做法。在马克思那里，哲学已经只是方法论。1890 年恩格斯在《致康·施米特》的信中指出，马克思哲学“首先是进行研究工作的指南，并不是按照黑格尔学派的方式构造体系的诀窍”[③]。这也是对近代哲学的重大超越。恩格斯在《致威·桑巴特》的信中曾这样说：“马克思的整个世界观不是教义，而是方法。它提供的不是现成的教条，而是进一步研究的出发点和供这种研究使用的方法。”[④]

第五，哲学不仅仅在于“解释世界”，更重要的在于“改造世界”。作为改造世界的马克思哲学，在对待社会现实问题方面，他不仅重视“批判的武器”，而且更重视“武器的批判”；他把哲学引向“感性的”现实实践活动，从而把哲学变成真正现实的哲学，使哲学走出了“象牙塔”。也正是因为这样，从诞生至今 160 多年以来，马克思哲学一直成为被压迫民族、被奴役阶级获得解放的精神武器，并得到广泛传颂。马克思哲学不

---

① 马克思、恩格斯：《费尔巴哈》，人民出版社 1988 年版，第 83 页。

② 同上书，第 37 页。

③ 《马克思恩格斯全集》第 37 卷，人民出版社 1971 年版，第 432 页。

④ 《马克思恩格斯全集》第 39 卷，人民出版社 1965 年版，第 406 页。

再只是思想领域内的哲学，而是投身于人们改造世界的物质实践活动。所以，马克思哲学的深远影响是任何其他哲学所无法比拟的。

（二）维特根斯坦哲学没有彻底超越传统哲学的范式

1. 维特根斯坦哲学是对传统哲学的反叛。

首先，维特根斯坦的哲学观是对传统哲学的一个严峻挑战。维特根斯坦认为，“关于哲学问题的大多数命题和问题不是虚伪的，而是无意义的……是由于我们不理解我们的语言的逻辑而造成的”。[①] 仅仅这一评语，无异于一颗重磅炸弹，把两千多年来哲学家们殚精竭虑所构建的传统哲学炸出个大窟窿。第二，他的哲学（或者说是反哲学）的手法是“分析”，前期针对人工化的理想语言，运用关于语言的“图像论”来对哲学问题进行逻辑分析，而后期则针对日常语言，从“语言游戏”的角度解构传统哲学，把哲学作为世界观和方法论的学说降低到分析命题的活动。第三，从哲学的地位来看。传统哲学，在古希腊时是城邦治理的工具，是实现公平正义的有效途径，中世纪是神学统治的工具，近代则是“科学的科学”，到了黑格尔那里更是一度成为国家治理的御用工具。而维特根斯坦一反传统，直接“消除哲学”，把哲学打入“十八层地狱”，这不能不说是一个极大的反叛。第四，从哲学的方式来看。传统哲学家竭尽所能，构建种种哲学体系，试图把世界诸现象统统纳入其解释范畴。而维特根斯坦则挥起解构的剃刀，把哲学问题从“语言”这个哲学的表达形式层面剃了个干干净净，剩下的只是自然科学命题，哲学只是确保命题的澄清，使其在逻辑上明晰而已。总而言之，维特根斯坦哲学的确具有很强的反传统特征，在一定意义上超越了传统哲学。

2. 维特根斯坦哲学的反叛没有跳出形而上学的窠臼。

首先，维特根斯坦哲学因袭了传统哲学的独断论风格。西方哲学史上，很多哲学家的哲学思想具有很强的独断论倾向，从泰勒斯的“水是万物的‘始基’”、柏拉图的“理念论”、宗教哲学的“上帝”到黑格尔的“绝对精神”，无不折射出这种意蕴。维特根斯坦的哲学著作中，诸类问题十分明显，比如“世界是事实的综合”、“命题是原子命题的真值涵项”，等等，缺乏对充足理由率的尊重和坚守。

---

① ［奥］维特根斯坦：《逻辑哲学论》，贺绍甲译，商务印书馆 1996 年版，第 41 页。

其次，是“精英派”哲学。传统哲学历来是少数人的哲学。从泰勒斯到柏拉图，从亚里士多德到黑格尔，无不贯穿这样一种线索，而在黑格尔那里尤为明显。黑格尔的逻辑学是一个“纯粹理念”、“纯粹思想”的超感官的世界，“逻辑科学的内容一般讲来，是超感官的世界，而探讨这个超感官的世界亦即遨游于超感官的世界”,[①] 他还认为要进入这个世界就“需要一种特殊的能力和技巧”[②]，“首先必须在抽象思维中训练自己”[③]。而这样的在纯粹概念王国去遨游，不是一般人所能做到的，绝对属于“精英派”哲学。维特根斯坦尽管在观念层面否定了传统哲学，但是在哲学风格上没有超出传统哲学。维特根斯坦的哲学建立在其高深的数理逻辑基础之上，而数理逻辑是一个纯粹抽象的符号王国，而且非经过专门训练所不能达到的，光这一点，就已经把普通民众甩得远远的，从《逻辑哲学论》最初一直难以得到出版商的认可而屡屡遭到拒绝出版，连罗素和弗雷格这样的哲学大家都难以彻底搞清楚其真实意蕴。这难道不是在构建超级抽象的“逻辑王国”么？所以，说维特根斯坦因袭了传统哲学的“遗风”一点也不过分。

再次，忽视实践的重要性。传统哲学的重要缺陷之一就是没有正确看待实践的重要性。康德的《纯粹理性批判》考察并批判了形而上学命题，提出“作为科学的未来形而上学”的问题，认为如果有那样的形而上学，那它的主要任务就是限于批判地考察理性的能力，使它不得僭越理性的范围去得出经验无法证实的甚至是自相矛盾的命题。黑格尔的《逻辑学》可以说是对这个问题做出了回应，他把哲学建立在概念王国之上，演绎了一个“绝对精神”的体系，过于抬高“精神”的地位，轻视了实践的作用。维特根斯坦哲学，无论前期还是后期，都片面倚重语言而忽视实践。后期的“语言游戏”、“生活世界”也带有实践的意蕴，但是毕竟那是被置于他的语言之下的东西，或者说是为了抬出他的语言的需要，不得不关注语言出现的场合而已。换句话说，“语言”在维特根斯坦那里就是一切，其他东西（包括实践）都是其次的，因而他的语言带有“本体”的味道。关于语言的地位问题，维特根斯坦之前近百年的马克思早就指出：

① ［德］黑格尔：《小逻辑》，贺麟译，商务印书馆1997年版，第67页。

② 同上书，第63页。

③ 同上书，第39页。

"'精神'从一开始就很倒霉，受到物质的'纠缠'，物质在这里表现为振动着的空气层、声音，简言之，即语言。语言和意识具有同样长久的历史；语言是一种实践的、既为别人存在因而也为我自身而存在的、现实的意识。语言也和意识一样，只是由于需要，由于和他人交往的迫切需要才产生的。"① 马克思还批判了黑格尔之后的所谓青年黑格尔派只是注重精神世界的建构而忽视实践的问题，他指出："青年黑格尔派玄想家们尽管满口讲的都是所谓'震撼世界的'词句，却是最大的保守派。如果说，他们之中最年轻的人宣称只为反对'词句'而斗争，那就确切地表达了他们的活动。不过他们忘记了：他们只是用词句来反对这些词句：既然他们仅仅反对这个世界的词句，那么他们就绝对不是反对现实的现存世界。"② 这是切中要害之评价。维特根斯坦哲学其实没有根本超出语言的框架。

总之，以维特根斯坦为代表的现代西方哲学在一定程度上对传统哲学进行了挑战甚至颠覆，但是不够彻底，没有超出传统哲学的理论范式。正因为这一点，现代西方哲学注定不可能像马克思哲学那样对社会现实产生深远的影响。马克思哲学与现代西方哲学分别属于"理论范式"与"实践范式"，这是二者的根本区别之关键。

五　根本性目的任务不同

（一）维特根斯坦的哲学是资产阶级改良性哲学

维特根斯坦的哲学反映了人们对几千年来的西方哲学围绕着同样的问题争论不休而未能解决任何实质性问题的思辨和论辩传统的失望态度。他在《逻辑哲学论》中直截了当地宣告了哲学主题被消解的命运："哲学的正确方法固应如此：除可说者外，即除自然科学的命题外，亦即与哲学无关的东西外，不说什么。"③ 换言之，哲学不应有自己的问题和命题，它只是揭示科学命题的意义以及形而上学命题的无意义的分析活动。后期维特根斯坦从日常语言分析入手，继续宣扬这种哲学观，如说："哲学是一

---

① 《马克思恩格斯全集》第3卷，人民出版社1960年版，第34页。

② 同上书，第22—23页。

③ ［奥］维特根斯坦：《逻辑哲学论》，贺绍甲译，商务印书馆1996年版，第104页。

场战斗，它反对的是用我们的语言作为手段来使我们的理智入磨。”①；“哲学问题的形态是：‘我不知道出路何在’”②。他说他的目的是为了“给捕蝇瓶里的苍蝇指明飞出去的途径。”③。哲学活动最后应达到“完全的明晰性”，但“这不过意味着哲学问题的消失”。如果哲学有什么真正发现的话，那只是“使我能够在想从事哲学时终止哲学，让哲学安息”。维特根斯坦还说：“并没有一种哲学方法，尽管的确有许多方法，正如有不同的治疗法一样。”④ 后人把这种哲学观称为“治疗性哲学”，它通过消除哲学问题来治疗“哲学病”。然而，哲学问题被消解之后，哲学将不复存在；“哲学病”被治愈后将不再有职业哲学家，所以有人把维特根斯坦的哲学叫做“自杀性哲学”。

维特根斯坦说：“哲学目的在于治疗。”意思是：本不该有哲学问题，哲学问题出现是哲学家误用了我们日常语言，说了不该说的话。我们任务就在于：当一个人搞哲学时候，让他停下来，对他进行“治疗”，让他从语言误用回到语言日常用法上来。这样，哲学问题就消除了，哲学家病也就治好了。“不应想，而应看！”维特根斯坦号召我们从形而上学迷雾中迷途知返，回到清楚明白、单纯简洁日常生活世界里来。

在维特根斯坦看来，传统哲学问题是由于我们对语言的误解而产生的，哲学问题说到底就是语言问题。所以，他认为要消除哲学的困难和问题，我们必须研究语言的逻辑结构或逻辑句法，通过对语言进行逻辑分析来消除传统哲学问题，并把语言分析作为自己哲学的任务。他说：“哲学不是自然科学之一。哲学的目的是从逻辑上澄清思想。哲学不是一门学说，而是一项活动。哲学著作从本质上来看是由一些解释构成的。哲学的成果不是一些‘哲学命题’，而是命题的澄清。可以说，没有哲学，思想就会模糊不清：哲学应该使思想清晰，并且为思想划定明确的界限。”⑤维特根斯坦认为哲学不是一门学说，而是一项澄清命题意义并且为思想划界的活动，哲学不是自然科学的一个分支，它的目的、任务与方法都与自然科学完全不同。他关于“哲学的目的和任务”的观点深深地影响了石里

① ［奥］维特根斯坦：《哲学研究》，李步楼译，商务印书馆1996年版，第71页。

② 同上书，第75页。

③ 同上书，第154页。

④ 同上书，第78页。

⑤ ［奥］维特根斯坦：《逻辑哲学论》，贺绍甲译，商务印书馆1996年版，第48页。

克，使他认识到哲学的关键在于研究语言的逻辑结构，并从不同的方面表述和说明了他对于哲学的目的和任务的新观点，他认为哲学是一种"确定或发现命题意义的活动"，科学是研究命题的真理性的活动，哲学是求意义的学问，科学是求真理的学问，哲学与科学是截然不同的，哲学不是"科学"的一个分支。在《哲学的转变》中，石里克写道："我们现在认识到哲学不是一种知识体系，而是一种活动的体系，这一点积极表现了当代的伟大转变的特征；哲学就是那种确定或发现命题意义的活动；哲学使命题得到澄清，科学使命题得到证实。科学研究的是命题的真理性，哲学研究的是命题的真正意义。因此哲学的授意活动是一切科学知识的开端和归宿。"[①]维特根斯坦的思想对石里克的思想产生了强烈的影响，促成他的哲学思想的转变，使他认识到哲学问题不是对事实有所陈述的问题，而是语言的问题，哲学的任务在于澄清命题的意义。

维特根斯坦哲学根本上是属于资产阶级的哲学，受其阶级局限性的束缚，没有能够跳出制约其哲学的阶级基础来看哲学。这一点，类似于马克思批判青年黑格尔派时所描述的情形："既然这些青年黑格尔派认为，观念、思想、概念，总之，被他们变为某种独立东西的意识的一切产物，是人们的真正枷锁，就像老年黑格尔派把它们看作是人类社会的真正镣铐一样，那么不言而喻，青年黑格尔派只要同意识的这些幻想进行斗争就行了。"[②] 这种典型的本末倒置的思维方式，当然无法与马克思哲学相提并论，其哲学理论也不可能成为真正的改造世界的"精神武器"，不可能为人类的彻底解放找到一条现实的路径。虽然现代西方哲学也关注社会现实生活，也关注资本主义社会中人的异化问题，但是他们对资本主义社会的批判不能触及社会的根基，因为他们并不主张摧毁或撼动资本主义制度存在的基础，也不主张废除资本主义社会去建立新的理想的社会制度。无论现代西方哲学对资本主义的批判多么激烈尖锐，其实都是在资本主义所许可的范围之内进行的。所以，维特根斯坦等现代西方哲学其实都是资产阶级改良性的哲学。

---

① ［德］石里克：《哲学的转变》，载《逻辑经验主义》（上卷），商务印书馆 1982 年版，第 9 页。

② 《马克思恩格斯全集》第 3 卷，人民出版社 1960 年版，第 22 页。

（二）马克思哲学是无产阶级的革命哲学

首先，从哲学基础来看。马克思哲学以人的具体的历史的交往实践为基础，从事实际交往活动的人及其主体尺度出发，反省和批判现实世界的不合理性，借助无产阶级的物质力量，实现哲学对现实世界的革命。马克思哲学具有坚实的阶级基础，并且从一开始就旗帜鲜明标榜自己的阶级属性，就自觉地将哲学革命与引领无产阶级的解放斗争紧密地结合在一起，以现实的革命斗争的需要为导向，使哲学成为现实的社会制度革命的“精神武器”，并在具体实践中不断丰富和发展。马克思在《黑格尔法哲学批判导言》中指出：“哲学把无产阶级当做自己的物质武器，无产阶级也把哲学当做自己的精神武器。”① 他还指出：“德国惟一实际可能的解放是从宣布人本身是人的最高本质这个理论出发的解放。……在德国，不消灭一切奴役制，任何一种奴役制都不可能消灭。彻底的德国不从根本上开始进行革命，就不可能完成革命。德国人的解放就是人的解放。这个解放的头脑是哲学，它的心脏是无产阶级。”② 马克思的哲学革命，经历了一个从追求“精神解放”到“政治解放”，再到“人类解放”的发展过程。马克思主义哲学以解放全人类为自己的根本价值目标。因此，为了一切人，和一切为了人，构成了马克思哲学价值目标的根本内容，也奠定了马克思哲学革命的坚实群众基础。

其次，从目的来看。马克思哲学革命的根本目的，就在于促进无产阶级推翻旧的资本主义社会制度、建立新的社会主义制度的革命斗争，由此实现无产阶级和全人类的彻底解放。正如恩格斯在《马克思墓前的讲话》中所言：“马克思首先是一个革命家。他毕生的真正使命，就是以这种或那种方式参加推翻资本主义社会及其所建立的国家设施的事业，参加现代无产阶级的解放事业。”③马克思的哲学革命的逻辑结果是建立“革命哲学”，但这不是他的根本目的；他的根本目的在于使现代无产阶级从哲学上觉醒，意识到自身的地位和需要，意识到自身解放的条件，进而推翻旧世界、建立新世界。因此，对马克思的哲学革命及其思想的理解，也必须

① 《马克思恩格斯全集》第1卷，人民出版社1956年版，第467页。

② 同上书，第467页。

③ 《马克思恩格斯全集》第19卷，人民出版社1963年版，第375页。

以马克思首先是一个革命家为坐标。

就实现人的解放这个目标而言，革命的无产阶级与现实的哲学的关系是心脏和头脑的关系。无产阶级的彻底解放标志着从根本上改变无产阶级的地位，也就是使无产阶级不再作为无产阶级而存在，或者说消灭无产阶级本身。而这要求消灭一切奴役制度、一切阶级特权和阶级对抗，使一切人都摆脱被异化的状态，完全恢复为人本身，也就是恢复为摆脱了阶级压迫和剥削等一切奴役、具有作为人的自由和尊严、能充分发挥自己的个性的人。因为无产阶级只有使一切人完全恢复为人才能使自己完全恢复为人，换言之，无产阶级只有求得人类的解放才能使自己得到完全解放。哲学是无产阶级从事这种解放斗争的精神武器，而哲学也只有成为无产阶级的精神武器，才能摆脱各种各样的扭曲，成为真正现实的哲学。

再次，从内容来看。作为马克思革命思想最集中最直接的文件，《共产党宣言》深刻阐述了马克思的革命性哲学的基本思想："无产者只有消灭自己现有的占有方式，从而消灭全部至今存在的占有方式，才能获得社会的生产力。无产阶级并没有什么特别需要保护的东西，它们必须打破至今保护过和保障过私有财产的东西…… 无产阶级运动是为绝大多数人谋利益的独立自主的运动。无产阶级是现代社会的最下层，它如果不摧毁压在自己头上的、由那些组成官方的社会的阶层所构成的全部上层建筑，就不能抬起头来，挺起腰来。"① "而这个斗争现在已经达到这样一个阶段，即被剥削被压迫的无产阶级，如果不同时使整个社会永远摆脱剥削、压迫和阶级斗争，就不再能使自己从剥削它压迫它的那个阶级（资产阶级）下解放出来。"② "共产党人到处都支持一切旨在反对现存社会政治制度的革命运动…… 他们的目的，只有用暴力推翻全部现存制度才能达到。"③革命无产阶级只有把哲学（马克思主义哲学）作为"精神武器"，用以武装自己的头脑，才有可能消灭一切剥削和奴役制度，实现无产阶级和全人类的解放；哲学也只有把革命无产阶级当作自己的"物质武器"，才能成为促进人类解放的真正现实的哲学。马克思由此接着说："哲学不消灭无产阶级，就不能成为现实；无产阶级不把哲学变成现实，就不可能消灭自

---

① 《马克思恩格斯全集》第4卷，人民出版社1958年版，第477页。

② 同上书，第478页。

③ 同上书，第504页。

己。”换言之，“一种哲学如果不能成为无产阶级消灭一切奴役制、或者说使无产阶级不再成为无产阶级（而这也意味着全人类的解放）的武器，就不可能是真正具有现实意义的哲学；而无产阶级如果不彻底改造以往哲学克服它们可能存在的各种片面性和局限性（也就是非现实性），使之成为现实的哲学，那无产阶级就不可能用它来消灭一切奴役制，解放自己和全人类。”①

总之，马克思哲学革命从根本上改变了西方哲学的阶级基础，从根本上超越了近代与现当代西方哲学家因阶级偏见无法摆脱的片面性与局限性。

六　后续影响不同

马克思哲学革命和维特根斯坦哲学革命都产生了巨大的影响，但是各自的影响范围和影响深度具有很大的不同。

（一）维特根斯坦哲学的影响

维特根斯坦哲学对当代西方哲学的发展所产生的影响是广泛的、深远的。他是当代西方哲学最有影响的、最重要的哲学家，也是当代分析哲学的首创者之一。其后续影响主要表现在：

1. 维氏对哲学观的全新阐释，开辟了西方哲学的道路。

维特根斯坦认为对语言的误解是传统哲学问题产生的根源，通过语言分析可以解决和消除传统哲学问题，因而他指出：“哲学不是一种学说，而是一种活动”，并为之作了不懈的努力。在《逻辑哲学论》中，维特根斯坦认为哲学是对思想和语言的逻辑进行说明的活动；在《哲学研究》中，哲学被规定为一种对日常语言的用法进行的描述活动，在维特根斯坦看来，只有用描述的方法，哲学才不会陷入混乱，哲学才能走上正确的发展道路。

维特根斯坦主张通过“语言批判”来解决传统哲学问题，不管他的主张能不能治愈哲学“疾病”，但是他提出了与传统哲学完全不同的考虑

① 刘放桐：《马克思在哲学上的革命变更对西方现当代哲学的超越》，《哲学研究》2001年第8期，第13—19页。

问题和研究问题的方式，拓宽了哲学的研究领域和人们的研究视野，从而极大地推动了哲学研究的发展。维特根斯坦认为，传统哲学的混乱是由语言的误用造成的。所以，维特根斯坦在前期主张逻辑语言分析，倡导并推动了逻辑经验主义运动的蓬勃发展；在后期，他提出“不要想，而要看”，号召人们从形而上学的迷雾中迷途知返，回到清楚明白、单纯简洁的日常生活的世界里来。“语言游戏说”是他治疗传统哲学疾病的处方，借助日常语言的用法，主张在语言的实际使用中研究语言的意义，哲学的任务是纠正语言的形而上学用法消除传统哲学的混乱，并且促成了日常语言学派的产生与发展。

维特根斯坦对哲学的性质和任务的全新阐释，是西方哲学观上的一次革命性的变革，预示着现代西方哲学发展的新道路。

2.《逻辑哲学论》极大推进了逻辑主义的发展。

维特根斯坦前期哲学从根本上影响了第二次世界大战期间流行于欧洲的逻辑原子理论和逻辑实证主义。其前期代表作《逻辑哲学论》被20世纪一个重要的哲学流派——维也纳学派奉为经典，在该派的学术活动中被逐字逐句地讨论和分析。维也纳学派的许多重要论断或者是直接来源于维特根斯坦或者对维特根斯坦的观点的进一步发展，主要体现在：对哲学的任务和目的进行重新界定，指出哲学不是一种学说，而是对命题进行逻辑分析的活动；形而上学命题是无意义的；意义的证实问题等。

3.“语言游戏说”促成了日常语言学派的形成和发展。

“语言游戏说”打破了以往的哲学研究中的本质主义倾向，转向了对现实的具体讨论，把语言看成是人类的一种活动，语言的意义是由语言的具体使用来规定的。维特根斯坦的“语言游戏说”拓宽了语言分析的领域，使得分析哲学由对语言的逻辑语形分析走向了对语言的语用分析。维特根斯坦关注日常生活的语言哲学观点，对日常语言哲学产生了深远的影响，牛津学派的奥斯汀创立的“语言行为说”就是对维特根斯坦的“语言游戏说”的继承和发展。英国著名哲学家艾耶尔曾指出：“维特根斯坦以及维也纳学派指出一个观点，认为哲学家们由于不了解他们所使用的语言的作用，从而滥用了语言，所以莫名其妙地感到困惑，并且有时进行无意义的议论，奥斯汀认真地吸取了这些观点。……他相信，对一种自然语言，比方说英语的某些表达式的日常使用方式进行艰苦的研究具有肯定的价值。"[①]在维特根斯坦用日常语言分析方法对语言用法进行描述的基础上，奥斯汀主张对日常语言进行透彻分析，对各种用法加以系统的和细微的分类。他认为，对语言用法的分类就是对言语行为的分类，因为说话就是做事，语言本身包含着行动的力量，因此，不同的说话方式可以表示做不同的事情。他把说话的力量称作"语旨力"，根据不同的语旨力，言语行为可以分为三类：表达语意行为、完成语旨行为、取得语效行为。总之，维特根斯坦后期语言哲学观点对现代语言哲学，特别是日常语言哲学产生了深远的影响，关注日常生活，关注日常生活中语言与行为的关系，是他们共同特点。

4. 对现当代西方哲学产生深远影响。

第一，维特根斯坦的哲学观对西方现当代哲学领域影响很大。维特根斯坦对哲学持否定的态度，他的哲学其实已经呈现"非哲学"的特质。无论是前期还是后期维特根斯坦，都认为几乎所有哲学问题都是伪问题，或者至少是被不正当的思维搞成伪问题，因此，哲学的工作就是对思维方式进行治疗，或者干脆就是对哲学自身的治疗。这种哲学观念，在西方哲学界迄今都还有广泛市场。

第二，维特根斯坦哲学的方法对后来影响很大。维特根斯坦的哲学是"解构性"哲学，恰恰符合后现代主义的胃口。维特根斯坦"语言游戏"概念，几乎成为所有"后现代"哲学家用以"解构"现代哲学思维方式"万能武器"。就在维特根斯坦逝世后不久，利奥塔在《后现代知识状况》中，运用维特根斯坦的"语言游戏"概念"解构"自西方启蒙运动以来"宏大叙事"，他由此成为"后现代主义之父"。而维特根斯坦则被利奥塔、福柯还、德里达等人，尊为"后现代"思想的先驱和鼻祖。值得一提的是，20 世纪 70 年代兴起的"分析学派马克思主义"就是借鉴维特根斯坦哲学方法的典型，他们模仿维氏，运用现代数学、数理逻辑和模型分析等手段来研究马克思主义理论。

当然，也有人指出，维氏哲学是"叫好不叫座"，虽然人们不断称赞这种惊人的看法如何如何深刻，但实际上不愿意接受。人们可能会觉得，接受这样冷酷的革命未免会失去太多而又得不到补偿。[②]

---

① ［英］艾耶尔：《二十世纪哲学》，李步楼译，上海译文出版社 1987 年版，第 267 页。

② 赵汀阳：《维特根斯坦的"思想传统"》，《开放时代》杂志 2001 年第 3 期。

5. 为划清哲学与科学的界限提供了一种思路。

哲学与科学的关系问题由来已久。近现代的许多哲学家都把哲学和自然科学纠缠在一起，陷入了无法自拔的困境。维特根斯坦认为，正是因为传统哲学家没有把哲学和科学区分开来，才使传统哲学陷入困境。因此，他坚持把科学和哲学完全区分开。在《逻辑哲学论》中，他认为："哲学不是自然科学之一。（'哲学'一词所指的东西，应该位于各门自然科学之上或者之下，而不是同它们并列）"[①]在后期哲学中，维特根斯坦界定了"说明"方法和"描述"方法的差别，认为这就是科学方法和哲学方法的对立。"说明"的目的是改造，哲学家研究语言是为了解决哲学问题、澄清思想，而不是改造语言。他一再声称哲学不是科学，哲学在分析语言时不能运用科学研究的方法，因为哲学要通过分析语言的用法来展示各种各样的思维模式，而不能局限在科学思维模式中。在维特根斯坦看来，把科学的模式或方法用于哲学研究，势必会导致人们使用某种僵化的、刻板的思路或模式对待丰富多彩的日常生活，缺乏对语言的"全貌概观"，这恰恰是哲学病产生的一个主要原因。维特根斯坦哲学与科学关系的界定，为人们把握科学与哲学的界限，提供了一种全新的思路。

（二）马克思哲学革命的影响

马克思哲学与人类思想史上的所有其他哲学派别的根本区别，就在于马克思把哲学的"阿基米德点"建立在"交往实践"之上，把他的交往实践唯物主义用作武装无产阶级的"精神武器"，把无产阶级作为"改造世界"的"物质武器"，以实现无产阶级和全人类的解放和全面自由的发展。这是马克思哲学革命的伟大意义之所在。也正是因为这样，才产生了广泛而深远的影响：

第一，马克思主义哲学引领并开展了轰轰烈烈的共产主义运动。

19世纪上半叶，欧洲工人运动的日益高涨，但是法、英、德三国工人运动都遭到失败。其中的重要原因就是缺乏一个正确理论的指导，以及一个以科学社会主义理论为指导的无产阶级革命政党的领导。以马克思主义为理论成果的马克思哲学革命就是致力于填补这项空白。马克思努力把自己的哲学和无产阶级的革命运动结合起来，并为建立这样的党进行了大

---

① ［奥］维特根斯坦：《逻辑哲学论》，贺绍甲译，商务印书馆1996年版，第48页。

量的宣传和组织工作。1847年6月“正义者同盟”在伦敦举行第一次代表大会，根据马克思提议将改名为“共产主义者同盟”（“第一国际”）；1847年11月29日—12月8日共产主义者同盟在伦敦举行第二次代表大会，审查并批准马克思、恩格斯起草的《共产党宣言》，确定“推翻国际资产阶级，建立无产阶级统治，建立无阶级、无私有制的新世界”的革命目标，号召“全世界无产者联合起来”，标志着国际共产主义运动的兴起。从此，共产主义者同盟便以世界上第一个无产阶级政党的崭新面貌和战斗姿态，出现在国际阶级斗争的政治舞台上，开展轰轰烈烈的共产主义运动。

马克思去世之后，1889年7月14日在恩格斯领导下召开“国际社会主义者代表大会”（“第二国际”），来自22个国家的393名代表齐聚巴黎，李卜克内西、倍倍尔、瓦扬、拉法格等27人组成大会主席团，主要讨论了国际劳工立法和工人阶级的政治、经济斗争任务，通过了以每年5月1日作为“国际劳动者节日”的决议。“第二国际”运动的主要政治产物是当今欧洲各国政治中仍然活跃和活动着的左翼政党——社会民主党、社会党和工人党（如英国工党）。1920年在瑞士伯尔尼大会上，“第二国际”更名为“工党及社会党国际”。这个运动直到今天仍存在着，截至2007年6月，社会党国际有各类成员党和组织约161个，是当今世界上最大的国际性政党组织。此外，活动于欧盟议会的欧洲社会党，也是社会党国际联盟的组织之一。

“20世纪的社会主义运动，是在马克思主义指导下进行的，在苏联执政的是马克思主义政党，所有的社会主义都宣布效忠于马克思、效忠于马克思的理论。马克思的理论、著作被广泛印发、宣传，马克思的论断被作为真理广泛应用。”①

1919年3月，列宁创建“第三国际”，在莫斯科召开了国际共产主义代表会议，来自21个国家的35个政党（包括中国共产党）和团体的52名代表参加。十月革命胜利之后的几十年里，以苏联共产党为首的各国共产党纷纷取得执政权，形成了一个强大的社会主义阵营。直到今天，以中国为典型的共产主义国家在社会主义事业建设中取得全面胜利，一直都是

---

① ［英］梅格纳德·德赛：《马克思的复仇》，汪澄清译，中国人民大学出版社2006年版，“译者前言”第7页。

以马克思主义理论作为行动指南的。

这些事实，充分证明了马克思哲学革命的后续影响力是何等深远。这一方面是由于马克思哲学的阶级立场决定的，另一方面因为马克思主义哲学是一种世界性的哲学，它打破了以往哲学"民族性"的壁垒，不再是面对世界的一般哲学，而是面向整个世界的哲学。而维特根斯坦等现代西方哲学，从其一开始就是作为一种"学院派哲学"的面貌出现的，完全是一种"精英哲学"，无普及之意，也难以普及，只能远远脱离广大人民大众，必然导致现代西方哲学不可能像马克思哲学那样在世界范围内、长时间受到欢迎和追捧。

第二，刺激了资本主义社会的发展。

马克思哲学革命及其所发展起来的马克思主义，不仅对于无产阶级的革命事业和社会主义事业具有重大的理论指引作用，而且对于资产阶级反观资本主义社会也具有重要的借鉴作用，正如英国学者梅格纳德·德赛所说："马克思不是资本主义的朋友，但他是它最优秀的学生。他毕生65年的大部分时间都在致力于研究资本主义的动力，并发现这些力量将最终导致资本主义的灭亡和被共产主义取代。"① 马克思哲学革命对整个人类历史进程都产生了深远的影响，"这种影响不仅表现在共产党执政的社会主义国家，也表现在非共产党执政的资本主义国家；不仅表现在经济文化落后的发展中国家，也表现在经济文化先进的发达国家。"② 在资本主义国家，马克思主义依然是最具影响力的社会思潮之一。当代不少在世界范围内影响巨大的西方社会科学家，都和马克思主义有着千丝万缕的关系，甚至有些直接就被冠以"马克思主义者"的称号。西方国家曾经最有影响的思想家，从马尔库塞（美）、萨特（法）到葛兰西（意），都被指认为"西方马克思主义者"。当今国际上最具影响力的思想家，从德里达［法］、哈贝马斯［德］、吉登斯［英］到美国后现代主义代表人物詹姆逊等，都在相当程度上对马克思的思想持肯定态度，有的甚至被认为是西方的"马克思主义者"。

---

① ［英］梅格纳德·德赛：《马克思的复仇》，汪澄清译，中国人民大学出版社2006年版，第4页。

② ［英］戴维·麦克莱伦：《马克思的复仇》"总序"，汪澄清译，中国人民大学出版社2006年版，第1页。

马克思之所以在西方国家具有如此深远的影响力，主要可以归结为三点：其一，马克思理论的准确预测力。比如他对资本主义的预测，早在1848年，马克思就看到了资本主义难以置信的生产活力和革命潜力。在《共产党宣言》中，他看到并充分肯定了资本主义的全球化性质，指出："由于需要不断扩大产品的销路，资产阶级就不得不奔走全球各地。它不得不到处钻营，到处落户，到处建立联系。""资产阶级榨取全世界的市场，使一切国家的生产和消费都成为世界性的了。……挖掉了工业脚下的民族基础。""过去那种地方的和民族的闭关自守和自给自足状态已消逝"，"民族的片面性和狭隘性已日益不可能存在，"[①] 取而代之的是各个民族的普遍交往。马克思逝世100多年之后的资本主义发展历程，充分证明了这一点。在比如，马克思对资本主义经济危机也作出了令人惊叹的预测，以至于2008年美国次贷危机引发的金融风暴发生之际，《资本论》在欧美国家成为最畅销书。其二，马克思哲学所提供的方法。马克思哲学革命产生了一系列新的方法论，主要包括辩证法、唯物史观、阶级分析方法等。今天看来，这些方法无论是对于自然界，还是对于人类社会的发展，都具有极强的解释力，对于科学研究和社会分析，对于党的建设和社会治理，都是很有针对性的方法论工具，至今仍有着很强的生命力。西方资本主义国家的学者，比如熊彼特、凯恩斯和哈耶克等，深入研究马克思的理论与方法，并运用这些方法致力于研究资本主义的局限，寻找资本主义的替代方案。马克思的理论，客观上刺激了"国家调控经济"、"福利国家"等政策的出台，对于资本主义国家制定改良政策具有重要借鉴作用，在一定意义上使得社会主义与资本主义不断趋同。其三，马克思主义理论在实践中的成功，也增加了马克思理论本身的吸引力。1929年席卷西方资本主义世界的经济危机爆发期间，苏联却"风景独好"，呈现欣欣向荣的景象，以至于资本主义理论家和政要都着手研究苏联模式的优点，在各国施政方案中开始重视计划手段来管理经济社会。在21世纪的今天，资本主义依然充满活力，在某种意义上得益于马克思对资本主义的深刻解剖。其四，马克思哲学革命的价值观最具永恒的魅力。马克思主义的价值观，即消灭剥削与压迫，充分发展人的个性，实现全人类的彻底解放，最终实现"自由人的联合体"，仍然是当代许多进步的、正直的学者所憧憬

① 《马克思恩格斯全集》第4卷，人民出版社1958年版，第469页。

的理想。

第三，冲击并影响了资本主义的意识形态。

马克思的哲学革命，本质上就是批判资本主义弊端的产物。自始至终，马克思哲学就对这个世界的剥削、压迫、贫富分化等不公平现象予以深刻揭露，对资产阶级的意识形态予以无情批判。如果1848年《共产党宣言》发表之时，共产主义还只是一个在欧洲游荡的“幽灵”的话，那么20世纪中叶开始，共产主义绝对已经形成为一股强大的现实的政治力量，无论在舆论与意识形态层面，还是在现实的国家政权方面，都对资本主义形成强大的高压态势。两大阵营的形成与较量，在一定程度上可以说是马克思主义“幽灵”对资本主义意识形态的全面冲击。据统计，仅1992—1993年，法国就出版了至少三部研究马克思主义的专著，掀起一股重新阅读、评价马克思思想的浪潮。1995年9月，法国《当代马克思主义》杂志社发起召开了“国际马克思”学术研讨大会，吸引全世界各地上千学者参加会议，法国主要报纸《人道报》和《解放报》分别以《马克思主义引起了轰动》《马克思没有死》为标题进行公开报道。1998年5月，世界各地近千名学者云集巴黎，纪念《共产党宣言》问世150周年，再次引发对马克思主义的广泛关注。1999年，英国BBC广播公司在网上开展“千年最伟大思想家”评选活动，马克思得票名列榜首，竟然超过爱因斯坦的得票数。2005年7月，英国广播公司第四电台举办全球最伟大哲学家评选活动，马克思在前二十强中独占鳌头，得票率高达27.93%，远远超过第二名的苏格兰哲学家休谟。

正如梅格纳德·德赛在《马克思的复仇》一书所指出的那样，“除了造就一批声誉卓著的国际著名学者外，马克思主义对当代西方社会科学的影响还体现在以下两个方面：一是促成了新的学术流派的诞生；二是开拓了新的社会科学分支学科”。[①] 第二次世界大战以来，西方发达国家各色各样的思潮粉墨登场。其中，影响最大的有三种，即新自由主义、新保守主义、新马克思主义。所谓新马克思主义，是在经典马克思主义的直接影响下产生的，是经典马克思主义在当代发达资本主义国家的变种，其实质就是西方资本主义学者按照他们自己所理解的马克思主义理论，对当代发

① ［英］戴维·麦克莱伦：《马克思的复仇》“总序”，汪澄清译，中国人民大学出版社2006年版，第1页。

达资本主义国家的现实处境作出新的理论解释，集中反映了马克思主义对当代西方社会科学理论的巨大影响，在人文社会科学的各个主要领域，出现了所谓的“新马克思主义经济学”、“新马克思主义政治学”、“新马克思主义社会学”等，它们的产生与马克思主义有着深刻的渊源关系。①

西方发达资本主义国家内部出现的西方马克思主义理论流派，借用马克思哲学的方法与工具，站在资本主义的前沿阵地，对资本主义的新情况、新问题展开深刻的研究与批判。它们批判的话语形式，甚至批判的立论根据，都是马克思的思想。萨特就赞扬马克思主义是当代唯一不可超越的哲学，他所指的主要是历史唯物主义；而哈贝马斯则提出了重建历史唯物主义的要求。凡此种种理论现象都表明，当代西方思想（主要是欧陆哲学中），仍然在历史唯物主义面前觉察到了自身的某种空缺。因此，产生于19世纪的马克思哲学，即交往实践唯物主义，仍然是当代西方思想中的强有力的对话者和参与者，具有强大的生命力。

① ［英］戴维·麦克莱伦：《马克思传》“总序”，中国人民大学出版社2008年版，第1页。

第七章

基本结论与启示

一　基本结论

（一）从维特根斯坦看分析哲学的成败

维特根斯坦是分析哲学的典型代表。从以上比较分析可以看出，维特根斯坦等分析哲学家们的哲学变革既有成就，也存在严重的缺陷。

维特根斯坦哲学的成就主要表现在：

第一，强调语言中介和分析工具，澄清了不少哲学疑难问题。

从莱布尼茨开始，西方哲学家就不断有人指出日常语言的不精确性，不能够很好地表达哲学命题，并产生许多不必要的误解和问题。现代逻辑的发展，对分析哲学起了很大的促进作用。他们借助逻辑分析，对形而上学的有效性和合理性提出新的、更明确的回答，对于澄清科学陈述中的语词的意义以及各种概念，都起到重要作用。与罗素一样，维特根斯坦（前期）相信，世界和语言具有同构性。他们讲的语言，并不是日常语言，而是所谓“理想语言”。早期的分析哲学家由此出发，希望能够构造一种人工的理想语言，来使哲学变得更精确，哲学问题变得更容易解决。这种理想语言的基本要求是，它必须是清楚唯一的，不会产生歧义的，与世界之间存在着不可替代的同构关系。

维氏等人所创立和倡导的语言分析方法是分析哲学最重要的理论成果，在现代思想文化的各个方面都产生了重要影响。尽管它们过分抬高语言分析的地位，把语言分析作为一种独立的哲学研究活动，甚至是唯一的哲学研究活动，这是明显不对的。但是，语言分析作为一种重要的研究方法，其意义却是不容低估的。语言分析是使我们的概念保持清晰，避免因逻辑混乱造成思想不清的有力保证。在经过了现代分析主义思潮的洗礼之后，任何一个哲学家在建构他的理论体系时，都不可能回避对其概念进行语义分析的问题，从分析基本概念着手，这几乎成了哲学研究中一种普遍采用的方法。实际上，不只是在哲学中，在其他理论领域，如基础科学、美学、伦理学、政治学及文学理论中，都广泛地运用到了语言分析的方法。

第二，使哲学的分析方法得到前所未有的加强。

分析作为一种哲学研究的方法，在维特根斯坦那里得到空前的强化。与以往的哲学家相反，维特根斯坦并不致力于建构庞大的哲学体系，而是主张从小问题着手来解决哲学问题。和罗素一样，前期维特根斯坦也十分强调哲学上的形式分析或逻辑分析方法，即从纯粹逻辑的观点分析语言的形式，研究现实和语言的最终结构。后期维特根斯坦与摩尔以及日常语言学派，则强调概念分析或语言分析，即研究概念的各种特性、特质以及它们之间的相互关系，仔细分析与认识有关的某些具体词汇。分析哲学家尤其是逻辑经验主义者，强调要以自然科学，特别是数学和物理为模本建立自己的理论，要使自己的概念和论证达到自然科学那样的精确程度。他们利用数理逻辑作为自己的主要研究手段，并建立了一套技术术语。

作为一种哲学研究的新工具，分析方法对后来西方现当代哲学都产生了重大影响，20 世纪 70 年代兴起的“分析学派马克思主义”就是运用现代数学、数理逻辑和模型分析等手段来研究马克思主义的基本理论，试图为其确立“微观基础”。因此有必要把他们所运用的数理逻辑及其形式化的研究方法与其作出的哲学结论相区别开来。前者大多具有科学价值，后者则往往是唯心主义的。

正如我国学者王路所指出的那样：“分析哲学的方法已经不仅仅限于分析哲学本身，而是成为哲学领域的共同方法和基本方法。”① “分析哲学的方法和对待哲学问题的态度已经牢固地融入英美哲学的传统中去了。”②江怡教授认为，评价分析哲学是不是终结或衰落，“关键就是要看分析的

---

① 王路：《分析哲学与哲学分析》，《清华大学学报》（哲社版）2007 年第 1 期。

② 张庆熊：《二十世纪英美哲学》，人民出版社 2005 年版，第 3 页。

方法在如今的英美哲学中仍然是哲学研究的主要方法。”[①] 王路认为，这样的方法“如今不仅在英美分析哲学，而且在欧陆哲学中，也是非常常见的”。[②]

不过应该指出，维特根斯坦等分析哲学家的分析方法存在一些缺陷：第一，过于夸大分析方法的作用。它们把分析方法夸大为哲学研究的主要的方法乃至唯一的方法，甚至把方法上升到内容的地位，正如罗素《我们关于外部世界的知识》所言：“每一个哲学问题，当它接受必要的分析和净化时，都可发现它要么根本不是哲学问题，要么在我们使用逻辑一词的意义上说是逻辑问题。”[③] 第二，往往把语言的内容和形式割裂开来。第三，由于片面强调哲学研究的科学性，过于倚重分析方法，结果就导致综合性不够，使得他们的研究成果往往显得烦琐，不能对认识对象作出全面、概括和综合的说明。

第三，强化了语言的意义研究，并从语言的意义来研究世界的意义。

尽管维特根斯坦在《逻辑哲学论》中并没有明确谈到命题意义的证实问题，但是据魏斯曼的记录，维特根斯坦曾明确指出：“命题的意义是它被证实的方法。意义本身是一种证实方法，这种方法不是手段，也不是工具。”[④]在《逻辑哲学论》中维特根斯坦认为判断一个命题有无意义的标准：一是看它是否合乎逻辑句法规则，二是看它是否构成实在的逻辑图像。命题要有意义必须合乎逻辑句法规则，这是最起码的要求。维特根斯坦说：“我们不能思想非逻辑的东西，否则我们就必须非逻辑的思想。”[⑤] 这就是说，人们可以思想和表达的只能是合乎逻辑的东西，因此有意义的命题不可能有逻辑错误。命题符合逻辑句法与否取决于其组成部分是否确定地意指一个对象。维特根斯坦的意义标准强调的是一种逻辑上的可能性。早期的逻辑实证主义者，特别是被称作维也纳学派主要代表人物的石里克，在意义的证实问题上深受维特根斯坦的影响。他在《意义和证实》

---

① 江怡主编：《现代英美分析哲学》下卷，凤凰出版社、江苏人民出版社 2005 年版，第 969 页。

② 王路：《分析哲学与哲学分析》，《清华大学学报》（哲社版）2007 年第 1 期。

③ ［英］罗素：《我们关于外部世界的知识》，上海译文出版社 1995 年版，第 28 页。

④ ［奥］维特根斯坦：《维特根斯坦与维也纳学派》，徐为民译，同济大学出版社 2004 年版，第 186 页。

⑤ ［奥］维特根斯坦：《逻辑哲学论》，贺绍甲译，商务印书馆 1996 年版，第 31 页。

中这样来表述他的证实原则："陈述一个句子的意义，就等于陈述使用这个句子的规则，这也就是陈述证实（或否证）这个句子的方式。一个命题的意义，就是证实它的方法。"①同时还指出："可证实性的意思就是证实的可能性。"②所以，石里克提出的证实原则是强调证实的可能性而不是证实的实际实施过程。这种证实的可能性是与命题的逻辑句法规则相关的"逻辑可能性"，而不是同自然规律不矛盾的"经验可能性"。石里克在《意义和证实》中说："必须强调指出，当我们讲到可证实性时，是指证实的逻辑可能性，除此以外，没有任何别的意思。"③在石里克看来，一个命题是"逻辑上可能的"，它就是有意义的；反过来，一个命题是"逻辑上不可能的"，它就是无意义的。石里克关于命题意义的可证实原则实际上是在维特根斯坦的直接影响下得出的，强调证实是一种逻辑上的可能性，两者之间确实有一定的亲缘关系。

第四，对形而上学进行了一定程度的清理。

在很长时间里，维也纳学派的主要成员大都认为维特根斯坦同他们一样反对形而上学。例如，石里克认为，逻辑分析方法造成了使形而上学"没落"的伟大"转折"，维特根斯坦则是"一直推进到这个决定性转变的第一人"。④其实，这是对维特根斯坦思想的一个误解，维特根斯坦与维也纳学派的真正分歧表现在对形而上学的态度上，虽然双方都认为形而上学的命题是无意义的胡说，但是他们对于形而上学问题的态度却迥然不同。对于维也纳学派来说，哲学就是利用现代逻辑的成果对形而上学的有效性和合理性问题进行逻辑分析，逻辑分析是他们反对形而上学的武器，他们要通过对语言的逻辑分析彻底地清除形而上学。维特根斯坦虽然也用逻辑分析的方法去批评形而上学，认为形而上学命题是无意义的命题，但他并不反对形而上学，更不是要清除形而上学，相反他对形而上学深怀敬意。他在写给费格尔的一封信中说："有一句话我曾想写在前言里，但事实上没有写，我现在把它写给您，因为它也许是您了解此书的一把钥匙。我原想写的话就是：我的著作是由两个部分构成的，一部分就是在此书中

---

① ［德］石里克：《意义与证实》，载《逻辑经验主义》上卷，商务印书馆 1982 年版，第 39 页。

② 同上。

③ 同上书，第 47 页。

④ 同上书，第 7 页。

发表出来的东西，另一部分则是我没有写出来的东西。而重要的却正是这第二个部分。”[①]这第二部分显然就是指“不可说”的形而上学，《逻辑哲学论》是逻辑分析和形而上学的一个奇特的结合，正是这一奇特的结合给该书罩上了神奇的光环，从而使它从问世以来一直备受关注。传统形而上学的一个根本错误或缺陷，就是它在现实世界之外又虚构了一个超感性的“本体”世界，并把它作为哲学运思和把握的对象，而这正是造成哲学与现实生活错位与背离的根源。《逻辑哲学论》指出：语言的本质（逻辑本质）是世界的本质，语言的界限就是我们的世界的界限，我们的整个世界在本质上就是语言（逻各斯）的世界，一切问题在根本上都可以归结为语言问题来解决。前后期维特根斯坦其实都是致力于建构一种理想语言作为自己哲学的目标，前期的理想语言是人工的逻辑语言，而后期的理想语言是日常语言。在维特根斯坦这里，理想语言就具有“本体”的意味。他这种将“世界”还原为单纯的“语言世界”的做法，其实是传统形而上学思维模式的翻版。他在致力于摧毁传统形而上学的实体性本体论的同时，又不知不觉地建构了一个新的语言化的本体论。所以，从这个意义上来讲，维特根斯坦反形而上学是不彻底、不成功的。

维特根斯坦哲学在取得以上成绩的同时，也存在一些明显的缺陷，主要表现在以下几点：

第一，维氏对传统形而上学之错谬的诊断是欠恰当的。

维特根斯坦一反常规，把哲学的兴奋点转向到关注、分析表达哲学思想的媒介——语言，认为传统思辨哲学的错谬就在于它们错误使用语言而造成的。这个观点是很值得商榷的。

不管是写作《逻辑哲学论》时的维特根斯坦，还是写作《哲学研究》时的维特根斯坦，本质上前后都是致力于建构一种理想语言作为自己追求的目标。前期维特根斯坦认为，理想的语言是人工构建的逻辑语言，后期维特根斯坦认为，理想的语言是日常使用的自然语言。不仅如此，维特根斯坦还使得这种理想语言上升到“本体”的地位：语言的本质（逻辑本质）就是世界的本质，语言的界限就是我们世界的界限，我们的整个世界在本质上就是语言（逻各斯）的世界，一切问题在根本上都可以归结为语言问题来解决。

---

① 引自陈启伟《西方哲学论集》，辽宁大学出版社 1998 年版，第 235 页。

这种“理想语言”的实质就在于，它成为继理念、上帝、意志或物质之后的一种新的“本体”：世界的本质就是语言；语言的界限等同于世界的界限；我们的整个世界在本质上就是语言（逻各斯）的世界；一切问题在根本上都可以归结为语言问题来加以解决。

无论是前期维特根斯坦，还是维也纳学派的哲学家，都把建构一种理想语言作为其哲学追求的目标。这种将纷繁芜杂的世界，简单地还原为纯粹的语言世界，再将其抽象化为一种逻辑架构的做法，至少在思维方式上讲，是属于传统形而上学的范畴，或者是传统哲学思维模式的翻版。传统形而上学的致命缺陷就在于，这些哲学都是在现实世界之外，虚拟地构建一个超感性的“本体”世界，并把它作为哲学的主题。这就不可避免地造成哲学和现实生活相脱节，使哲学成为凌驾于现实生活之上的精神王国。由于未能对传统形而上学本体论哲学的这个根本错误予以正确认识，维特根斯坦等分析哲学家们在“解构”传统形而上学的实体主义的本体论时，不知不觉又建构了一个新的、语言本体论（逻辑语言、日常语言）。这样一来，分析哲学就重新建构了一个“本体”世界，即理想语言的世界。这其实正是形而上学思维方式的延续。总之，分析哲学虽然标榜自身是反形而上学的旗手，但实际上却不自觉地在思维范式上延续了传统形而上学的衣钵。

哲学问题的出现，固然有些是与语言有关的，但是最根本的原因还在于哲学思想所代表的现实性矛盾。社会存在决定社会意识，哲学不能脱离现实而独立存在。哲学危机反映的一定是时代的危机。如果把哲学危机或错谬的根源归结为语言，这是“主犯”没抓却抓了个“从犯”，或者说是找了个小喽啰来做“替罪羊”。

马克思的高明之处就在于，他深刻洞察到了形而上学的问题所在，并且不希望像传统哲学那样把精力浪费在无聊的精神思辨活动中，因此他再三主张“取消”、“消灭”与“实现”哲学，自觉地把“哲学”（他变革后的哲学）与无产阶级解放的伟大历史实践有机结合起来，真正做到“哲学把无产阶级当作物质武器”和“无产阶级把哲学当作精神武器”，使哲学革命有了扎实的现实基础。这不仅是哲学思维范式的根本转变，而且对哲学性质、形态、价值与功用等都进行了全方位的革命。

第二，维氏等人将哲学局限于语言分析，实际上是对哲学边界的缩小。

在形而上学领域里，包括全部价值哲学和规范理论，逻辑分析得出反面结论：这个领域的全部陈述都是无意义的。他们将语言分析视为哲学的使命，从语言分析作为突破口，运用现代逻辑作为精确分析的工具，对表述哲学思想的语言进行逻辑分析和语义分析，使哲学逻辑化、科学化和分析化，希望以此来达到哲学思想的明晰性和确定性，一劳永逸地解决一个个具体的哲学问题。

分析哲学所提倡的分析技术主要是澄清语言的逻辑形式，是以形式逻辑为依据的实际应用分析。维特根斯坦等分析哲学家们只关心清晰地描述世界，主张对概念的含义以现代逻辑所允许的方式表述出来，使命题间的推论接近于数学演算，而且把这种逻辑分析技术运用于任何哲学讨论，以中立性的立场去要求语言，表述该怎样表述，话该怎样去说。分析哲学家们把哲学的主题规定为对语言的逻辑分析，实质上是运用中立的技术去服务非中立的立场。由于这种现代逻辑技术的新颖性与独特性，使人们很容易注意到这种分析技术本身的优点，认为没有比这种技术更能清楚谈论问题的方式，甚至使分析哲学非常可疑的立场也变得颇有吸引力。分析哲学的立场大致包括经验主义、实在论、实用主义等。

分析哲学家普遍追求清晰性，但是哲学仅仅有清晰性是不够的，还需要深刻性、真理性和价值性等。正如成中英所指出的那样："20 世纪上半叶，追求清晰性是分析哲学的重要特征。但是，到了 70 年代，分析哲学家对自身的看法以及对哲学的要求正在改变。早在 1963 年，英国哲学家路易斯编著的一本叫《清晰并不够》（*Clarity Is Not Enough*）的论文集，在序言里明确表示'只是清晰还不够。'这表明，西方哲学家对分析哲学有一种新的认识和省思。确实，追求概念的清晰、系统条理的分明、精确和论证的充分，这是分析哲学的特色。但是，这些并不能真正把握人生和道德的深刻价值、意义和真理。"①

分析哲学企图使哲学服从思想观念之外的语言与逻辑，不免陷入语言形而上学或逻辑形而上学。哲学不是逻辑的分支，哲学与逻辑分别管理着思想观念世界里的"内容"与"形式"两个层面的事务。哲学为了达到内容清晰的境界，可以借助逻辑的方法来对表述哲学的语言予以必要澄清，但是逻辑技术是中立性的，哲学问题毕竟不是语言问题或逻辑问题，

① ［美］成中英：《论中西哲学的精神》，东方出版中心 1991 年版，第 56 页。

逻辑形式上的澄清是不足以使语言问题完全清晰的。分析哲学家们后来也认识到这一点，并力图通过建立意义理论来弥补其逻辑分析上的不足。但是，其意义理论本身却是非中立的。

“指称论”等观点只是分析哲学的哲学观念，实际上是前技术的一些立场。尽管根据这些哲学立场所引的意义理论在整体上是不恰当的，但它关于语言与实在的关系的澄清在技术方面却是范例。这种技术特别关注把逻辑注入语言，迫使语言呈现出其中的逻辑结构。这种集中表现在利用现代逻辑中的量词、约束变项、逻辑主词等概念所进行的改写方式。维特根斯坦、罗素、蒯因都可以说是这方面的杰出代表。例如，罗素曾举例“当今法国国王是秃子”，这个命题无论真假，其实都预设了这个“法国国王”的存在，否则这个命题就无意义。从逻辑上分析，可以改写为：存在一个X，使得：①存在一个个体是当今法国国王；②有且仅有一个个体与X等同；并且③X是秃子。这样就把含有摹状词的语法主词（当今法国国王）改写为一个不含有摹状词的逻辑主词。经过这样的逻辑改写，命题“当今法国国王是秃子”的假或无意义的属性就暴露出来了。

蒯因的“本体论承诺”，从语义上可表述为“存在即成为一个变项的值”，换言之，为了使一个理论中作出的断定为真，该理论的约束变项必须能够指称某些实体，该理论仅仅对这些实体作出承诺。比如，“有些狗是白的”可以改写为：至少存在一个X，使得X是狗并且是白的；或者至少有一个个体使得（X是狗并且是白的）能够成立。这就等于要求我们在声称某种实在时就必须提供其承诺条件。

他们认为知识是科学的专有领域，科学说明了我们的世界，哲学能做的只是分析和批评各种科学理论和观念。因此，哲学只是一种分析语言命题的方法。哲学的任务“只是从逻辑的观点讨论科学。哲学是科学的逻辑，即是对科学概念、命题、证明、假设、理论的逻辑分析；各门科学中有构造概念、命题、证明、假设、理论的各种可能的方法，我们从这些方法可以看出一些共同的方面，而哲学就是对这些共同的方面的逻辑分析。”这样，哲学就变成了逻辑和语言哲学，知识的问题就变成知识的陈述。

辩证地看，语言问题确实是个重要问题，但是无论如何，语言问题终究不能成为人类实践活动中的唯一问题，甚至不是最根本或最重要的问题。人类生活的领域非常广泛，而语言活动仅仅是其中的一种活动而已，所以语言问题也只是其中的一种问题。“不管分析方法怎么重要，都只能是一种研究的方法，而不应当也不能够代替哲学研究本身。”①如果把哲学仅仅局限于对语言问题的分析或研究上，实际上是对哲学思考范围的缩小，也就缩小了哲学的边界，也弱化了哲学观照与影响人类现实生活的能力。所以，分析哲学为哲学所指定的未来发展路径其实并不理想，甚至可以说是“离谱”。哲学必须超越单纯的语言分析，才会有真正的突破与发展。

第三，维氏为代表的分析哲学普遍脱离生活实际。

后期维特根斯坦哲学号称走向“生活世界”，但是这是什么样的生活世界呢？到底有没有走进真正的生活世界呢？

哲学来自于现实而非现实本身。哲学作为思想是对现实的提纯，它以概念方式反映现实，正如黑格尔所说哲学是思想中的时代，哲学表达人类的理性自觉，是理论的自我意识和意识的自我理论，更多地运行于超验领域，具有高度的概括性与抽象性特征，通过范畴、原理诉诸和规范人的思维世界与价值世界。作为理论化系统化的世界观与方法论以中介方式作用于现实，作为悬浮于空中的意识形态距离经济基础最远，似乎就有点为了理论而理论，为了信仰而信仰之嫌。“这种‘纯理论’和‘纯信仰’看起来很美，其实是空中楼阁，缺乏坚实的现实基础和群众基础，充其量是一种海市蜃楼的幻境。”

我们评价一种哲学是否建立在现实基础之上，关键要看它是否能让绝大多数人获益，是否能使尽可能多的人得到好处，是否有利于最广大人民群众的身心发展。维特根斯坦所建立的哲学，是以“语言”为其哲学基地的。他的前、后期哲学分别根植于理想语言和日常语言，通过对这两种语言进行分析，确定我们关于世界的知识到底有多少是真实可信的。他的哲学工具是逻辑的方法，用逻辑分析方法来确定这些命题的意义。他取消传统哲学家对于哲学本体、本质、价值、意义等观念，对后来的分析哲学的发展产生重大影响。由于他们片面强调哲学研究的科学性，把大部分甚至全部精力用于研究某些细小问题，忽视或者拒绝研究哲学基本问题，致使他们的研究背离哲学的本质，并与现实社会生活脱节，流于纯粹学院式

---

① 胡波：《拒斥形而上学——论分析哲学对形而上学的批判及其局限》，《重庆社会科学》2003年第3期。

的研究。

事实上，现在的分析哲学已经不仅仅限于这种逻辑的分析、句法结构的分析，它关涉的内容更为复杂、更为多样。比如说，它关涉一些关于概念的分析，什么叫概念的分析呢？按照英国当代哲学家皮特·斯特劳森的说法，所谓概念的分析是指我们要把一个概念放到它所出现的一个命题或者判断之中来加以考察。分析或者研究任何一个概念都需要考证这个概念所出现的语言环境，或者是概念图式。通过分析这个概念图式，我们可以从中找到康德哲学的影子。换句话说，20 世纪后半叶的分析哲学在某种程度上呈现出对传统哲学“回归”的迹象。

在 19 世纪中叶的哲学危机中，产生了以分析哲学为代表的科学主义哲学，还有以价值哲学为代表的人文主义哲学。关于哲学的价值，二者所持的哲学信念截然不同。正如怀特海所说，“当我们接触到罗素和摩尔的传统，接触到维特根斯坦，接触到逻辑实证主义哲学家时，我们就会发现一种完全不同的哲学传统。在这种传统中的哲学家不承认哲学必须缔造一个囊括和解释科学、艺术、道德、宗教和政治的世界观。他们没有一个人认为哲学是文化批判的工具，他们大都对公共和个人生活问题、对文化和实践问题规避不谈，好像这些都与哲学家毫无关系似的”。[①]在 20 世纪 70 年代之前，哲学的主流的是科学主义哲学思潮。传统哲学关怀人、关怀人类未来命运的志趣，被科学主义那种关怀语言、关怀逻辑的倾向所取代，对经验可靠性与精确性的追求，摧毁了哲学为人类的价值选择提供合理的价值观念的传统。这样，哲学变得越来越远离人类生活，越来越被边缘化。

（二）对马克思哲学的合理评价

马克思哲学是哲学史上最伟大的创举，引领了并将继续引领无产阶级乃至整个人类解放的实践，具有无与伦比的崇高思想意境；而作为颇受推崇的维特根斯坦，他所实现的哲学革命，也引起了人们哲学视角的转换，他使得西方分析哲学从对逻辑分析的偏爱与倚重，转向了语言哲学和生活世界哲学。但是关怀的范围、价值功用等方面，都没有达到马克思的高度。马克思与维特根斯坦都对人类文明作出了重大贡献，但无论是作为千

① 怀特海：《分析的时代》，商务印书馆 1986 年版，第 11 页。

年最伟大思想家还是千年最伟大哲学家，我们都认定马克思，这不仅是由于马克思是西方媒体与专家评定的千年最伟大思想家与哲学家，而是因为马克思哲学不仅清楚地“解释”了世界，更重要的在于他实现了哲学和无产阶级的有机结合，找到了哲学“改变世界”的可行途径。

但是，马克思哲学也存在一些值得完善的地方：第一，技术性层面，比如对语言进行逻辑分析方面略显不足；第二，有些基本概念缺乏明确的定义，导致后来者产生认识上的不一致或分歧。

概而言之，维特根斯坦把语言看作是人的存在方式，把哲学从思辨路向转轨到语言分析（逻辑语言、日常语言）路向，在哲学领域开启了哲学的革命性变革，极大地改变并推动了西方哲学的发展进路，的确堪称“哲学的革命”；而马克思把哲学“从思想世界降临到现实世界”，把哲学与无产阶级和全人类的现实解放紧密结合起来，成功地实现了“哲学的革命”与“革命的哲学”的双重变奏，成功地把他的哲学转换为无产阶级和全人类解放事业的精神武器。这正是马克思与维特根斯坦乃至所有西方哲学家的根本区别之所在，也是马克思超越现代西方哲学的地方。

二　几点启示

（一）所谓哲学问题与哲学危机

反对形而上学是现当代西方哲学的共同口号，它们竭力倡导消解哲学，利用历史学、逻辑学、心理学的一些观念（本来只不过是哲学工作的对象）把哲学搞得支离破碎，使哲学的对话日益困难。这充分暴露了当代西方哲学的危机，其主要根源固然在于社会本身的危机，但另一个重要原因就是当代西方哲学本身只顾忙于滥用逻辑、数学、历史等学科的方法来克服哲学思想上的混乱，导致无暇顾及哲学本身的问题。

以维特根斯坦为代表的当代西方哲学虽然带有反叛性质，但却难以说是革命性的。第一，逻辑分析对于理解清楚哲学问题具有重要作用。无论把某种观念或命题理解为什么，这种理解都必须是足够清楚的、能够被客观理解的。理解的客观性比理解的主观性更为基本。不能通过逻辑分析的理解必定是难以理解的。分析技术上的进展，可以说是分析哲学的主要成就。第二，逻辑分析不足以消解哲学问题。逻辑分析的新颖性与准确性很容易使人产生一种迷信心理，以为逻辑分析足以解决或消除哲学问题。其实，任何一个企图消解哲学的主张本身就是一个哲学的观念。即便我们能够完全按照逻辑分析的严格要求谈论问题，还是有可能是在胡说八道；即便我们以足够清晰的方式描述了事实，但在做出普遍性断言时所使用的观念或方式还是哲学的。第三，带有明显舍本逐末的嫌疑。在分析哲学那里，语言问题简直成为哲学首要的问题。分析哲学的"分析的方式是零敲碎打，分析得越来越烦琐，只是在一些枝微末节的小问题上花工夫，缺乏对对象的整体说明，缺乏对哲学大问题的思考。"①

分析哲学在分析中就利用了一些哲学原则来充当判定内容的准则。归根结底，所谓哲学问题最终还是出在思想观念层面，而并非语言逻辑层面。语言只是思想的外化形式，没有超出语言本身的规则，所以语言本身是不会犯规的，而经常犯规的恰恰是思想观念。只有混乱的思想与观念，没有混乱的语言与逻辑。哲学的问题只能从哲学所赖以生存的现实社会制度上去寻求解决方案。

在笔者看来，这多少有点掩耳盗铃之嫌。第一，哲学作为一种思维，必定是与人类俱始终的，是难以消灭的，因为"任何一个企图消解哲学的主张本身就是一个哲学观念"。② 第二，哲学与语言不等同，终究只是内容与形式的关系。分析哲学致力于唤起人们对语言的关注，但是没有意识到语言问题的局限性，掉进语言的陷阱里不能自拔，以为弄清楚语言问题就等于解决了哲学问题。在它们开来，思想观念问题本身，诸如真假、意义、本体论与认识论等问题，统统是没有意义的形而上学问题，而且被认为是可以在语言分析或解释中得到解决的。这实在是本末倒置。第三，逻辑方法不是万能的。分析哲学家们认为，通过逻辑分析可以把哲学问题统统解决。这其实是谎言，没有对症下药。正如赵汀阳先生所言："语言问题的混乱的根本原因是企图把一些不属于语言的问题放在语言层面上来解决或消解"③、"逻辑分析是不足以消解语言问题的。"④

客观地讲，"绝大多数语句的含义从未造成真正的混乱，即使偶尔出

① 涂纪亮：《现代西方语言哲学比较研究》，中国社会科学出版社 1996 年版，第 36—38 页。

② 赵汀阳：《走出哲学的危机》，中国社会科学出版社 1993 年版，第 34 页。

③ 同上书，第 23 页。

④ 同上书，第 34 页。

现一些混乱，也未必就造成了哲学问题，因为语句的含义可以通过语言的规则系统，在逻辑的帮助下，甚至借助语境来在有限步骤内予以澄清。”①语言与思维属于两个不同的系统，具有重要区别。但是，二者又具有非常密切的关系。“语言是存在之家”。语言本身只是观念的表述形式或者是思维的存在形式，它与全部观念同在，任何一个思想观念的存在就已经直接说明了它在语言上是合法的，因为它已经被“语言地”制造出来了。而企图从语言中分析出或解释出某种对观念进行批判的原则，这是一个幻想。

和逻辑一样，语言的确是哲学的一个重要的问题。从逻辑上澄清语言问题，本来只是有效解决哲学其他问题的一个途径，可是在分析哲学那里却把对语言的逻辑分析活动本身当成了哲学的全部内容，在笔者看来，这是明显不对的。由于一切思想都在语言中表达，所以有哲学家就以为语言中的各种关系决定了思想观念的各种关系。这是本末倒置。事实上，语言只是思想观念的载体，语言的关系只是表面的，思想观念的关系才是深层的。

哲学，如果仅仅是在逻辑、语言的层面进行建构，那就只不过是“精神贵族”自娱自乐的游戏而已，是难以担当“改变世界”的使命的。中国哲学家张载说的好，哲学应该“为天地立心，为生民请命，为往圣继绝学，为万世开太平”②。所谓的哲学变革，如果连思想观念层面都没有达到，只是在语言层面进行，那岂能称作“哲学革命”？如果只在语言层面进行“革命”，那毫无疑问，只能是浮于表面，难以深入“骨髓”，也就不彻底了。维特根斯坦为代表的分析哲学认为，哲学的困难就出在语言上。这其实只看到表面症状，他们的分析工作确实减少了许多语言上的混乱，但是未必真正推进了哲学：他们消解了传统形而上学的同时却不得不再在语言与逻辑的世界里构建新的形而上学。

所以，哲学应该，也只有，在语言之外的世界，从思想观念上与客观实践之间的关系上去寻求思想的突破，才可能有实质性发展。哲学也只有抛弃对语言过分倚重的“语言情结”，把思想观念从语言的逻辑分析中拯救出来，恢复思想观念本身的批判与建设，这才有望从方法上走出现代西

① 赵汀阳：《走出哲学的危机》，中国社会科学出版社1993年版，第23页。

② 黄宗羲：《宋元学案》第1册，中华书局1986年版，第664页。

方哲学的危机。哲学危机说到底是现实危机的表现。这一点上，马克思早就有过非常深刻而清醒的认识。当年马克思在批判青年黑格尔派时就曾指出："'思想'一旦离开'利益'，就一定会使自己出丑。"①马克思认为，不能把外部的感性斗争变成纯粹观念的斗争，他指出："早在1789年路丝达洛编辑的报纸上就有这样的警句：'伟人们之所以看起来伟大，只是因为我们自己跪着。站起来吧！'但是要站起来，仅仅在思想中站起来，而现实的、感性的用任何观念都不能解脱的那种枷锁依然套在现实的、感性的头上，那是不行的。"②马克思深刻认识到，靠思想来改变世界是不行的，"思想从来也不能超出旧世界秩序的范围。思想根本不能实现什么东西。为了实现思想，就要有使用实践力量的人。"③

在这一点上看，马克思哲学可谓高瞻远瞩，所以它既不属于近代，更不专属于现代或后现代，或者说，它兼有现代性因素与后现代因素，它是开放的方法论体系，具有与时俱进的理论品格和不断创新、跨越时空的理论洞察力和颠扑不破的实践禀性。

（二）社会主义事业与马克思主义哲学

在《共产党宣言》中，马克思曾深刻指出资本主义的强劲发展势头，"由于需要不断扩大产品的销路，资产阶级就不得不奔走全球各地。它不得不到处钻营，到处落户，到处建立联系。……资产阶级既然把一切生产工具迅速改进，……它迫使一切民族都在惟恐灭亡的聂惧之下采用资产阶级的生产方式，在自己那里推行所谓文明制度，就是说，变成资产者。简短些说，它按照自己的形象，为自己创造出一个世界。"④今天，社会主义事业正面临着的诸多深刻挑战中，经济领域、意识形态领域的挑战最具决定性意义。"苏东剧变"之后，国际共产主义运动跌入低潮，"和平演变"以更加温和的面孔出现。

"和平演变"这个词出现在"二战"后，50—60年代的冷战时期。20世纪50年代初，美国国会议员杜勒斯在《十条诫命》里提出"和平演

---

① 《马克思恩格斯全集》第2卷，人民出版社1957年版，第103页。

② 同上书，第104—105页。

③ 同上书，第152页。

④ 《马克思恩格斯全集》第4卷，人民出版社1958年版，第469—470页。

变”这个想法，①是西方资本主义国家对社会主义阵营所采取的一种“超越遏制”战略，目的是促使社会主义国家的崩溃与瓦解。其过程中并不发生战争，是一种非暴力的衍生变化过程，所以叫“和平演变”。西方资本主义国家发现，通过武力侵略难以将社会主义国家摧毁，于是企图通过技术交流、文化交往等途径来影响社会主义国家的民众，使它们的心理、行为方式，进而是其生活方式，最终是国家运行机制，慢慢地演变成资本主义式的，从而在无硝烟的战场上，以不流血的方式，来消灭社会主义国家。关于“和平演变”战略的基本思路，根据尼克松的理解，是“寻找一种办法越过、潜入和绕过铁幕”，在两种制度之间进行“和平竞赛”，“这种竞赛将会促进他们的制度发生和平演变”，以使“共产主义从内部解体。”②

总结以往的实践，“和平演变”的主要途径大致有以下几种：第一种，思想渗透。主要是以资产阶级意识形态为核心，对社会主义国家进行思想上的侵蚀。比如，美国在西欧建立“自由欧洲电台”、“自由电台”，针对苏联以及东欧社会主义国家，专门进行政治的和文化的渗透。这两个电台公开宣称，它们的主要任务与目的就是，从美国的利益出发，通过向苏联、东欧国家的人民群众，特别是年轻人，“传播国际以及苏联、东欧国家内发生的重大信息”，介绍西方资本主义国家的成就、生活方式、价值观念，促进苏联、东欧的“言论自由”与“人权原则受到尊重”，即“尊重人权和民主原则、尊重言论自由”“促进自由交流思想”。第二种途径，分化瓦解。它们往往通过诱压兼施的方式，煽动苏联等社会主义国家的民族情绪，思想上、经济上、武装上全面支持这些国家内部的反对派，并且运用经济手段来诱压社会主义国家接受西方条件，动不动就以“经济制裁”相威胁。西方资本主义国家，特别是美国，随时密切关注着东欧、苏联等国的内部形势。比如，1980 年波兰“团结工会”成立以后，“美联社”、“路透社”、“自由欧洲电台”等西方媒体都大肆鼓吹；1982 年，波兰宣布取缔“团结工会”之后，美国就立刻宣布经济上制裁波兰；1987 年 7 月，美国总统甚至批准了美国国会关于资助波兰前“团结工会”的基层组织 100 万美元的法案，使资助“团结工会”的行动变得明目张胆，

① 石斌：《杜勒斯与美国对苏战略（1952—1959）》，中国社会科学出版社 2004 年版。

② ［美］理查德·尼克松：《真正的和平》，新华出版社 1985 年版，第 47 页。

完全公开化了。在波兰发生剧变的时侯，美、英、法等西方国家都对“团结工会”都给予巨大支持，对波兰社会主义政府施加了巨大的压力。由此，不难看出，西方资本主义国家对社会主义的“和平演变”战略，是“东欧剧变”的一个重要原因。

鉴于帝国主义把“和平演变”的希望寄托在中国第三代、第四代身上，毛泽东说，“我们要准备后事，要培养革命接班人。”① “如何防止出修正主义，怎样培养无产阶级的革命接班人?”毛泽东说：“第一条，要教育干部懂得马列主义，懂得多一些更好。”②

社会主义如果不能创造出优越于资本主义经济的发展模式，不能极大发展生产力、综合国力并提高人民的生活水平，就难以获得人民持久的支持与信任。我国的改革开放虽然取得一定成功，但是如何在风云变幻的世界格局中保持清醒的认识，引领世界社会主义国家走出贫穷和被颠覆的危险，依然是摆在中国共产党人和马克思主义学者前面的无比艰巨的历史课题。要彻底粉碎帝国主义势力“和平演变”中国的图谋，除了加强我国的经济建设之外，让广大党员干部全面、系统、准确地掌握马克思主义哲学是必不可少的，在当前和今后的很长时期，这都是反对和防止和平演变的法宝。

站在新全球化的历史地平线上，如何创新马克思主义，使它继续保持“引领世界无产阶级乃至人类解放的精神武器”的地位，是值得我们深思的问题。

（三）关于马哲与西哲对话的问题

马克思哲学革命的直接理论成果就是马克思主义哲学。马克思哲学革命的出发点和立足点都是无产阶级革命和人类的彻底解放，这就决定了马克思哲学不能“闭门造车”般地走思辨的道路，而必须也只有在无产阶级的革命事业和社会主义事业中才能体现其实践价值和理论意义，也才能获得自身发展的生命力。马克思主义哲学和现代西方哲学都是对西方近代哲学的超越与反叛，二者几乎是在同一时代背景上发展起来的，因而必然存在着密切的联系。以往由于种种原因，我国学界对现代西方哲学采取全

---

① 吴冷西：《十年论战》（下），中央文献出版社 1999 年版，第 781 页。

② 毛泽东：《建国以来毛泽东文稿》第 11 卷，中央文献出版社 1996 年版，第 85 页。

盘否定的态度，这对马克思主义本身的发展，特别是对于马克思主义中国化，存在一定的阻碍和消极作用。只有认真研究、合理评价与借鉴现代西方哲学，才能准确、全面地把握和运用马克思主义哲学。现代西方哲学中，无论科学主义还是非理性人本主义，由于受到其自身缺陷的制约，以及现实危机的压力，纷纷寻求出路和解脱。这就一定程度上为后现代哲学的出场提供了契机，同时对于马克思主义哲学而言也是个极好的机会。马克思主义哲学与后现代哲学都对资本主义进行了反思与批判，并且都为资本主义开出了“药方”。在这一点上，马克思主义哲学与后现代哲学存在某些相通之处。从适应我国现代化建设的要求来说，对马克思主义哲学的继承与发扬也必须与重新研究和评价现当代西方哲学相结合。马克思主义哲学只有既超越中国传统哲学，又超越现当代西方哲学，才堪当中国革命和社会主义建设的理论指南。其他西方哲学，比如维特根斯坦哲学，由于受其阶级立场、价值取向、理论深度等因素的制约，只能是精神世界或思想领域的昙花一现，不能担当引领世界历史潮流方向、指引无产阶级乃至全人类彻底解放的伟大历史任务。现代西方哲学的“语言转向”、“逻辑转向”，其实不过是哲学的走火入魔，是“哲学没落”的表现，是现代、后现代西方物质相对富足后“精神没落”的表现。但是，这个阶段又确实推动了逻辑学、语言学的发展，取得了一些可资借鉴的东西，因此，马克思主义哲学要加强与现当代西方哲学的对话，要与时俱进，加强自身的发展，进一步树立理论自信，增强马克思主义对社会主义事业的指导作用；同时积极融入并力争引领当代世界哲学大潮，占领意识形态“制高点”，掌握当代全球化时代的话语权。

参考文献

一　著作类

1.《马克思恩格斯全集》第 1、2、3、4、13、20、23、27、37、40、42 等卷，中文第一版，人民出版社 1956—1985 年版。

2.《马克思恩格斯选集》（第 1—4 卷），人民出版社 1972 年版。

3. 马克思：《资本论》第 1 卷，人民出版社 2001 年版。

4. 毛泽东：《建国以来毛泽东文稿》第 11 卷，中央文献出版社 1996 年版。

5. 柏拉图：《巴门尼德斯篇》，陈康译注，商务印书馆 1982 年版。

6. 全增嘏：《西方哲学史》（上、下），上海人民出版社 1983 年版。

7. 北大哲学系：《古希腊罗马哲学》，商务印书馆 1961 年版。

8. 康德：《实践理性批判》，关文运译，商务印书馆 1960 年版。

9. 康德：《未来形而上学导论》，商务印书馆 1982 年版。

10. 康德：《判断力批判》（上），邓晓芒译，人民出版社 2002 年版。

11. 康德：《未来形而上学导论》，商务印书馆 1982 年版。

12. 黑格尔：《法哲学原理》，商务印书馆 1961 年版。

13. 黑格尔：《哲学史讲演录》第 1 卷，商务印书馆 1996 年版。

14. 黑格尔：《小逻辑》，贺麟译，商务印书馆 1997 年版。

15. 黑格尔：《精神现象学》上卷，商务印书馆 1962 年版。

16. 海德格尔：《面向思的事情》，商务印书馆 1999 年版。

17. 海德格尔著，熊伟、王庆节译：《形而上学导论》，商务印书馆 1996 年版。

18. 任平：《出场学视域中的马克思主义哲学》，北京师范大学出版社 2009 年版。

19. 任平：《当代视野中的马克思主义》，江苏人民出版社 2003 年版。
20. 任平：《走向交往实践的唯物主义》，人民出版社 2003 年版。
21. 吴晓明：《形而上学的没落》，人民出版社 2006 年版。
22. 吴晓明：《哲学之思与社会现实——马克思主义哲学的当代意义》，武汉大学出版社 2010 年版。
23. 吴晓明：《思入时代的深处——马克思哲学与当代世界》，北京师范大出版社 2006 年版。
24. 俞宣孟：《本体论研究》，上海人民出版社 2005 年版。
25. ［英］罗素：《西方哲学史》上卷，中译本，商务印书馆 1982 年版。
26. ［英］M. 麦金：《维特根斯坦与〈哲学研究〉》，李国山译，广西师范大学出版社 2007 年版。
27. ［英］M. 怀特编著：《分析的时代——20 世纪的哲学家》，杜任之主译，商务印书馆 1981 年版。
28. ［英］艾耶尔：《二十世纪哲学》，李步楼译，上海译文出版社 1987 年版。
29. ［英］梅格纳德·德赛著，汪澄清译：《马克思的复仇》，中国人民大学出版社 2006 年版。
30. ［英］戴维·麦克莱伦：《马克思传》，中国人民大学出版社 2008 年版。
31. Gaivin Kitching and Nigel Pleasants, *Marx and Wittgenstein*: *Knowledge*, *Morality and Politics*, London and New York: Routledge, 2002.
32. ［德］费尔巴哈：《费尔巴哈著作选读》上卷，三联书店 1959 年版。
33. ［德］肖尔兹：《简明逻辑史》，商务印书馆 1977 年版。
34. ［德］哈贝马斯：《后形而上学思想》，曹卫东译，译林出版社 2001 年版。
35. ［德］弗·梅林：《马克思传》，人民出版社 1973 年版。
36. ［奥］维特根斯坦著，徐为民译：《维特根斯坦与维也纳学派》，同济大学出版社 2004 年版。
37. Wittgenstein, *Tractatus Logico Philosophicus*, London: Routledge, 1990.
38. ［奥］维特根斯坦：《逻辑哲学论》，贺绍甲译，商务印书馆 1996 年版。
39. ［奥］维特根斯坦著：《哲学研究》，李步楼译，商务印书馆 1996

年版。
40. ［美］丹尼尔·贝尔著，高铦等译：《后工业社会的来临》，新华出版社 1997 年版。
41. ［美］成中英：《论中西哲学的精神》，东方出版中心 1991 年版。
42. ［美］理查德·尼克松：《真正的和平》，新华出版社 1985 年版。
43. 洪谦：《逻辑经验主义》上卷，商务印书馆 1982 年版。
44. 涂纪亮：《维特根斯坦后期哲学思想研究》，江苏人民出版社 2005 年版。
45. 张学广：《维特根斯坦：走出语言囚笼》，辽海出版社 1999 年版。
46. 徐友渔：《“哥白尼式”的革命——哲学中的语言转向》，上海三联书店 1994 年版。
47. 孙正聿：《哲学通论》，辽宁人民出版社 1998 年版。
48. 张汝伦：《历史与实践》，上海人民出版社 1995 年版。
49. 张庆熊：《二十世纪英美哲学》，人民出版社 2005 年版。
50. 江怡主编：《现代英美分析哲学》下卷，凤凰出版社、江苏人民出版社 2005 年版。
51. 陈启伟：《西方哲学论集》，辽宁大学出版社 1998 年版。
52. 赵汀阳：《走出哲学的危机》，中国社会科学出版社 1993 年版。
53. 杨祖陶：《康德黑格尔哲学研究》，武汉大学出版社 2001 年版。
54. 杨祖陶：《德国古典哲学的逻辑进程》，武汉大学出版社 2002 年版。
55. 孙伟评：《价值论转向》，安徽人民出版社 2008 年版。
56. 王浩：《超越分析哲学》，浙江人民出版社 2010 年版。
57. 王治河：《后现代哲学思潮研究》，北京大学出版社 2006 年版。
58. 黄宗羲：《宋元学案》第 1 册，中华书局 1986 年版。
59. 石斌：《杜勒斯与美国对苏战略（1952—1959）》，中国社会科学出版社 2004 年版。
60. 吴冷西：《十年论战》（下），中央文献出版社 1999 年版。
61. 杨耕：《为马克思辩护》，黑龙江人民出版社 2002 年版。
62. 俞吾金：《实践阐释学：重新解读马克思哲学与一般哲学》，云南人民出版社 2001 年版。
63. 韩林合：《〈逻辑哲学论〉研究》，商务印书馆 2000 年版。
64. 王荣栓：《重读马克思》，人民出版社 2007 年版。

65. 仰海峰：《形而上学批判》，江苏人民出版社 2006 年版。
66. 崔唯航：《马克思哲学革命的存在论阐释》，中国社会科学出版社 2005 年版。
67. 江怡：《维特根斯坦传》，河北人民出版社 1998 年版。
68. 杨学功：《超越哲学同质性神话》，北京大学出版社 2010 年版。
69. 赵剑英、叶汝贤主编：《马克思哲学的当代意义》，社会科学文献出版社 2006 年版。
70. 于成俊：《马克思哲学本体论及其当代意义》，安徽人民出版社 2006 年版。
71. 张一兵：《马克思哲学的历史原像》，人民出版社 2009 年版。
72. 孙伯鍨、张一兵：《走进马克思》，江苏人民出版社 2001 年版。
73. 俞可平：《全球化的悖论》，中央编译出版社 1998 年版。
74. 韩林合：《分析的形而上学》，商务印书馆 2003 年版。
75. 江怡：《维特根斯坦——一种后哲学文化》，社会科学文献出版社 1998 年版。
76. 朱水林：《逻辑语义学研究》，上海教育出版社 1992 年版。
77. 韩水法：《批判的形而上学》，北京大学出版社 2009 年版。
78. ［英］罗素：《我们关于外部世界的知识》，上海译文出版社 1995 年版。
79. ［英］罗素：《逻辑与知识》（苑莉均译、张家龙校），商务印书馆 1996 年版。
80. ［加拿大］Robert Ware：《分析马克思主义新论》（鲁克俭等译），中国人民大学出版社 2002 年版。
81. ［法］德里达：《马克思的幽灵》，何一译，中国人民大学出版社 1999 年版。
82. 汪民安：《后现代性的哲学话语》，浙江人民出版社 2000 年版。
83. 何颖：《非理性及其价值研究》，中国社会科学出版社 2003 年版。
84. ［美］丹尼尔贝尔著：《后工业社会的来临》，高銛等译，新华出版社 1997 年版。
85. 徐友渔：《“哥白尼式”的革命——哲学中的语言转向》，上海三联书店 1994 年版。
86. 张学广：《维特根斯坦：走出语言的牢笼》，辽海出版社 1999 年版。

87. 张一兵：《神会马克思》，中国人民大学出版社 2004 年版。
88. 黄楠森：《马克思主义哲学史》，北京大学出版社 1987 年版。
89. 柯锦华、任平主编：《马克思主义哲学研究范式：创新与转换》，社会科学文献出版社 2010 年版。
90. 岳梁：《幽灵学方法批判》，任平主编：《马克思主义出场学研究丛书》，人民出版社 2008 年版。
91. 俞吾金：《重新理解马克思》，北京师范大学出版社 2005 年版。
92. 冒从虎：《德国古典哲学——近代德国的哲学革命》，重庆出版社 1984 年版。
93. 聂锦芳：《清理与超越：重读马克思文本的意旨基础与方法》，北京大学出版社 2005 年版。
94. 俞可平：《全球化时代的马克思主义》，中央编译出版社 1998 年版。
95. 王金福：《马克思的哲学在理解中的命运》，苏州大学出版社 2003 年版。
96. Mobgar, Thomas, *Death of Communism & Rebirth of Original Marxism*, Edwin Mellen Press, 1994.
97. Brudney, Daniel. *Mark's Attempt to leave Philosophy*, Harvard University Press, 1998.
98. Negri, Antonio. *Mark Beyond Mark*, *Boulder*, Col.: Westview Press, 1996.
99. Rockermore, Tom. *Mark after Marxism*, Blackwell Publishers Ltd., 2002.
100. Cohen, G. A. *Karl Marx's Conception of Man in Capitalist Society*, 2nd edition, Cambridge University Press, 2001.
101. Levine, Norman. *Divergent Paths*: *Hegel in Marxism and Engelsism.*, University Press of America, 2005.

二 论文类

1. 任平：《资本全球化与马克思——马克思哲学的出场语境与本真意义》，《哲学研究》2002 年第 12 期。
2. 任平：《马克思之后的哲学革命：当代路向及其意义》，《新华文摘》2010 年第 4 期。
3. 任平：《走向交往实践的唯物主义》，《中国社会科学》1999 年第 1 期。
4. 任平：《论马克思主义哲学研究的出场学视域》，《中国社会科学》2008

年第 4 期。
5. 刘放桐：《马克思在哲学上的革命变更对西方现当代哲学的超越》，《哲学研究》2001 年第 8 期。
6. 孙正聿：《怎样理解马克思的哲学革命》，《吉林大学社会科学学报》2005 年第 3 期。
7. 吴晓明：《重估马克思哲学革命的性质与意义》，《复旦学报》2004 年第 6 期。
8. 张汝伦：《马克思的哲学观和"哲学的终结"》，《中国社会科学》2003 年第 4 期。
9. 江天骥：《知识、语言和行动：维特根斯坦与西方哲学的困境》，《哲学研究》1999 年第 3 期。
10. 陈忠：《马克思哲学的"叙事方式"与"哲学叙事学"》，《学术研究》2006 年第 12 期。
11. 杨思基：《马克思哲学思想方法、研究方法的革命变革》，《山东社会科学》2004 年第 1 期。
12. 赵汀阳：《维特根斯坦的"思想传统"》，《开放时代》2001 年第 3 期。
13. 王路：《分析哲学与哲学分析》，《清华大学学报》（哲学社会科学版）2007 年第 1 期。
14. 杨学功：《传统本体论哲学的终结和马克思哲学变革的实质》，《现代哲学》2002 年第 1 期。
15. 韩林合：《维特根斯坦论"语言游戏"和"生活形式"》，《北京大学学报》（哲学社会科学版）1996 年第 1 期。
16. 胡玻：《拒斥形而上学——论分析哲学对形而上学的批判及其局限》，《重庆社会科学》2003 年第 3 期。
17. 阳小华：《西方哲学中语言学转向的哲学渊源演变》，《外语学刊》2005 第 3 期。
18. 吴卓、赵丽：《论马克思哲学革命的价值目标》，《清华大学学报》2005 年第 1 期。
19. 张家龙：《评维特根斯坦的反本质主义纲领》，《哲学研究》2001 年第 7 期。
20. 王希勇：《维特根斯坦的反本质主义》，《哲学研究》1999 年第 8 期。
21. 韩庆祥、张艳涛：《马克思哲学的三种形态及其历史命运》，《中国社会科学》2010 年第 4 期。
22. 叶险明：《马克思哲学革命与经济学革命的内在逻辑及其启示》2010 年第 3 期。
23. 叶险明：《马克思哲学革命的文化逻辑及其现代启示》，《中国社会科学》（英文版）2008 年第 1 期。
24. ［德］石里克：《哲学的未来》，《哲学译丛》1990 年第 6 期。
25. 陆杰荣：《马克思“新世界观”的现实性向度及其实质》，《中国社会科学》2007 年第 6 期。
26. 张盾：《马克思的政治理论及其路径》，《中国社会科学》2006 年第 5 期。
27. 赵学增：《马克思的廉价政府理论》，《中国社科院研究生院学报》2006 年第 6 期。
28. 江怡：《分析哲学中的“分析”概念》，《云南大学学报》2005 年第 5 期。
29. 陈波：《分析哲学的价值》，《中国社会科学》1997 年第 4 期。
30. 杨学功：《超越哲学同质性神话》，《复旦学报》（社会科学版）2005 年第 2 期。
31. 王金福：《对马克思哲学的走近与远离》，《学术研究》2004 年第 1 期。
32. 赵兴良：《马克思的哲学革命与革命哲学》，《求实》2004 年第 5 期。
33. 周茜蓉：《在何种意义上“马克思是一个革命家”》，《求实》2004 年第 9 期。
34. 陆杰荣：《从西方形而上学的内在逻辑看马克思哲学变革的实质》，《马克思主义研究》2004 年第 6 期。
35. 程彪：《超越实证与思辨——马克思哲学的历史思维方式》，《文史哲》2006 年第 5 期。
36. 孙伯葵、刘怀玉：《“存在论转向”与方法论革命》，《中国社会科学》2002 年第 5 期。
37. 王东、林锋：《马克思哲学创新实质新探》，《北京行政学院学报》2006 年第 5 期。
38. 唐有伯：《评“康德哥白尼式革命的神话”》，《湛江师院学报》2001 年第 1 期。

39. 俞吾金：《对哲学危机的反思》，《学术月刊》1997 年第 5 期。
40. 管月飞：《叔本华和早期维特根斯坦“世界”观念比较》，《中国社科院研究生院学报》2009 年第 6 期。
41. 赵亮：《从〈哲学研究〉看后期维氏语言哲学观》，《山东外语教学》2008 年第 6 期。
42. 焦卫华：《海德格尔和维特根斯坦语言哲学比较》，《广西大学学报》2009 年第 3 期。
43. 张蓬：《哲学主题的历史转换与哲学的当代性问题》，《文史哲》2004 年第 6 期。
44. 雷良：《“拒斥形而上学”可能吗》，《衡阳师范学院学报》2003 年第4 期。
45. 张中：《语言、真理与游戏——维特根斯坦与伽达默尔游戏观比较》，《安徽警官学院学报》2009 年第 5 期。
46. 刘东英：《马克思的宗教批判及其超越》，《新疆师范大学学报》2005 年第 4 期。
47. 王志军：《论马克思的宗教批判与哲学变革》，《哲学研究》2006 年第 7 期。
48. 吴建华、许祥云：《从思辨正义到实践正义：马克思主义正义观的飞跃》，《江海学刊》2010 年第 1 期。
49. 余治平：《全球化视野下的中西哲学对话》，《江海学刊》2004 年第 1 期。
50. 白刚、卞绍斌：《体系的终结与马克思哲学的当代走向》，《南京社会科学》2002 年第 12 期。
51. 杨思基：《马克思哲学思想方法研究方法的革命》，《山东社会科学》2004 年第 1 期。
52. 王亚楠：《评述后期维特根斯坦的语义理论》，《太原师范学院学报》2010 年第 1 期。
53. 汪帆：《维特根斯坦思想的一致性》，《北京机械工业学院学报》2003 年第 1 期。
54. 韩林合：《维特根斯坦的“哥白尼式革命”》，《云南大学学报》2010 年第 2 期。
55. 徐欣：《维特根斯坦前后期语言哲学流变发微》，《东岳论丛》2010 年第 5 期。
56. 孔扬、马丽君：《简单性：理解维特根斯坦前后期哲学差别的切入点》，《天津大学学报》（社会科学版）2007 年第 3 期。
57. 山育林：《维特根斯坦的哲学路向》，《西北成人教育学报》2010 年第 3 期。
58. 寇爱林：《现代哲学的危机与出路——维特根斯坦关于哲学与科学的关系思想述论》，《理论导刊》2010 年第 8 期。
59. 卢恋：《论维特根斯坦图像论的形而上学性》，《企业导报》2010 年第 9 期。
60. 寇爱林：《终结与拯救——维特根斯坦论哲学的性质及出路》，《自然辩证法研究》2010 年第 9 期。
61. 徐弢：《后期维特根斯坦哲学——日常语言分析视域下的语法研究》，《安徽大学学报》2010 年第 5 期。
62. 黄敏：《维特根斯坦〈逻辑哲学论〉的入口》，《哲学研究》2008 年第 5 期。
63. 郁振华：《怀疑之批判——论波兰尼和维特根斯坦的思想会聚》，《哲学研究》2008 年第 6 期。
64. 董志强：《对维特根斯坦"家族相似"理论的批判》，《哲学研究》2003 年第 11 期。
65. 王路：《世界事实与个体：维特根斯坦的一种逻辑视野》，《哲学研究》2005 年第 8 期。
66. 王希勇：《维特根斯坦的"反本质主义"》，《哲学研究》1999 年第 8 期。
67. 王晓升：《唯我论产生的语言学根源剖析——后期维特根斯坦对唯我论的批判》，《哲学研究》1998 年第 6 期。
68. 江天骥：《知识、语言和行动——维特根斯坦与近代西方哲学的困境》，《哲学研究》1999 年第 3 期。
69. 张志伟：《从维特根斯坦的"语言游戏"说看哲学话语的困境》，《中国人民大学学报》2001 年第 1 期。
70. 刘云卿：《维特根斯坦的悖论与反讽》，《哲学研究》2002 年第 12 期。
71. 李霞：《哲学终结论所面临的困境——从维特根斯坦的"语言游戏说"谈起》，《山东省农业管理干部学院学报》2005 年第 5 期。

72. 覃修桂：《乔姆斯基的语言观及其唯理主义认识论基础》，《北京师范大学学报》（人文社会科学版）2002 年第 3 期。
73. 王路：《弗雷格和维特根斯坦：一个常常被忽略的问题》，《开放时代》2001 年第 3 期。
74. 汤兮：《维特根斯坦与哲学的终结》，《国外社会科学》1994 年第 3 期。
75. 乔清举：《金岳霖的逻辑哲学观及其方法论研究——兼与维特根斯坦的逻辑哲学观比较》，《北京社会科学》1999 年第 3 期。
76. 曲辰：《维特根斯坦后期哲学思想对当代语言学的影响》，《北方论丛》2001 年第 3 期。
77. 李光程：《维特根斯坦的“语言的唯我论”和哲学的语言学转变》，《哲学研究》1986 年第 7 期。
78. 陈锐：《论分析哲学与分析法学之间的内在关联》，《比较法研究》2010 年第 2 期。
79. 陈波：《蒯因哲学的体系、特征和缺陷》，《自然辩证法研究》1993 年第 8 期。
80. 尚志英：《家族相似与反本质主义》，《探索与争鸣》1992 年第 1 期。
81. 江怡：《论蒯因的逻辑斯蒂主义》，《哲学动态》2005 年第 3 期。
82. 程广云、夏年喜：《分析哲学的分析》，《世界哲学》2010 年第 6 期。
83. 李国山：《分析哲学与形而上学》，《贵州社会科学》2009 年第 11 期。
84. 江怡：《分析哲学在中国》，《中国社会科学》2000 年第 6 期。
85. 涂纪亮：《分析哲学与后分析哲学》，《北京社会科学》1996 年第 4 期。
86. ［美］R. 罗蒂、杨富斌：《分析哲学与变革的哲学》，《世界哲学》2003 年第 3 期。
87. 李树琦：《科学地对待分析哲学》，《云南社会科学》1987 年第 3 期。
88. 张庆熊：《本体论研究的语言转向——以分析哲学为进路》，《复旦学报》2008 年第 4 期。
89. 牛奔玉：《分析哲学中的“分析”之意义》，《重庆科技学院学报》2009 年第 12 期。
90. M. 穆尼茨：《当代分析哲学的研究课题和特征》，《哲学动态》1987 年第 12 期。

91. 夏卫国：《分析哲学视域中的“存在”和“本质”》，《理论界》2008年第11期。
92. 张静：《分析哲学对现代语言学研究的影响》，《江西社会科学》2008年第11期。
93. 严世清、陈腾澜：《语义学与语用学的互补性》，《山东外语教学》1998年第1期。
94. 殷杰、郭贵春：《论语义学和语用学的界面》，《自然辩证法通讯》2002年第4期。
95. 陈伟：《马克思主义和分析哲学——访G. A. 柯亨教授》，《哲学动态》2007年第11期。
96. 张晓云：《分析马克思主义的方法论基础探析》，《安徽大学学报》（哲学社会科学版）2007年第5期。
97. T. 洛克莫尔、何新丽：《分析哲学和向黑格尔的回归》，《世界哲学》2006年第1期。
98. 赵敦华：《中西形而上学的有无之辩》，《北京大学学报》（哲学社会科学版）1998年第2期。
99. 王德峰：《论异化劳动学说对历史唯物主义的奠基》，《复旦学报》1999年第5期。
100. 蔡曙山：《再论哲学的语言转向及其意义——兼论从分析哲学到语言哲学的发展》，《学术界》2006年第4期。

附录 1

哲学的革命与革命的哲学

——基于马克思与维特根斯坦的比较视角

李包庚

【摘　要】维特根斯坦把哲学从思辨路向转轨到语言分析路向，深度解构了传统西方哲学，实现了“哲学的革命”；马克思把哲学从思想世界降临到现实世界，颠覆并全面超越了传统哲学，并把哲学与无产阶级现实解放紧密结合，成功实现了“哲学的革命”与“革命的哲学”的双重变革。

【关键词】马克思　维特根斯坦　哲学革命

Philosophical Revolution and Revolutionary Philosophy

——Based on Comparative Viewpoint between Marx and Wittgenstein

【Abstract】By changing the philosophy orientation from traditional speculative road to language analyzing, Wittgenstein deeply deconstructed the traditional western philosophy, and achieved Philosophical Revolution; while Marx descended philosophy from spiritual world to realistic world, overturned and completely surpassed the traditional philosophy, and combined philosophy with the emancipation of the proletariate, thus realized both Philosophy Revolution and Revolutionary Philosophy.

【Key words】Marx; Wittgenstein; philosophy; revolution

尽管维氏哲学与马克思哲学出场时间与背景不同，内容与形式上也存在诸多差异，但都深度解构了西方传统哲学，分别以各自的方式开启与引领了哲学革命的新路向。

一　维特根斯坦哲学是“哲学的革命”，但不是“革命的哲学”

（一）维特根斯坦实现了“哲学的革命”

维特根斯坦哲学反映了人们对几千年来西方哲学争论不休而未能解决任何实质性问题的思辨和论辩传统的失望态度。他在《逻辑哲学论》中直截了当地宣告了哲学主题被消解的命运：“哲学的正确方法固应如此：除可说者外，即除自然科学的命题外，亦即与哲学无关的东西外，不说什么”。认为哲学不应有自己的问题和命题，它只是揭示科学命题的意义以及形而上学命题的无意义的分析活动。后期维特根斯坦从日常语言分析入手，继续宣扬这种哲学观，认为“哲学是一场反对语言困惑思想的战斗”；哲学的目的是“给捕蝇瓶里的苍蝇指出一条出路”。哲学活动最后应达到“完全的明晰性”，但“这不过意味着哲学问题的消失”。如果哲学有什么真正发现的话，那只是“使我能够在想从事哲学时终止哲学，让哲学安息”。维特根斯坦还说：“没有一个哲学方法，但确有类似于各种治疗的方法”。这种“治疗性哲学”哲学旨在通过消除哲学问题来治疗“哲学病”。哲学问题被消解之后，哲学将不复存在；“哲学病”被治愈后不再有职业哲学家。所以他一再劝导他的学生不要从事哲学研究工作，他本人也在一度以为自己解决了所有哲学问题之后彻底放弃哲学而去从事小学教师工作。维特根斯坦对分析哲学的形成和发展产生了深远影响。他的《逻辑哲学论》被维也纳学派奉为经典，有力地推进了人工语言分析的发展，经过石里克、卡尔纳普等人的努力而最终形成强大的逻辑经验主义运动；后期《哲学研究》的主要思想启示了日常语言学派，推进了日常语言分析的发展，并使整个分析哲学在20世纪50年代之后进入了一个新的阶段。

在维特根斯坦那里，哲学主题、目的任务、哲学方法、哲学价值、哲学形态等诸多方面都发生了根本性转换。反形而上学是其哲学的主线，的确可以说是实现了“哲学的革命”。在这个意义上，维特根斯坦与马克思具有相似性。

(二) 维特根斯坦哲学不是革命的哲学

在维特根斯坦看来，解决哲学问题的出路，归根结底在于改变思维方式："要想解决哲学问题，我们就必须改变我们的立足点，改变我们古老的思维方式。如果我们不能做到这点，我们就休想解决哲学问题。"① 维特根斯坦还深刻地看到，哲学家的疾患不是在哲学领域内所能解决的。因为哲学家的问题实在也是时代的疾患，不仅仅是个思维方式转换的问题。他指出，"属于一个时代的疾患需要通过人们的生活方式的转换来医治。因而哲学问题造成的疾患只能通过思维方式和生活方式的转换，而不能通过某个个人所发明的药物来加以医治。"②

但遗憾的是，维特根斯坦最终没能超越时代与阶级的枷锁，他的哲学本身存在其自身难以克服的局限，没能够跳出哲学去从现实世界中寻找"良方"，把解决现实危机的希望寄托在哲学的语言分析层面，希望通过对哲学语言的语形分析或语用分析来消除哲学问题，这就注定无法真正"改变世界"。维特根斯坦一辈子都致力于消除哲学问题，但只是在思辨的语言领域进行，类似于马克思在《德意志意识形态》"序言"中所描述的"青年黑格尔派"情形："有一个好汉一天忽然想到，人们之所以溺死，是因为他们被关于重力的思想迷住了。如果他们从头脑中抛弃这个观念，那么他们就会避免任何溺死的危险。他一生都在同重力的幻想做斗争，统计学给他提供愈来愈多的有关这种幻想的有害后果的证明。这个好汉就是现代德国革命哲学家们的标本。"③

任何一种"革命的哲学"，首先必须要具有对现存不合理的国家政治制度进行全方位批判乃至颠覆的理论勇气与魄力，其次必须诉诸具体的革命实践活动。而维氏没能做到这一点，他只不过是在逻辑和语言的世界里遨游而已。他运用自己天才般的数理逻辑技术作为哲学分析的工具，对哲学语言的确做到了精确细致的分析，也在很大程度上解构了很多哲学难题。必须指出，维特根斯坦在语言王国的分析活动和语言游戏，带有实践

① Ludwig Wittgenstein, Sein Leben in Bildern und Texten, Ed. by B. McGuinness, Frankfurt am Main, 1983, p. 340.

② Wittgenstein, Bemerkungen über die Grundlagen der Mathematik (数学基础评论), Frankfurt am Main, 1994, p. 132.

③ 《马克思恩格斯全集》第3卷，人民出版社1960年版，第16、34、22—23、30页。

的意蕴，但在本质上都没有脱离学院派哲学的风格与倾向。其实，“马克思之后，…… 各种哲学都在摒弃形而上学，…… 实践不再是马克思哲学的独特品格，而是整个 20 世纪哲学的普遍品格”。①

在语言、逻辑与实践之间，马克思很早就有深刻认识。在《德意志意识形态》中，马克思指出：“‘精神’从一开始就很倒霉，受到物质的‘纠缠’，…… 语言是一种实践的、既为别人存在因而也为我自身而存在的、现实的意识。语言也和意识一样，只是由于需要，由于和他人交往的迫切需要才产生的。”② 马克思在批判青年黑格尔派的“语言革命”的滑稽之处时指出：“青年黑格尔派认为，观念、思想、概念，…… 是人们的真正枷锁，……青年黑格尔派只要同意识的这些幻想进行斗争就行了。……青年黑格尔派玄想家们尽管满口讲的都是所谓‘震撼世界的’词句，却是最大的保守派。…… 他们只是用词句来反对这些词句：既然他们仅仅反对这个世界的词句，那么他们就绝对不是反对现实的现存世界。”③这个对于我们看待维特根斯坦等语言哲学的重要性也具有一定的参考价值。

任何具体实践都离不开实践的主体，所以“革命的哲学”必须武装群众，才能转化为现实的物质力量。而维氏也没有做到。如果说传统哲学只诉诸精神的思辨活动的话，那么维特根斯坦所诉诸的就是语言的力量。他是为哲学而哲学，哲学在他那里既是目的又是手段，因而没能把哲学深入到实践，尤其是广大人民的现实革命行动中去“武装”群众。换句话来讲，他是重逻辑而轻实践。逻辑是他的手术刀。但仅仅诉诸逻辑或语言分析，而离开了革命人民的革命实践，绝对不可能摧毁现存的不合理社会制度。

二　马克思哲学既是“哲学的革命”，又是“革命的哲学”

（一）马克思哲学是哲学的革命

从马克思的哲学观、哲学主题、哲学方法、哲学形态等来看，马克思

① 任平：《马克思之后的哲学革命：当代路向及其意义》，《新华文摘》2010 年第 4 期。

② 《马克思恩格斯全集》第 3 卷，人民出版社 1960 年版，第 16、34、22—23、30 页。

③ 同上。

哲学都发生了革命性变革。马克思哲学是对德国古典哲学的反叛，通过对黑格尔哲学、费尔巴哈哲学的深刻批判，通过对资本主义社会全面深刻的剖析而实现的，揭示了资本主义社会的发展规律以及整个人类历史的发展规律。马克思主张，“观念的东西不外是移入人的头脑并在人的头脑中改造过的物质的东西而已。”①与宗教、道德、政治和法类似，哲学不是永恒存在的，而是属于各个时代的社会意识。如果产生哲学或哲学所属的社会制度不存在了，那么哲学也就不可能存在。人类在改变自己的现实生活的同时也“改变着自己的思维和思维的产物”。②

马克思指出：“德国哲学从天国降到人间；和它完全相反，这里我们是从人间升到天国。…… 我们不是从人们所说的、所设想的、所想象的东西出发，也不是从口头说的、思考出来的、设想出来的、想象出来的人出发…… ”③马克思把哲学赖以存在的基础“从思想世界降临到现实世界，也就把哲学的阿基米德点从虚幻的思想、观念之中拉回到现实的人的感性活动、实践之中”、“使哲学思维方式从现成论转变为生成论”。④

（二）马克思哲学是革命的哲学

从哲学的主体、目的、任务、价值、影响等来看，马克思把哲学作为以往只限于象牙塔、学院或书斋里的“精神贵族”的思辨游戏，成功地改造为广大无产阶级现实解放的精神武器，使得经马克思哲学武装后的无产阶级能够成功地摧毁现存的全部不合理的制度，从而获得解放。为什么要实现这个转变？因为哲学面临着深刻的危机，正如无产阶级面临严重的生存危机一样。“哲学危机一定是时代危机的表现。批判哲学，必须批判哲学生存的现实；消灭哲学，必须消灭哲学依附的制度。只有解决产生哲学的现实的问题，哲学问题才能得到真正的解决。”⑤

既然哲学危机的最终解决不可能是在哲学领域内实现，那么只有在现实领域中去寻找适当路径。马克思的道路是通过“诉诸革命实践”来最终消除哲学危机。这样，马克思彻底否定了“重建本体论”或“本体论

---

① 《马克思恩格斯全集》第23卷，人民出版社1972年版，第24页。

② 《马克思恩格斯选集》第1卷，人民出版社1995年版，第73、285页。

③ 《马克思恩格斯全集》第3卷，人民出版社1960年版，第16、34、22—23、30页。

④ 崔唯航：《马克思哲学革命的存在论阐释》，中国社会科学出版社2005年，第3—5页。

⑤ 张汝伦：《马克思的哲学观和“哲学的终结”》，《中国社会科学》2003年第4期。

转向”之类没有实践意义的思辨路向，根本超越了以往哲学家仅仅在思辨领域、精神世界里通过“解释世界”来变革哲学的企图，而且把解决哲学问题的任务交给无产阶级的革命实践，“哲学把无产阶级当作物质武器”、“无产阶级把哲学当作精神武器”。马克思真正实现了哲学的革命，把哲学变成改造社会的真正革命的武器。他主张，只有在现实中实现哲学，才能消灭哲学。所以，正如柯尔施所说，马克思哲学“是一种革命的哲学，它的任务是通过在一个特殊领域——哲学里战斗来参与在社会所有领域中进行的反对现存秩序的革命斗争。”① 利用哲学这个精神武器，马克思从宗教、政治、经济等层面对资本主义制度展开全面深刻的批判，用他毕生的心血去论证“无产阶级和全人类的解放”的必要性与可行性，并通过革命实践去探索“改变世界”的现实革命路径。

作为致力于无产阶级和全人类解放的革命家，马克思认为“在实践方面，共产党人是各国工人政党中最坚决的、始终起推动作用的部分；在理论方面，他们胜过其余无产阶级群众的地方在于他们了解无产阶级运动的条件、进程和一般结果。”② 马克思对于自己所从事的革命理论研究，完全是出于历史的责任感，出于对无产阶级解放的迫切愿望，所以马克思首先是一个“革命家”，其次才是“理论家”或“思想家”。作为“革命家”，他积极参加并领导无产阶级的革命斗争，是“各国工人政党中最坚决的、始终推进运动前进的部分”，而作为“理论家”或“思想家”，他给自己设定的主要任务就是洞察资本主义社会的规律，揭露无产阶级受压迫与剥削的根源，揭露资产阶级剥削工人的秘密，为“无产阶级运动的条件、进程和一般结果”作理论论证和思想准备。所以，马克思不仅在现实基础上实现了“哲学的革命”，而且为无产阶级和整个人类的解放事业创造了强大无比的精神武器——“革命的哲学”。

总之，维特根斯坦把哲学从思辨路向转轨到语言分析（逻辑语言、日常语言）路向，深度解构了传统西方哲学，实现了“哲学的革命”；而马克思把哲学从思想世界降临到现实世界，颠覆了以往全部形而上学，全面超越了传统哲学，并把哲学变革为人的解放与全面自由发展的精神武器，把哲学与无产阶级和全人类的现实解放紧密结合，成功实现

① Karl Korsch, Marxism and Philosophy, NLB, 1970, pp. 75—76.

② 《马克思恩格斯选集》第1卷，人民出版社1995年版，第73、285页。

了“哲学的革命”与“革命的哲学”的双重变革。这正是马克思与维特根斯坦乃至所有西方哲学家的根本区别所在，也是马克思超越现当代西方哲学之处。

（此文发表于《社会科学战线》2012 年第 9 期）

附录 2

解构与超越：马克思和维特根斯坦哲学革命的价值论考察

李包庚

【摘　要】维特根斯坦和马克思都从各自的角度和方法深度解构并超越了传统形而上学，但维特根斯坦仅仅诉诸逻辑与语言分析，终归难逃形而上学的“樊笼”，本质上是资产阶级改良性质的哲学；而马克思从根本上改变了哲学的阶级基础，使哲学成为无产阶级和全人类解放的“精神武器”，全面超越了近代与现当代西方哲学的阶级偏见与局限性。从价值论层面看，西方哲学危机其实是现实危机的表现，一味从逻辑与语言层面去消除哲学危机的企图，只不过是“精神贵族”自娱自乐的游戏而已，难以“改变世界”。

【关键词】马克思　维特根斯坦　哲学　价值论

Deconstructing and Surpassing—Axiological Research on Marx's Philosophy Revolution and Wittgenstein's

【Abstract】Both Wittgenstein and Marx respectively deconstructed as well as surpassed the traditional metaphysics from different angles of view and methods. Wittgenstein only resorted to logic and linguistic analysis, which is unable to go beyond the fences of metaphysics, and so his philosophy in nature belongs to the Bourgeois' reformative philosophy. Marx fundamentally changed the class basis of philosophy and transformed it into a "spiritual weapon" for the liberation of the proletariat and all the people over the world, which completely surpassed the class prejudice and limitations of the west modern and contemporary philosophy. Axiologically, the crisis of west philosophy is an expression of the the west societies' crisis. The attempt of blindly eliminating the crisis of philosophy through the logic and linguistic analysis, which is but a game of the spiritual aristocracy, is doomed unable to "change the world".

【Key words】 Marx; Wittgenstein; philosophy; axiology

马克思（1818—1883）和维特根斯坦（1889—1951）分别代表各自时代哲学发展的最高峰，都深度解构了形而上学，超越了传统哲学，都在哲学领域开启了哲学革命。如何准确认识与评价这两次哲学革命的关系，是当下一个紧迫的理论任务。正如任平教授所言："马克思是否终结了哲学革命的世界进程？换言之，在马克思之后，世界范围的哲学革命进程是否还在延续？形而上学是否彻底灰飞烟灭、消散殆尽，再也没有绵延存续？这一追问涉及如何看待马克思发动的哲学革命与当代西方哲学的关系，进而涉及马克思哲学革命的当代意义问题，不可不辨。"① 对于马克思哲学和维特根斯坦哲学（以下简称维氏哲学）的比较研究，是一个系统工程，本文仅从哲学价值层面对马克思哲学革命与维氏哲学革命进行比较。"哲学的价值是指哲学是否满足主体的需要、是否同主体一致、为主体服务的一种关系状态。"② 说到底，哲学价值主要回答"哲学到底是为了谁"的问题。

一 维特根斯坦哲学是资产阶级改良性哲学

（一）维特根斯坦哲学是对传统思辨哲学的反叛

与罗素相似，维特根斯坦认为，传统哲学问题是由于误用语言而产生的，哲学问题说到底就是语言问题。他认为要消除哲学的困难和问题，必须研究语言的逻辑结构或逻辑句法，通过对语言进行逻辑分析来消除传统哲学问题，并把语言分析作为自己哲学的任务。他说："哲学的目的是从

① 任平：《马克思之后的哲学革命：当代路向及其意义》，《新华文摘》2010年第4期。

② 孙伟平：《价值论转向——现代哲学的困境与出路》，安徽人民出版社2008年版，第17页。

逻辑上澄清思想。哲学不是一门学说，而是一项活动。哲学的成果不是一些‘哲学命题’，而是命题的澄清。可以说，没有哲学，思想就会模糊不清：哲学应该使思想清晰，并且为思想划定明确的界限。”①

维特根斯坦哲学是西方哲学“语言转向”过程中的一个典型。在《逻辑哲学论》中，他指出：“凡是可以说的东西都可以说得清楚；对于不能谈论的东西必须保持沉默”。②这就把几千年来的哲学主题给消解了。在中后期，维特根斯坦放弃“逻辑语言”的路径，改从“日常语言分析”入手，继续宣扬这种哲学观：“哲学是一场反对语言困惑思想的战斗”，③实现思想表达的“完全明晰性”；“哲学问题的形态是：‘我不知道出路何在’”。④哲学的目的在于“给捕蝇瓶里的苍蝇指出一条出路”。⑤维特根斯坦还说：“哲学的目的在于治疗。”意思是让他从语言误用回到语言日常用法上来。这样，哲学问题就消除了，哲学病也就治好了。

传统形而上学的致命缺陷就在于，这些哲学都是在现实世界之外，虚拟地构建一个超感性的“本体”世界，并把它作为哲学的主题。这就不可避免地造成哲学和现实生活相脱节，使哲学成为凌驾于现实生活之上的精神王国。而维特根斯坦，无论是前期还是后期，都把建构一种理想语言作为其哲学追求的目标。这种将纷繁芜杂的世界，简单地还原为纯粹的语言世界，再将其抽象化为一种逻辑架构的做法，至少在思维方式上讲，其实没有超出传统形而上学的范畴，或者是传统哲学思维模式的翻版。由于未能对传统形而上学本体论哲学的这个根本错误予以正确认识，维特根斯坦在“解构”传统形而上学的本体时，不知不觉又建构了一个新的语言本体或逻辑本体。这样一来，分析哲学就重新建构了一个“本体”世界，即理想语言的世界。这其实正是形而上学思维方式的延续。总之，分析哲学虽然标榜自身是反形而上学的旗手，但实际上却不自觉地在思维范式上延续了传统形而上学的衣钵。

---

① ［奥］维特根斯坦：《逻辑哲学论》，贺绍甲译，商务印书馆1996年版，第112页。

② 同上书，第23、48页。

③ ［奥］维特根斯坦：《哲学研究》，李步楼译，商务印书馆1996年版，第109页。

④ 同上书，第123页。

⑤ 同上书，第309页。

（二）维特根斯坦哲学的价值关怀

哲学来自于现实而非现实本身。哲学作为思想是对现实的提纯，它以概念方式反映现实，正如黑格尔所说哲学是思想中的时代，哲学表达人类的理性自觉，是理论的自我意识和意识的自我理论，更多地运行于超验领域，具有高度的概括性与抽象性特征，通过范畴、原理诉诸和规范人的思维世界与价值世界。作为理论化系统化的世界观与方法论以中介方式作用于现实，作为悬浮于空中的意识形态距离经济基础最远，似乎就有点为了理论而理论，为了信仰而信仰之嫌。"这种'纯理论'和'纯信仰'看起来很美，其实是空中楼阁，缺乏坚实的现实基础和群众基础，充其量是一种海市蜃楼的幻境"。

评价一种哲学是否建立在现实基础之上，关键要看它是否能让绝大多数人获益，是否能使尽可能多的人得到好处，是否有利于最广大人民群众的身心发展。维特根斯坦所建立的哲学，是以"语言"为其哲学基地的。他的前、后期哲学分别根植于理想语言和日常语言，通过对这两种语言进行分析，确定我们关于世界的知识到底有多少是真实可信的。他的哲学工具是逻辑的方法，用逻辑分析方法来确定这些命题的意义。他取消传统哲学家对于哲学本体、本质、价值、意义等观念，对后来的分析哲学甚至后现代哲学的发展产生重大影响。由于他们片面强调哲学研究的科学性与精确性，把大部分精力用于研究某些细小问题，忽视或者拒绝研究哲学基本问题，致使他们的研究背离哲学的本质，并与现实社会生活脱节，流于纯粹学院式的研究。这样，哲学关怀人、关怀人类未来命运的兴趣被关怀语言、关怀逻辑的兴趣所压倒，对经验可靠性和精确性的追求消解了哲学为人类价值选择提供合理价值理念的功能。哲学问题的出现，固然有些是与语言有关的，但是最根本的原因还在于哲学思想所代表的现实性矛盾。社会存在决定社会意识，哲学不能脱离现实而独立存在。哲学危机反映的一定是时代的危机。如果把哲学危机或错谬的根源归结为语言，这是"主犯"没抓却抓了个"从犯"，或者说是找了个小喽啰来做"替罪羊"。这就不可避免地使哲学越来越远离人类生活，越来越被边缘化。

维特根斯坦哲学反映了人们对几千年来的西方哲学围绕着同样的问题争论不休而未能解决任何实质性问题的思辨和论辩传统的失望态度。从价值关怀上讲，维氏哲学属于资产阶级的哲学，受其阶级局限性的束缚，没有能够跳出制约其哲学的阶级基础来看哲学。这一点，类似于马克思批判青年黑格尔派时所描述的情形："既然这些青年黑格尔派认为，观念、思想、概念，总之，被他们变为某种独立东西的意识的一切产物，是人们的真正枷锁，就像老年黑格尔派把它们看作是人类社会的真正镣铐一样，那么不言而喻，青年黑格尔派只要同意识的这些幻想进行斗争就行了。"① 正如马克思在《德意志意识形态》中生动描述的那样："就有一个好汉一天忽然想到，人们之所以溺死，是因为他们被关于重力的思想迷住了。如果他们从头脑中抛弃这个观念，那么他们就会避免任何溺死的危险。他一生都在同重力的幻想做斗争，统计学给他提供愈来愈多的有关这种幻想的有害后果的证明。这个好汉就是现代德国革命哲学家们的标本。"② 其实，维特根斯坦哲学也与这个"好汉"很类似，只不过他诉诸的是语言分析罢了。这种典型的本末倒置的思维方式，当然无法与马克思哲学相提并论，其哲学理论也不可能成为真正的改造世界的"精神武器"，不可能为人类的彻底解放找到一条现实的路径。虽然现代西方哲学也关注社会现实生活，也关注资本主义社会中人的异化问题，但是他们对资本主义社会的批判不能触及社会的根基，因为他们并不主张摧毁或撼动资本主义制度存在的基础，也不主张废除资本主义社会去建立新的理想的社会制度。无论现代西方哲学对资本主义的批判多么激烈尖锐，其实都是在资本主义所许可的范围之内进行的。所以，维特根斯坦等现代西方哲学其实是资产阶级改良性哲学。

二　马克思哲学是无产阶级与全人类解放的革命哲学

马克思深刻洞察到形而上学的问题所在，他并不像传统哲学那样把精力浪费在无聊的精神思辨活动中，而是再三主张"取消"、"消灭"、"实现"哲学，自觉地把"哲学"（他变革后的哲学）与无产阶级解放的伟大历史实践有机结合，真正做到"哲学把无产阶级当作物质武器"和"无产阶级把哲学当作精神武器"，强化了哲学的现实基础。

---

① 《马克思恩格斯全集》（第3卷），人民出版社1960年版，第16、22页。

② 同上。

（一）从阶级基础来看

马克思哲学以人的具体的历史的交往实践为基础，从事实际交往活动的人及其主体尺度出发，反省和批判现实世界的不合理性，借助无产阶级的物质力量，实现哲学对现实世界的革命。马克思哲学具有坚实的阶级基础，并且从一开始就旗帜鲜明标榜自己的阶级属性，就自觉地将哲学革命与引领无产阶级的解放斗争紧密地结合在一起，以现实的革命斗争的需要为导向，使哲学成为现实的社会制度革命的“精神武器”，并在具体实践中不断丰富和发展。马克思在《黑格尔法哲学批判导言》中指出：“哲学把无产阶级当做自己的物质武器，无产阶级也把哲学当做自己的精神武器。”[①] 他还指出：“德国惟一实际可能的解放是从宣布人本身是人的最高本质这个理论出发的解放。……在德国，不消灭一切奴役制，任何一种奴役制都不可能消灭。彻底的德国不从根本上开始进行革命，就不可能完成革命。德国人的解放就是人的解放。这个解放的头脑是哲学，它的心脏是无产阶级。”[②] 马克思的哲学革命，经历了一个从追求“精神解放”到“政治解放”，再到“人类解放”的发展过程。马克思主义哲学以解放全人类为自己的根本价值目标。因此，为了一切人，和一切为了人，构成了马克思哲学价值目标的根本内容，也奠定了马克思哲学革命的坚实群众基础。

（二）从目的来看

马克思哲学革命的根本目的，就在于促进无产阶级推翻旧的资本主义社会制度、建立新的社会主义制度的革命斗争，由此实现无产阶级和全人类的彻底解放。正如恩格斯在《马克思墓前的讲话》中所言：“马克思首先是一个革命家。他毕生的真正使命，就是以这种或那种方式参加推翻资本主义社会及其所建立的国家设施的事业，参加现代无产阶级的解放事业。”[③] 马克思的哲学革命的逻辑结果是建立“革命哲学”，但这不是他的根本目的；他的根本目的在于使现代无产阶级从哲学上觉醒，意识到自身

---

① 《马克思恩格斯全集》（第 1 卷），人民出版社 1956 年版，第 467 页。

② 同上。

③ 《马克思恩格斯全集》（第 19 卷），人民出版社 1963 年版，第 375 页。

的地位和需要，意识到自身解放的条件，进而推翻旧世界、建立新世界。因此，对马克思的哲学革命及其思想的理解，也必须以马克思首先是一个革命家为坐标。

实现人的解放这个目标而言，革命的无产阶级与现实的哲学的关系是心脏和头脑的关系。无产阶级的彻底解放标志着从根本上改变无产阶级的地位，也就是使无产阶级不再作为无产阶级而存在，或者说消灭无产阶级本身。无产阶级只有求得人类的解放才能使自己得到完全解放。哲学是无产阶级从事这种解放斗争的精神武器，而哲学也只有成为无产阶级的精神武器，才能摆脱各种各样的扭曲，成为真正的哲学。

（三）从内容来看

作为马克思革命思想最集中最直接的文件，《共产党宣言》深刻阐述了马克思的革命性哲学的基本思想："无产者只有消灭自己现有的占有方式，从而消灭全部至今存在的占有方式，才能获得社会的生产力。无产阶级并没有什么特别需要保护的东西，它们必须打破至今保护过和保障过私有财产的东西…… 无产阶级运动是绝大多数是人为绝大多数人谋利益的独立自主的运动。无产阶级是现代社会的最下层，它如果不摧毁压在自己头上的、由那些组成官方的社会的阶层所构成的全部上层建筑，就不能抬起头来，挺起腰来。"① "而这个斗争现在已经达到这样一个阶段，即被剥削被压迫的无产阶级，如果不同时使整个社会永远摆脱剥削、压迫和阶级斗争，就不再能使自己从剥削它压迫它的那个阶级（资产阶级）下解放出来。"② "共产党人到处都支持一切旨在反对现存社会政治制度的革命运动…… 他们的目的，只有用暴力推翻全部现存制度才能达到。"③ 无产阶级只有把哲学（马克思主义哲学）作为"精神武器"，用以武装自己的头脑，才有可能消灭一切剥削和奴役制度，实现无产阶级和全人类的解放；哲学也只有把革命无产阶级当作自己的"物质武器"，才能成为促进人类解放的真正现实的哲学。马克思强调："哲学不消灭无产阶级，就不能成为现实；无产阶级不把哲学变成现实，就不可能消灭自己。"换言之，

① 《马克思恩格斯全集》（第 4 卷），人民出版社 1958 年版，第 477、478、504 页。

② 同上。

③ 同上。

"一种哲学如果不能成为无产阶级消灭一切奴役制、或者说使无产阶级不再成为无产阶级（而这也意味着全人类的解放）的武器，就不可能是真正具有现实意义的哲学；而无产阶级如果不彻底改造以往哲学克服它们可能存在的各种片面性和局限性（也就是非现实性），使之成为现实的哲学，那无产阶级就不可能用它来消灭一切奴役制，解放自己和全人类。"①

"维特根斯坦把哲学从思辨路向转轨到语言分析（逻辑语言、日常语言）路向，深度解构了传统西方哲学，实现了'哲学的革命'，而马克思把哲学从思想世界降临到现实世界，颠覆了以往全部形而上学，全面超越了传统哲学，"②"马克思的哲学革命首先是批判地揭示资本现代性和全球化的本真结构与内在矛盾。……根本颠覆了以各种'解释世界'经院哲学方式为其他阶级和阶层统治利益辩护的旧形而上学。"③ 马克思哲学革命从根本上改变了哲学的阶级基础，从根本上超越了近代与现当代西方哲学家因阶级偏见导致的片面性与局限性，"把哲学变革为人的解放与全面自由发展的精神武器，把哲学与无产阶级和全人类的现实解放紧密结合，成功实现了'哲学的革命'与'革命的哲学'的双重变革。"④

三 价值论视阈下的西方哲学问题与哲学危机解读

反对形而上学是现当代西方哲学的共同口号，它们竭力倡导消解哲学，利用历史学、逻辑学、心理学的一些观念（本来只不过是哲学工作的对象）把哲学搞得支离破碎，使哲学的对话日益困难。这充分暴露了当代西方哲学的危机，其主要根源固然在于社会本身的危机，但另一个重要原因就是当代西方哲学本身只顾忙于滥用逻辑、数学、历史等学科的方法来克服哲学思想上的混乱，导致无暇顾及哲学本身的问题。

以维特根斯坦为代表的当代西方哲学虽然带有反叛性质，但却难以说

① 刘放桐：《马克思在哲学上的革命变更对西方现当代哲学的超越》，《哲学研究》2001 年第 8 期。

② 李包庚：《哲学的革命与革命的哲学——基于马克思和维特根斯坦的比较视角》，《社会科学战线》2012 年第 9 期。

③ 任平：《马克思之后的哲学革命：当代路向及其意义》，《新华文摘》2010 年第 4 期。

④ 李包庚：《哲学的革命与革命的哲学——基于马克思和维特根斯坦的比较视角》，《社会科学战线》2012 年第 9 期。

是革命性的。第一，逻辑分析对于理解清楚哲学问题具有重要作用。无论把某种观念或命题理解为什么，这种理解都必须是足够清楚的、能够被客观理解的。理解的客观性比理解的主观性更为基本。不能通过逻辑分析的理解必定是难以理解的。分析技术上的进展，可以说是分析哲学的主要成就。第二，逻辑分析不足以消解哲学问题。逻辑分析的新颖性与准确性很容易使人产生一种迷信心理，以为逻辑分析足以解决或消除哲学问题。其实，任何一个企图消解哲学的主张本身就是一个哲学的观念。即便我们能够完全按照逻辑分析的严格要求谈论问题，还是有可能是在胡说八道；即便我们以足够清晰的方式描述了事实，但在做出普遍性断言时所使用的观念或方式还是哲学的。第三，带有明显舍本逐末的嫌疑。在分析哲学那里，语言问题简直成为哲学首要的问题。分析哲学的“分析的方式是零敲碎打，分析得越来越繁琐，只是在一些枝微末节的小问题上花工夫，缺乏对对象的整体说明，缺乏对哲学大问题的思考。”①

分析哲学在分析中就利用了一些哲学原则来充当判定内容的准则。归根结底，所谓哲学问题最终还是出在思想观念层面，而并非语言逻辑层面。语言只是思想的外化形式，没有超出语言本身的规则，所以语言本身是不会犯规的，而经常犯规的恰恰是思想观念。只有混乱的思想与观念，没有混乱的语言与逻辑。哲学的问题只能从哲学所赖以生存的现实社会制度上去寻求解决方案。第一，哲学作为一种思维，必定是与人类俱始终的，不会消灭的，而“任何一个企图消解哲学的主张本身就是一个哲学观念”。② 第二，哲学与语言不等同，终究只是内容与形式的关系。分析哲学致力于唤起人们对语言的关注，但是没有意识到语言问题的局限性，掉进语言的陷阱里不能自拔，以为弄清楚语言问题就等于解决了哲学问题。在它们看来，思想观念问题本身，诸如真假、意义、本体论与认识论等问题，统统是没有意义的形而上学问题，而且被认为是可以在语言分析或解释中得到解决的。这实在是本末倒置。第三，逻辑方法不是万能的。分析哲学家们认为，通过逻辑分析可以把哲学问题统统解决。这其实是谎言，没有对症下药。正如赵汀阳先生所言：“语言问题的混乱的根本原因是企

---

① 涂纪亮：《现代西方语言哲学比较研究》，中国社会科学出版社 1996 年版，第 36—38 页。

② 赵汀阳：《走出哲学的危机》，中国社会科学出版社 1993 年版，第 23、34 页。

图把一些不属于语言的问题放在语言层面上来解决或消解"、[①]"逻辑分析是不足以消解语言问题的。"[②] 客观地讲，"绝大多数语句的涵义从未造成真正的混乱，即使偶尔出现一些混乱，也未必就造成了哲学问题，因为语句的涵义可以通过语言的规则系统，在逻辑的帮助下，甚至借助语境来在有限步骤内予以澄清。"[③] 语言与思维属于两个不同的系统，具有重要区别。但是，二者又具有非常密切的关系。语言本身只是观念的表述形式或者是思维的存在形式，它与全部观念同在，任何一个思想观念的存在就已经直接说明了它在语言上是合法的，因为它已经被"语言地"制造出来了。而企图从语言中分析出或解释出某种对观念进行批判的原则，这只不过是一个幻想。

和逻辑一样，语言的确是哲学的一个重要的问题。从逻辑上澄清语言问题，本来只是有效解决哲学其他问题的一个途径，可是在分析哲学那里却把对语言的逻辑分析活动本身当成了哲学的全部内容，在笔者看来，这是明显不对的。由于一切思想都在语言中表达，所以有哲学家就以为语言中的各种关系决定了思想观念的各种关系。这是本末倒置。事实上，语言只是思想观念的载体，语言的关系只是表面的，思想观念的关系才是深层的。哲学，如果仅仅是在逻辑、语言的层面进行建构，那就只不过是"精神贵族"自娱自乐的游戏而已，是难以担当"改变世界"的使命的。中国哲学家张载说的好，哲学应该"为天地立心，为生民请命，为往圣继绝学，为万世开太平"。[④] 所谓的哲学变革，如果连思想观念层面都没有达到，只是在语言层面进行，那岂能称作"哲学革命"？如果只在语言层面进行"革命"，那毫无疑问，只能是浮于表面，难以深入"骨髓"，也就不彻底了。以维特根斯坦为代表的分析哲学认为，哲学的困难就出在语言上。这其实只看到表面症状，他们的分析工作确实减少了许多语言上的混乱，但是未必真正推进了哲学：他们消解了传统形而上学的同时却不得不再在语言与逻辑的世界里构建新的形而上学。

所以，哲学应该，也只有，在语言之外的世界，从思想观念上与客观

---

① 赵汀阳：《走出哲学的危机》，中国社会科学出版社1993年版，第23、34页。

② 同上。

③ 同上。

④ 黄宗羲：《宋元学案（第1册）》，中华书局1986年版，第664页。

实践之间的关系上去寻求思想的突破，才可能有实质性发展。哲学也只有抛弃对语言过分倚重的“语言情结”，把思想观念从语言的逻辑分析中拯救出来，恢复思想观念本身的批判与建设，这才有望从方法上走出现代西方哲学的危机。哲学危机说到底是现实危机的表现。这一点上，马克思早就有过非常深刻而清醒的认识。当年马克思在批判青年黑格尔派时就曾指出：“‘思想’一旦离开‘利益’，就一定会使自己出丑。”①马克思认为，不能把外部的感性斗争变成纯粹观念的斗争，他指出：“早在1789年路丝达洛编辑的报纸上就有这样的警句：‘伟人们之所以看起来伟大，只是因为我们自己跪着。站起来吧！’但是要站起来，仅仅在思想中站起来，而现实的、感性的用任何观念都不能解脱的那种枷锁依然套在现实的、感性的头上，那是不行的。”②马克思深刻认识到，光靠思想来改变世界是不行的，“思想从来也不能超出旧世界秩序的范围。思想根本不能实现什么东西。为了实现思想，就要有使用实践力量的人。”③在这一点上，马克思哲学可谓高瞻远瞩，所以它既不属于近代，更不专属于现代或后现代，或者说，它兼有现代性因素与后现代因素，它是开放的方法论体系，具有与时俱进的理论品格和不断创新、跨越时空的理论洞察力和颠扑不破的实践秉性。

结　语

“超过康德，可能有新哲学；掠过康德，只能有坏哲学。”④ 传统哲学诉诸精神思辨活动，维特根斯坦诉诸逻辑与语言分析，而马克思则诉诸无产阶级的革命实践。仅仅依靠逻辑或语言分析的“实践”，既不能“走出语言的迷宫”，也难以“治愈哲学‘疾病’”，更不可能成为摧毁不合理社会制度的炸药。从哲学价值的意义上看，马克思哲学是对康德哲学的超越，而维氏哲学只能算作是对康德哲学的“掠过”。“马克思主义哲学要不断反对‘超越历史’、一成不变的僵化的形而上学企图，就必须不断明

---

① 《马克思恩格斯全集》（第2卷），人民出版社1957年版，第103、105、152页。

② 同上。

③ 同上。

④ 郑昕：《康德学述》，商务印书馆1984年版，第1页。

确地揭示自身存在的历史语境和出场路径，保持与时俱进的理论品格和出场学视域 …… 创新和与时俱进，始终是马克思哲学革命的理论品格。马克思主义哲学形态保持历史性在场总是不断出场的结果。”[①] 中哲、西哲、马哲作为当下在场的哲学形态，唯有以世界的眼光与开阔的胸襟，坚持真理原则和价值原则，不断进行理论与方法创新，敢于跨越历史与现实的鸿沟，开展内部交流与外部对话，才有望长足发展。

[此文发表于《西南大学学报》（社会科学版）2013 年第 2 期]

① 任平：《马克思之后的哲学革命：当代路向及其意义》，《新华文摘》2010 年第 4 期。

附录3

维特根斯坦哲学的成就与缺陷

——兼论分析哲学的得失

李包庚

【摘　要】 维特根斯坦极大提升了语言在哲学中的地位和作用，澄清了不少哲学疑难问题，使哲学的分析方法得到前所未有的加强，提升了语言的意义研究，并从语言的意义来研究世界的意义，一定程度实现了对形而上学的清理。同时也应该看到，他对传统形而上学之错谬的诊断是欠恰当的，将哲学局限于语言分析，缩小了哲学的边界，导致哲学越来越脱离生活实际。此外，维特根斯坦过于夸大分析方法的作用、往往把语言的内容和形式割裂开来、分析有余而综合不足。

【关键词】 维特根斯坦　分析哲学　语言　形而上学

A Review and Summarization of Wittgenstein's Philosophy

—And on the Gain and Loss of Analytical Philosophy

【Abstract】 Stressing on the status and function of language in philosophy, Wittgenstein clarified many philosophy problems, unprecedentedly strengthened the analytical methods of philosophy, much highly raised the status of the research of the meaning, and initialized the research of the meaning of the world from the angle of the language meaning, so in some degree eliminated the metaphysics. Meanwhile, there exist some defections in his philosophy: his diagnosis about the metaphysics is not much appropriate, and his restriction of philosophy within the domain of language analysis actually narrows the boundary of philosophy, which results the separation of philosophy from actual life. Additionally, Wittgenstein exaggerated the function of the method of analysis, isolated the form and the content of language, and his philosophy super-abounded with analysis but fell short of synthesis.

【**Key words**】 Wittgenstein; analytical philosophy; language; metaphysics

奥裔英籍哲学家路德维希·维特根斯坦（Ludwig Wittgenstein 1889—1951）是20世纪最具影响的哲学家之一。他主张哲学问题可以归结为语言问题，全部哲学是一种“语言批判”，力图消解传统形而上学，为哲学开辟新的发展道路。一直以来，维特根斯坦是个神秘的哲学人物，甚至颇具争议。如何恰当评价与总结维特根斯坦的哲学成就，是当下一个紧迫任务。综观其哲学可发现，维特根斯坦哲学既有开创性成就，也有明显缺陷。

一 维特根斯坦哲学的成就

维特根斯坦哲学的成就主要表现在以下几个方面：

（一）极大提升了语言在哲学中的地位与作用

从莱布尼茨开始，西方哲学家就不断有人指出日常语言的不精确性，不能够很好地表达哲学命题，并产生许多不必要的误解和问题。现代逻辑的发展，对分析哲学起了很大的促进作用。他们借助逻辑分析，对形而上学的有效性和合理性提出新的、更明确的回答，对于澄清科学陈述中的语词的意义以及各种概念，都起到重要作用。与罗素一样，维特根斯坦（前期）相信，语言和世界具有同构性。他讲的语言，不是日常语言，而是所谓“理想语言”。早期的分析哲学家由此出发，希望能够构造一种人工的理想语言，来使哲学变得精确，哲学问题变得简化。这种理想语言的基本要求是，它必须是清楚唯一的，不会产生歧义的，与世界之间存在着不可替代的同构关系。

其实，前后期维特根斯坦的哲学目标具有一致性——都致力于构建一种理想语言。但他对理想语言的理解前后不一致：在前期，他认为理想语言是人工的逻辑语言；在后期，他主张的理想语言是日常的自然语言。在前期代表作《逻辑哲学论》中，他主张“语言”与“世界”之间具有逻辑上的同构关系，认为“语言的本质就是世界的本质”、“语言的界限就是世界的界限”。在前期维特根斯坦那里，“世界”被还原为单纯的“语言世界”，一切问题从本质上都被归结为语言问题。这样，“语言”就被提升到了“本体”的地位。

（二）极大加强了哲学分析方法的重要性

维特根斯坦强化了分析的研究方法。与以往的哲学家不同，维特根斯坦并不致力于建构庞大的哲学体系，而是主张从小问题着手来解决哲学问题。前期维特根斯坦强调运用形式分析或逻辑分析方法去研究哲学问题，即从纯粹逻辑的方法来研究哲学，指认现实世界与语言世界的逻辑同构关系，这一点与罗素很一致。后期维特根斯坦则强调研究概念之含义、特征以及概念间的相互关系，精刻细致地分析语词的用法，这与以摩尔为代表的日常语言学派具有一致性。

分析哲学的分析方法具有深远的影响。此后，几乎所有哲学家在建构哲学理论时，对其哲学中的概念进行透彻的语义分析，已经成为一个绕不过去的必经步骤。分析方法几乎成了哲学研究中普遍采用的方法。20 世纪 70 年代兴起的“分析学派马克思主义”，着手运用现代数学、数理逻辑和模型分析等方法去研究马克思主义理论。事实上，除了在哲学领域之外，在基础科学、美学、伦理学、政治学及文学理论等基础领域中，语言分析或逻辑分析方法已经成为典型的方法。正如王路所说：“分析哲学的方法已经不仅限于分析哲学本身，而是成为哲学领域的共同方法和基本方法。”① “分析哲学的方法和对待哲学问题的态度已经牢固地融入到英美哲学的传统中去了。”② 评价分析哲学是不是终结或衰落，“关键就是要看分

---

① 王路：《分析哲学与哲学分析》，《清华大学学报》（哲学社会科学版）2007 年第 1 期。

② 张庆熊：《二十世纪英美哲学》，人民出版社 2005 年版，第 3 页。

析方法在如今英美哲学中仍然是哲学研究的主要方法。"① 这样的方法"如今不仅在英美分析哲学，而且在欧陆哲学中，也是非常常见的。"②

（三）极大提升了语言意义研究的地位与作用

在《逻辑哲学论》中，维氏并没有明确谈到命题意义的证实问题，但据魏斯曼的记录，维氏曾明确指出："命题的意义是它被证实的方法。意义本身是一种证实方法，这种方法不是手段，也不是工具。"③ 维氏认为，判断一个命题有无意义的标准：一是看它是否合乎逻辑句法规则，二是看它是否构成实在的逻辑图像。命题要有意义必须合乎逻辑句法规则，这是最起码的要求。维氏说："我们不能思想非逻辑的东西，否则我们就必须非逻辑的思想。"④ 这就是说，人们可以思想和表达的只能是合乎逻辑的东西，因此有意义的命题不可能有逻辑错误。早期逻辑实证主义者在意义证实问题上深受维氏影响。石里克在《意义和证实》中这样来表述他的证实原则："陈述一个句子的意义，就等于陈述使用这个句子的规则，这也就是陈述证实（或否证）这个句子的方式。一个命题的意义，就是证实它的方法。"⑤ 同时还指出："可证实性的意思就是证实的可能性。"⑥ 这种证实的可能性是"逻辑可能性"，而不是"经验可能性"。他还说："当我们讲到可证实性时，是指证实的逻辑可能性，除此以外，没有任何别的意思。"⑦ 在石里克看来，一个命题是"逻辑上可能的"，它就是有意义的；"逻辑上不可能的"命题就无意义。石里克关于命题意义的可证实原则实际上是在维氏直接影响下得出的。

---

① 江怡：《现代英美分析哲学》（下卷），凤凰出版社、江苏人民出版社2005年版，第969页。

② 王路：《分析哲学与哲学分析》，《清华大学学报》（哲社版）2007年第1期。

③ ［奥］维特根斯坦著，徐为民译：《维特根斯坦与维也纳学派》，同济大学出版社2004年版，第186页。

④ ［奥］维特根斯坦：《逻辑哲学论》，贺绍甲译，商务印书馆1996年版，第31页。

⑤ ［德］石里克：《意义与证实》，载《逻辑经验主义》上卷，商务印书馆1982年版，第7、39、39、47页。

⑥ 同上。

⑦ 同上。

（四）对形而上学进行了一定程度的清理

在很长时间里，维也纳学派的主要成员大都认为维特根斯坦同他们一样反对形而上学。石里克认为，逻辑分析方法造成了使形而上学“没落”的伟大“转折”，维特根斯坦则是“一直推进到这个决定性转变的第一人”。[①] 其实，这是对维特根斯坦思想的一个误解，维特根斯坦与维也纳学派的真正分歧表现在对形而上学的态度上。对于维也纳学派来说，哲学就是利用现代逻辑的成果对形而上学的有效性和合理性问题进行逻辑分析，逻辑分析是他们反对形而上学的武器，要通过对语言的逻辑分析彻底地清除形而上学。维特根斯坦虽然也用逻辑分析方法去批评形而上学，认为形而上学命题是无意义的命题，但他并不反对形而上学，更不是要清除形而上学，相反他对形而上学深怀敬意。他在写给费格尔的一封信中说：“有一句话我曾想写在前言里，但事实上没有写，我现在把它写给您，因为它也许是您了解此书的一把钥匙。我原想写的话就是：我的著作是由两个部分构成的，一部分就是在此书中发表出来的东西，另一部分则是我没有写出来的东西。而重要的却正是这第二个部分。”[②] 这第二部分显然就是指“不可说”的形而上学，《逻辑哲学论》是逻辑分析和形而上学的奇特结合，给该书罩上了神奇光环，使之备受关注。传统形而上学的一个根本缺陷，就是在现实世界之外虚构一个超感性的“本体”世界，并把它作为哲学运思和把握的对象，而这正是造成哲学与现实生活错位与背离的根源。他在致力于摧毁传统形而上学的实体性本体论的同时，又不知不觉地建构了一个新的语言化的本体论。所以，从这个意义上来讲，维特根斯坦反形而上学是不彻底、不成功的。

二　维特根斯坦哲学的缺陷

维特根斯坦哲学在取得诸多成就的同时，也存在明显缺陷，主要表现在以下几点：

---

① ［德］石里克：《意义与证实》，载《逻辑经验主义》上卷，商务印书馆1982年版，第7、39、39、47页。

② 陈启伟：《西方哲学论集》，辽宁大学出版社1998年版，第235页。

（一）维氏对传统形而上学之错谬的诊断不够恰当

维特根斯坦一反常规，把哲学的兴奋点转向到关注、分析表达哲学思想的媒介——语言，认为传统思辨哲学的错谬就在于它们错误使用语言而造成的。这个观点是很值得商榷的。

从本质上讲，维特根斯坦无论是写作《逻辑哲学论》时，还是在写作《哲学研究》时，都把建构“理想语言”作为自己所追求的目标。在前期，维特根斯坦认为，理想的语言是人工构建的逻辑语言，而在后期，维特根斯坦认为，理想的语言是日常使用的自然语言。不仅如此，维特根斯坦还试图把这种理想语言提升到“本体”高度：语言的逻辑本质就是世界的本质，语言的界限就是世界的界限，整个世界在本质上就是语言的世界，一切哲学问题在根本上都可以归结为语言问题来加以解决。

前期维特根斯坦，以及维也纳学派，都把建构一种理想语言作为其哲学追求的目标。这种将纷繁芜杂的世界，简单地还原为纯粹的语言世界，再将其抽象化为一种逻辑架构的做法，至少在思维方式上讲，是属于传统形而上学的范畴，或者是传统哲学思维模式的翻版。传统形而上学的致命缺陷就在于，这些哲学都是在现实世界之外，虚拟地构建一个超感性的“本体”世界，并把它作为哲学的主题。这就不可避免地造成哲学和现实生活相脱节，使哲学成为凌驾于现实生活之上的精神王国。由于未能对传统形而上学本体论哲学的这个根本错误予以正确认识，维特根斯坦等分析哲学家们在“解构”传统形而上学的实体主义的本体论时，不知不觉又建构了一个新的、语言本体论（逻辑语言、日常语言）。这种“理想语言”在实质上就成为继“理念”、“上帝”、“意志”或“物质”之后的一种新的“本体”。这样一来，分析哲学就重新建构了一个“本体”世界，即理想语言的世界。这其实正是形而上学思维方式的延续。总之，分析哲学虽然标榜自身是反形而上学的旗手，但实际上却不自觉地在思维范式上延续了传统形而上学的衣钵。

哲学问题的出现，固然有些是与语言有关的，但根源还在于哲学思想所代表的现实性矛盾。社会存在决定社会意识，哲学不能脱离现实而独立存在。哲学危机反映的一定是时代的危机。如果把哲学危机或错谬的根源归结为语言，这是“主犯”没抓却抓了个“从犯”，或者说是找了个小喽啰来做“替罪羊”。

马克思的高明之处就在于，他深刻洞察到了形而上学的问题所在，并且不希望像传统哲学那样把精力浪费在无聊的精神思辨活动中，因此他再三主张“取消”、“消灭”与“实现”哲学，自觉地把“哲学”（他变革后的哲学）与无产阶级解放的伟大历史实践有机结合起来，真正做到“哲学把无产阶级当作物质武器”和“无产阶级把哲学当作精神武器”，使哲学革命有了扎实的现实基础，成功实现了“哲学的革命”和“革命的哲学”的双重变革。[①] 这不仅是哲学思维范式的根本转变，而且对哲学性质、形态、价值与功用等都进行了全方位的革命性变革。

（二）维氏等人将哲学局限于语言分析，实际上是对哲学边界的缩小

在形而上学领域里，包括全部价值哲学和规范理论，逻辑分析得出反面结论：这个领域的全部陈述都是无意义的。他们将语言分析视为哲学的使命，从语言分析作为突破口，运用现代逻辑作为精确分析的工具，对表述哲学思想的语言进行逻辑分析和语义分析，使哲学逻辑化、科学化和分析化，希望以此来达到哲学思想的明晰性和确定性，一劳永逸地解决一个个具体的哲学问题。

分析哲学所提倡的分析技术主要是澄清语言的逻辑形式，是以形式逻辑为依据的实际应用分析。维特根斯坦等分析哲学家们只关心清晰的描述世界，主张对概念的含义以现代逻辑所允许的方式表述出来，使命题间的推论接近于数学演算，而且把这种逻辑分析技术运用于任何哲学讨论，以中立性的立场去要求语言，表述该怎样表述，话该怎样去说。分析哲学家们把哲学的主题规定为对语言的逻辑分析，实质上是运用中立的技术去服务非中立的立场。由于这种现代逻辑技术的新颖性与独特性，使人们很容易注意到这种分析技术本身的优点，认为没有比这种技术更能清楚谈论问题的方式，甚至使分析哲学非常可疑的立场也变得颇有吸引力。分析哲学的立场大致包括经验主义、实在论、实用主义等。

分析哲学家普遍追求清晰性，但是哲学仅仅有清晰性是不够的，还需要深刻性、真理性和价值性等。正如成中英所指出的那样：“二十世纪上

---

① 李包庚：《哲学的革命与革命的哲学——基于马克思和维特根斯坦的比较视角》，《社会科学战线》2012 年第 9 期。

半叶，追求清晰性是分析哲学的重要特征。但是，到了70年代，分析哲学家对自身的看法以及对哲学的要求正在改变。早在1963年，英国哲学家路易斯编著的一本叫《清晰并不够》（Clarity Is Not Enough）的论文集，在序言里明确表示‘只是清晰还不够。’这表明，西方哲学家对分析哲学有一种新的认识和省思。确实，追求概念的清晰、系统条理的分明、精确和论证的充分，这是分析哲学的特色。但是，这些并不能真正把握人生和道德的深刻价值、意义和真理。”①

分析哲学企图使哲学服从思想观念之外的语言与逻辑，不免陷入语言形而上学或逻辑形而上学。哲学不是逻辑的分支，哲学与逻辑分别管理着思想观念世界里的“内容”与“形式”两个层面的事务。哲学为了达到内容清晰的境界，可以借助逻辑的方法来对表述哲学的语言予以必要澄清，但是逻辑技术是中立性的，哲学问题毕竟不是语言问题或逻辑问题，逻辑形式上的澄清是不足以使语言问题完全清晰的。分析哲学家们后来也认识到这一点，并力图通过建立意义理论来弥补其逻辑分析上的不足。但是，其意义理论本身却是非中立的。

“指称论”等观点只是分析哲学的哲学观念，实际上是前技术的一些立场。尽管根据这些哲学立场所引的意义理论在整体上是不恰当的，但它关于语言与实在的关系的澄清在技术方面却是范例。这种技术特别关注把逻辑注入语言，迫使语言呈现出其中的逻辑结构。这种集中表现在利用现代逻辑中的量词、约束变项、逻辑主词等概念所进行的改写方式。维特根斯坦、罗素、蒯因都可以说是这方面的杰出代表。例如，罗素曾举例“当今法国国王是秃子”，这个命题无论真假，其实都预设了这个“法国国王”的存在，否则这个命题就无意义。从逻辑上分析，可以改写为：存在一个X，使得：①存在一个个体是当今法国国王；②有且仅有一个个体与X等同；并且③X是秃子。这样就把含有摹状词的语法主词（当今法国国王）改写为一个不含有摹状词的逻辑主词。经过这样的逻辑改写，命题“当今法国国王是秃子”的假或无意义的属性就暴露出来了。

蒯因的“本体论承诺”，从语义上可表述为“存在即成为一个变项的值”，换言之，为了使一个理论中作出的断定为真，该理论的约束变项必须能够指称某些实体，该理论仅仅对这些实体作出承诺。比如，“有些狗

① ［美］成中英：《论中西哲学的精神》，东方出版中心1991年版，第56页。

是白的”可以改写为：至少存在一个X，使得X是狗并且是白的；或者至少有一个个体使得（X是狗并且是白的）能够成立。这就等于要求我们在声称某种实在时就必须提供其承诺条件。

他们认为知识是科学的专有领域，科学说明了我们的世界，哲学能做的只是分析和批评各种科学理论和观念。因此，哲学只是一种分析语言命题的方法。哲学的任务“只是从逻辑的观点讨论科学。哲学是科学的逻辑，即是对科学概念、命题、证明、假设、理论的逻辑分析；各门科学中有构造概念、命题、证明、假设、理论的各种可能的方法，我们从这些方法可以看出一些共同的方面，而哲学就是对这些共同的方面的逻辑分析。”这样，哲学就变成了逻辑和语言哲学，知识的问题就变成知识的陈述。

客观地讲，语言问题确实是个重要问题。但无论如何重要，语言问题都不可能成为人类实践活动中的唯一的、最根本的问题，或是最重要的问题。人类的生活领域十分广泛，语言活动只不过是其中的一种活动而已，因而语言问题也只是其中的一种问题。研究的方法是不能取代被研究的问题本身的。“不管分析方法怎么重要，都只能是一种研究的方法，而不应当也不能够代替哲学研究本身。”① 一旦把哲学限定在对语言问题的分析或研究之框架内，其实是对哲学思考范围的窄化，严重缩小了哲学之边界，弱化了哲学观照与影响人类现实实践的功能。所以，分析哲学为哲学所规划的未来发展道路其实是不理想的，甚至显得十分“离谱”。哲学只有超越纯粹的语言分析，才能取得真正的突破与发展。

其实，维特根斯坦等分析哲学家的分析方法存在明显的缺陷：第一，过于夸大分析方法的作用。它们把分析方法夸大为哲学研究的主要的方法乃至唯一的方法，甚至把方法上升到内容的地位，正如罗素《我们关于外部世界的知识》所言：“每一个哲学问题，当它接受必要的分析和净化时，都可发现它要么根本不是哲学问题，要么在我们使用逻辑一词的意义上说是逻辑问题”② 第二，往往把语言的内容和形式割裂开来。第三，由

---

① 胡波：《拒斥形而上学——论分析哲学对形而上学的批判及其局限》，《重庆社会科学》2003年第3期。

② ［英］罗素：《我们关于外部世界的知识》，上海译文出版社1995年版，第28页。

于片面强调哲学研究的科学性，过于倚重分析方法，结果就导致综合性不够，使得他们的研究成果往往显得烦琐，不能对认识对象作出全面、概括和综合的说明。

（三）维氏为代表的分析哲学普遍脱离生活实际

后期维特根斯坦哲学号称走向“生活世界”，但是这是什么样的生活世界呢？到底有没有走进真正的生活世界呢？

哲学来自于现实而非现实本身。哲学作为思想是对现实的提纯，它以概念方式反映现实，正如黑格尔所说哲学是思想中的时代，哲学表达人类的理性自觉，是理论的自我意识和意识的自我理论，更多地运行于超验领域，具有高度的概括性与抽象性特征，通过范畴、原理诉诸和规范人的思维世界与价值世界。作为理论化系统化的世界观与方法论以中介方式作用于现实，作为悬浮于空中的意识形态距离经济基础最远，似乎就有点为了理论而理论，为了信仰而信仰之嫌。“这种‘纯理论’和‘纯信仰’看起来很美，其实是空中楼阁，缺乏坚实的现实基础和群众基础，充其量是一种海市蜃楼的幻境。”

评价一种哲学是否建立在现实基础之上，关键要看它是否能让绝大多数人获益，是否能使尽可能多的人得到好处，是否有利于最广大人民群众的身心发展。维特根斯坦所建立的哲学，是以“语言”为其哲学基地的。他的前、后期哲学分别根植于理想语言和日常语言，通过对这两种语言进行分析，确定我们关于世界的知识到底有多少是真实可信的。他的哲学工具是逻辑的方法，用逻辑分析方法来确定这些命题的意义。他取消传统哲学家对于哲学本体、本质、价值、意义等观念，对后来的分析哲学的发展产生重大影响。由于他们片面强调哲学研究的科学性，把大部分甚至全部精力用于研究某些细小问题，忽视或者拒绝研究哲学基本问题，致使他们的研究背离哲学的本质，并与现实社会生活脱节，流于纯粹学院式的研究。

分析哲学代表着一种对传统的叛逆倾向。当我们接触到罗素和摩尔的传统，接触到维特根斯坦，接触到逻辑实证主义哲学家时，正如怀特海所说，“我们就会发现一种完全不同的哲学传统。在这种传统中的哲学家不承认哲学必须缔造一个囊括和解释科学、艺术、道德、宗教和政治的世界观。"[①] 他还指出，分析哲学家们"没有一个人认为哲学是文化批判的工具，他们大都对公共和个人生活问题、对文化和实践问题规避不谈，好像这些都与哲学家毫无关系似的"。[②] 在20世纪70年代之前，科学主义哲学思潮一度占据现代哲学的主流地位。传统哲学关怀人、关怀人类未来命运的人文旨趣，被科学主义的关怀语言、关怀逻辑的倾向所取代，而追求经验的可靠性和知识的精确性的取向逐步取消了哲学作为价值观之基础的传统地位。"如果把探讨人类最本质、最普遍问题的哲学消解为语言和文字游戏，不仅背离哲学的本质，而且也脱离了社会现实。…… 语言分析根本不可能消解和替代哲学问题。"[③] 相反，这种倾向只会使哲学越来越远离人类生活，有导致哲学被边缘化的危险。再往后，到了后现代那里，本质、传统、中心、权威、意义、价值这些传统哲学必不可少的要素统统都被消解。也难怪有人把维特根斯坦看做是后现代的鼻祖。

（此文发表于《宜春学院学报》2012年第11期）

---

① ［英］怀特海：《分析的时代》，商务印书馆1986年版，第11页。

② 同上。

③ 谢地坤：《现代西方哲学的流变及启示》，《江苏行政学院学报》2006年第3期。

后　　记

深刻的哲学思考与研究，离不开比较研究。马克思（1818—1883）和维特根斯坦（1889—1951）都对传统哲学进行了深度解构、颠覆乃至超越。马克思作为“千年最伟大思想家”彻底批判了只重“解释世界”的旧哲学，变革了哲学的价值、形式、方法，开启了“哲学革命”，“塑造了20世纪”。而维特根斯坦把哲学转向语言分析，先后强调在逻辑分析、言语行为和交往实践中考察语言意义，深度解构了思辨先验的形而上学，影响了20世纪，堪称“哲学革命”。如何深入把握这两次“哲学革命”的关系？笔者试图围绕“哲学革命路向”这个主线，通过拙著进行一个抛砖引玉的尝试，不足之处肯定有，甚至还不少，还请读者和同仁批评指正，不胜感谢。

在本书的写作与出版过程中，任平老师给予了极大的鼓舞和帮助，甚至百忙当中还欣然为本书作序，在此深表感谢。

中国社会科学出版社的宫京蕾等诸位编、校老师做了细致的工作，在此表示感谢。

浙江省哲社规划办、宁波大学马克思主义学院都对本书的研究和出版有过支持和帮助，也在此表示感谢！

李包庚

2014 年